Der Brief an die Römer

Das Neue Testament Deutsch

Neues Göttinger Bibelwerk

In Verbindung mit Paul Althaus, Horst R. Balz, Jürgen Becker, Hans Conzelmann, Joachim Jeremias, Friedrich Lang, Eduard Lohse, Karl Heinrich Rengstorf, Jürgen Roloff, Wolfgang Schrage, Siegfried Schulz, Eduard Schweizer, Gustav Stählin, August Strobel, Peter Stuhlmacher und Heinz-Dietrich Wendland

herausgegeben von Gerhard Friedrich und Peter Stuhlmacher

Teilband 6

Der Brief an die Römer

13. Auflage

63.—65. Tausend

Göttingen · Vandenhoeck & Ruprecht · 1978

Der Brief an die Römer

Übersetzt und erklärt

von

Paul Althaus

Göttingen · Vandenhoeck & Ruprecht · 1978

Verzeichnis der Abkürzungen

Abkürzungen und Reihenfolge der neutestamentlichen Schriften im Gesamtwerk

Mk.	Apg.	Gal.	1.Thess.	2.Tim.	1.Petr.	3.Joh.
Mt.	Röm.	Eph.	2.Thess.	Tit.	2.Petr.	Jud.
Lk.	1.Kor.	Phil.	Phlm.	Hebr.	1.Joh.	Offb.
Joh.	2.Kor.	Kol.	1.Tim.	Jak.	2.Joh.	

Abkürzungen alttestamentlicher Schriften und Apokryphen in diesem Band

Ps.	= Psalmen	Jerem.	= Jeremia	Mal.	= Maleachi
Spr.	= Sprüche Salomos	Hos.	= Hosea	Makk.	= Buch der Makkabäer
Jes.	= Jesaja	Hab.	= Habakuk		

A = Ausführung. Par. = Parallelstellen aus den Evangelien

CIP-Kurztitelaufnahme der Deutschen Bibliothek

Das Neue Testament deutsch : neues Göttinger Bibelwerk / in Verbindung mit Paul Althaus ... hrsg. von Gerhard Friedrich und Peter Stuhlmacher — Göttingen : Vandenhoeck und Ruprecht.

NE: Friedrich, Gerhard [Hrsg.]; Testamentum novum <dt.>

Teilbd. 6. Der Brief an die Römer / übers. u. erklärt von Paul Althaus. — 13. Aufl., 63.—65. Tsd. — 1978.

ISBN 3-525-51317-8

NE: Althaus, Paul [Bearb.]

Der Brief an die Römer

Paul Althaus

Einleitung. Über das Entstehen und den Bestand der Christengemeinde in Rom zur Zeit des Paulus haben wir keine Nachrichten. Was man darüber sagen kann, ist in der Hauptsache aus unserem Briefe erschlossen. Die Gemeinde besteht, als Paulus an sie schreibt, schon seit Jahren (1,8.13; 15,22f.). Sie ist weder durch Paulus noch durch einen seiner Arbeitsgenossen gegründet worden. Vielleicht dankt die Gemeinde ihren Ursprung überhaupt nicht unmittelbar der Arbeit eines Missionars – Paulus würde dessen Namen sonst wohl erwähnt haben (vgl. Kol. 1,7) –, sondern dem Weltverkehr: Juden und Heidenchristen, die anderswo bekehrt waren, fanden sich in der Welthauptstadt zu einer Gemeinde zusammen. In den Anfängen mögen die Judenchristen, aus der römischen Judenschaft hervorgegangen, in der Überzahl gewesen sein; zur Zeit des Briefes bestand die Gemeinde überwiegend aus Heidenchristen (1,6.13; 6,19; 9,3ff.; 11,13ff.; 15,15f.), die wohl fast durchweg Proselyten gewesen waren. Paulus läßt erkennen, daß sie einen guten Namen bei den Christen des Ostens hatte. Innerhalb der Gesamtkirche ragte sie, soviel wir sehen, weder durch ihre Größe noch etwa durch den Reichtum an Geistesgaben hervor. Aber als die Gemeinde der Welthauptstadt, im Brennpunkte des Weltverkehrs, hatte sie besondere Bedeutung und Verantwortung. (Es fällt auf, daß Paulus in der Zuschrift [1,6] nicht wie entsprechend in anderen Briefen, von einer „Gemeinde" in Rom spricht, sondern nur von „allen Geliebten Gottes in Rom". Vielleicht heißt das: es gab in Rom mehrere Kreise von Christen, die noch nicht förmlich zu einer Gemeinde zusammengeschlossen waren.)

Wie kommt Paulus dazu, dieser Gemeinde, die er nicht gegründet und noch nie besucht hatte, die er im Ganzen nicht kannte (über seine Bekannten in Rom s. zu Kap. 16), einen Brief zu schreiben, den längsten, inhaltreichsten und gewichtigsten aller seiner uns bekannten Briefe? Die Antwort ergibt sich aus 15,22ff. Paulus sieht seine missionarische Aufgabe im Osten des Reiches als erfüllt an und will nunmehr, nach Ablieferung einer in seinen Gemeinden gesammelten Kollekte, von Jerusalem aus in den Westen reisen und dort, in Spanien, die Missionsarbeit beginnen. Für diese neue Aufgabe braucht er – so dürfen wir zwischen den Zeilen lesen – die Gemeinde zu Rom als Stützpunkt, Rückhalt, Bindeglied zwischen seinem alten und dem neuen Arbeitsfelde, wie er auch sonst seine Missionsarbeit von Zentren (Antiochia, Ephesus) aus unternahm. So will er jetzt die Gemeinde in Rom besuchen, um Fühlung mit ihr zu nehmen. Diesen Besuch vorzubereiten ist der Zweck des Schreibens, das Paulus der Gemeinde sendet. Mittelbar will er sich also mit dem

Briefe den Weg nach dem Westen ebnen. Er gibt den Christen in Rom Rechenschaft über das von ihm verkündigte Evangelium (2,16: „mein Evangelium"), vor allem auch über seine Stellung zum Gesetze. Er muß darauf gefaßt sein, daß die Wellen der großen Auseinandersetzung, die er im Osten ständig mit den Judenchristen zu führen hatte, auch bis nach Rom geschlagen sind, daß vielleicht ein falsches Bild von ihm und seiner Botschaft entstanden, daß die Gemeinde, vor allem ihr judenchristlicher Teil, möglicherweise gegen den Heiden-Apostel als den Feind des Gesetzes eingenommen und mißtrauisch ist oder daß die Gegner, wenn sein Plan, nach dem Westen zu gehen, bekannt wird, in Rom Mißtrauen gegen ihn säen und die Gemeinde zu unfreundlicher, ablehnender Haltung ihm gegenüber bringen könnten.

So will Paulus mit dem Briefe wirklich zu den Römern reden. Er gibt nicht eine Dogmatik und Ethik in der gleichgiltigen literarischen Form des Briefes - dann dürften z.B. die Lehren von Christus und von den letzten Dingen nicht fehlen -, sondern die Darlegung seines Evangeliums hat in bestimmter missionarischer Lage ihren bestimmten Grund; daher bietet Paulus gerade und nur die umstrittene Mitte seiner Verkündigung, die Heilslehre. Allerdings, eben seinem besonderen Verhältnis zu der römischen Gemeinde und dem Zwecke seines Briefes entspricht die „objektive Haltung", d.h. Paulus legt 1,18 bis 11,36 sein Evangelium so dar, wie er es überall und immer vertritt, ohne besondere Beziehung auf die römische Gemeinde.

Freilich zieht sich durch die Darstellung eine lebhafte Auseinandersetzung, vor allem über das Verhältnis des Evangeliums zum Gesetze. Sie drückt sich formell so aus, daß Paulus, vielleicht in der Art seiner Missionspredigt, Gegner anredet, ihre Einwände zu Worte kommen läßt und ihnen antwortet. Es ist zunächst der Jude, mit dem Paulus ringt. Mit besonderem Blicke auf den Juden zeigt der Brief, wie das Evangelium für die ganze Menschheit notwendig und bestimmt ist: Israel macht keine Ausnahme. Mit dem Juden, nicht mit dem christlichen Judaisten redet Paulus. Von judaistischer Agitation für die Beschneidung und das Gesetz verrät der Brief keine Spur. Er will im Ganzen auch nicht vor möglicher Verführung durch die Judaisten beizeiten warnen - nur 16,17-20 ist eine ausdrückliche Warnung vor den Judaisten. Aber der Brief bedeutet durch die Darlegung des Evangeliums gerade im Ringen mit dem Juden natürlich stillschweigend eine vorbeugende Sicherung und Wappnung der Gemeinde gegen mögliche judaistische Einwirkungen.

Paulus legt das Evangelium in Auseinandersetzung mit dem Judentum dar, weil dieses der Kampf seines Lebens ist, der seiner Theologie das Gepräge gab. Ebendarin soll die Gemeinde ihn kennen lernen. Auch das Eingehen des Apostels auf das Schicksal Israels (Kap.9-11) sowie sein Schriftbeweis, der Vertrautheit mit schriftgelehrtem Denken bei den Lesern vorauszusetzen scheint, ist schwerlich durch die besondere Zusammensetzung und Lage in der römischen Gemeinde veranlaßt. Man darf daraus weder schließen, daß die Gemeinde überwiegend aus Judenchristen bestand und daher stark von diesen Fragen bewegt wurde, noch auch, daß Paulus den ganzen Abschnitt schrieb wider ein Heidenchristentum, welches das ungläubige, scheinbar von Gott verstoßene Israel verachtete. Das Schicksal Israels, die Auseinandersetzung des Evangeliums der Heiden mit der Verheißung für Israel - dieses Thema war für Paulus nicht erst durch irgendwelche Gegner, sondern durch die Sache selber, durch die Stunde gestellt - eine brennende Frage für die ganze Kirche Christi, die auf dem Grunde Israels, der alten Gottesgemeinde erbaut war. Auch hier hat Paulus es allerdings mit Gegnern zu tun. Er ringt mit Gedanken, die ihm offenbar immer wieder bei seiner Missionsarbeit begegnet sind. Er muß den Übermut von Heidenchristen abweisen (11,13.18ff.), die auf Israel herabsahen und sich selber als die Erwählten fühlten. Ob solche Stimmung und Haltung auch in der römischen Gemeinde schon hervorgetreten war, wissen wir nicht. Das gilt auch im Blicke auf andere Abgrenzungen, die Paulus in seinem Briefe vornimmt. Er weist, wie es scheint, mehrmals heidenchristliche libertinistische Anschauungen ab, die sich auf ihn selber und seine Gnadenpredigt beriefen (3,5ff.; 6,1f.,15). Vielleicht gab es in Rom eine christliche Gruppe von „Pneumatikern" dieser Art, und vielleicht beziehen sich auf sie auch manche von den Mahnungen des zweiten Teiles, Kap. 12ff., z. B. die betonte Warnung vor geistlicher Überhebung über die Anderen, der Aufruf zum Gehorsam gegen den Staat - die antinomistische Gruppe wäre dann zugleich revolutionär gewesen (W. Lütgert). Über ein „vielleicht" kommen wir hier nicht hinaus. Der Brief *zwingt* nicht zu der Annahme, daß die Angeredeten sich auch in Rom fanden. Sicher dagegen geht Paulus in Kap. 14 und 15 auf ein Problem des römischen Gemeindelebens ein, den Zwiespalt über die Frage des Vegetarismus aus religiösen Gründen. Wieviel der Apostel sonst noch von den Verhältnissen in der Gemeinde weiß, ist uns nicht bekannt. Ein Briefwechsel ist unserem Schreiben allem Anscheine nach nicht vorausgegangen. - Im Ganzen wird der Brief nicht durch die Auseinandersetzungen, zu denen Paulus Gelegenheit findet, bestimmt und beherrscht. Er ist nicht zunächst *gegen* eine oder mehrere Fronten, sondern *für* sein Evangelium gemeint. Paulus will sich weniger auseinander- als vielmehr für seine Botschaft einsetzen - wobei dann freilich Abgrenzung und Abrechnung nach rechts und links zur Sache gehört. -

Der Zeitpunkt der Abfassung des Römerbriefes ist aus Kap. 15,19f. einigermaßen sicher zu erschließen. Die Kollekte, für die Paulus in den Korintherbriefen noch wirbt, ist eingesammelt. Der Apostel steht unmittelbar vor der Reise nach Jerusalem, um dort die Kollekte abzuliefern. Der Brief ist also später als der 2. Kor. geschrieben, einige Zeit vor der Ankunft und Gefangennahme in Jerusalem, wahrscheinlich gegen Ende des letzten Aufenthaltes in Korinth, wohl zu Beginn des Jahres 58. Binnen einem Jahre sind die drei großen Briefe, 1. und 2. Kor. und Röm. entstanden.

Die Echtheit des Briefes ist im Ernste nicht anzufechten. Welcher Unbekannte sollte dieses geistesmächtige Schreiben voll unerschöpflichen Reichtums verfaßt haben? Abgesehen wohl von der Schlußdoxologie 16,25-27 (s. dort) ist der Brief auch in der Gestalt auf uns gekommen, in der Paulus ihn verfaßte. Kap. 16 vom Römerbriefe abzutrennen besteht kein Grund (s. die Auslegung).

Für das Verständnis des Paulus ist der Römerbrief entscheidend wichtig. Er bietet die vollständigste Darlegung seiner Heilslehre und zeigt unwidersprechlich, daß Paulus als *Theologe* zu begreifen und zu würdigen ist. Jeder Versuch, den Apostel undogmatisch, a-theologisch zu verstehen, scheitert am Römerbriefe. Nirgends so wie hier erscheint der Apostel als Denker.

Kein Brief des Paulus, kein anderer neutestamentlicher Brief hatte und hat eine solche Bedeutung für die Kirche wie der Römerbrief. Die Geschichte des „Paulinismus" ist die Geschichte des Römerbriefes. Der Kampf gegen den immer wieder die

Reinheit des Evangeliums bedrohenden Moralismus ist mehr als ein Mal unter der Fahne des Römerbriefes geführt worden. Die größten Stunden in der christlichen Geistesgeschichte sind zugleich Stunden des Römerbriefes. Er hat vor allem der abendländischen Lehrentwicklung die Themen gestellt: Glaube und Werke, Gesetz und Gnade, Prädestination und menschliche Schuld, Heilsgewißheit und Ethik - diese großen Gegenstände der westlichen Theologie sind ihr durch den Römerbrief gegeben. Er ist das Grundbuch der Reformation. Am Römerbriefe gewinnt Luther die reformatorische Erkenntnis. Die erste evangelische Dogmatik, Melanchthons „loci", ist eine Einführung in die Begriffe des Römerbriefes. In seiner Auslegung wird evangelisches Denken immer wieder am unmittelbarsten seiner selbst und seines biblischen Rechtes bewußt.

Der Brief ist klar gegliedert. Deutlich heben sich zunächst ab der Eingang, der nach der Grußüberschrift 1,1-7 in persönlicher Anknüpfung 1,8-15 zum Thema des Briefes 1,16f. führt, und der Schluß 15,14-16,27, der wieder aus persönlichen Mitteilungen, Grüßen und einer letzten Mahnung besteht. Des Weiteren liegt der Haupteinschnitt des Briefes vor 12,1: 1,18-11,36 ist Zeugnis vom Evangelium, 12,1-15,13 Mahnung auf Grund des Evangeliums. Innerhalb des ersten Hauptteils ergeben sich zwei große Abschnitte: 1,18-8,39 entfalten das Thema 1,16f., das Evangelium als Darbietung der Gerechtigkeit Gottes zum Heil für den Glauben, Kap. 9-11 behandelt das Schicksal Israels, das dem Evangelium den Glauben verweigert.

Im einzelnen baut sich die Darstellung so auf: 1,18-3,20 zeigen, wie ohne das Evangelium nur der Zorn Gottes über die Menschheit, über Heiden und Juden ergeht, wie das Evangelium also unentbehrlich ist; 3,21-8,39 legen den Inhalt des Evangeliums dar: Gott schenkt in Christus dem Glauben Gerechtigkeit und Leben. Dabei bezeugen 3,21-4,25 das „um Christi willen", „allein aus Gnaden", „allein durch den Glauben" dieser Gerechtigkeit, wie schon das Alte Testament es verkündigt 4,1-25; Kap. 5 zeigt, wie die Gerechtigkeit des Glaubens Tilgung der Schuld und des Zornes Gottes, also Leben bedeutet: in Christus, dem Gegenbilde Adams, beginnt die neue Menschheit, nicht mehr des Todes, sondern des Lebens 5,12-21; Kap. 6-8 stellen neben die bisher verkündete Erlösung von der Schuld und dem Tode die Befreiung von der Macht der Sünde in der Todes- und Lebensgemeinschaft mit Christus durch den heiligen Geist: als Getaufte sind die Christen frei von der Sünde, 6,1-14, Knechte nicht mehr der Sünde, sondern der Gerechtigkeit, 6,15-23, auch vom Gesetze frei, 7,1-6, dem Gesetze, das bei dem fleischlichen Menschen zum Mittel der Sünde wurde 7,7-13, und wider sie ohnmächtig war, 7,14-25; die Verleihung des Geistes Christi rettet aus dem furchtbaren Zwiespalte des natürlichen Menschen: der Geist ermächtigt zum neuen Leben, frei von der Sünde, macht der Kindschaft und mit ihr der ewigen Vollendung gewiß, Kap. 8. Mit dem Triumphe der Heilsgewißheit schließt das gewaltige 8. Kapitel. Unvermittelt scheinbar und doch innerlich begründet geht der Brief zu Israels Schicksal über: Heilsgewißheit der Erwählten - und das von Gott erwählte Volk im Unglauben vom Heile ausgeschlossen? In drei Gedankengängen sucht Paulus Schmerz, Aufbegehren, Mißdeutung zu überwinden: 9,6-29 beugen unter Gottes Freiheit, zu erwählen und zu verwerfen; 9,30-10,21 zeigen auf Israels Schuld in seinem Unglauben; Kap. 11

verkündet Gottes Erbarmen, das einen Rest aus Israel schon jetzt ausgesondert, das mit Israels Fall Gedanken des Heiles für die Heiden und für Israel selber hat und das ganze Volk retten wird. So ist die furchtbare Dissonanz, die in das Hohelied von Kap. 8 hineingellte, aufgelöst: mit Anbetung des göttlichen Heilswaltens endet der erste große Teil des Briefes, 11,33-36.

Der ermahnende Teil 12,1-15,13 gibt zunächst in Kap. 12 und 13 die Grundzüge christlicher Haltung innerhalb der Gemeinde und nach außen hin; 14,1-15,13 wenden das Grundgebot der Gemeinschaft in der Liebe auf die besondere Lage in der römischen Gemeinde an.

Von den neueren wissenschaftlichen Kommentaren zum Römerbrief seien genannt: Sanday und Headlam, 1895, 1902[5]; Th. Zahn, 1910, 1924[3]; E. Kühl, 1913; H. Lietzmann, 1906, 1933[4]; M. J. Lagrange, 1916, 1931[4]; C. H. Dodd, 1932, 1948[2]; A. Schlatter, Gottes Gerechtigkeit, 1935; A. Nygren, 1944, deutsch 1951, 1965[4]; O. Michel (in Meyers Kommentar), 1955, neue Aufl. 1957 u. 1963[12]; O. Kuß, 1957 ff.; F. J. Leenhardt, 1957; C. A. Barrett, 1957, 1962[2]; H. W. Schmidt, 1962.

Auch ohne Kenntnis des Griechischen verständlich: A. Schlatter in den „Erläuterungen zum Neuen Testament", 1928[8]; A. Jülicher, in: Die Schriften des Neuen Testaments, hrsg. v. J. Weiß, II/1, 1907, 1929[4]; Th. Haering, 1926; R. Kraemer, Weltweit wirkende Gotteskraft, 1928; E. Brunner, 1938 (in: Bibelhilfe für die Gemeinde); E. Hirsch, 1940 (in: Paulus); E. Gaugler, 1945 und 1952 (in: Prophezei); H. Asmussen, 1952; W. Lüthi, 1955; K. Barth, 1956. K. Barths großer „Römerbrief", 1919 und ganz umgearbeitet 1922 (seither unveränderte Auflagen) ist keine Auslegung im engeren Sinne, sondern der Versuch einer Nachschöpfung des Briefes aus der besonders verstandenen modernen Geisteslage und für sie; doch kann man aus diesem Buche auch für das Gesamtverständnis des Paulus Wesentliches lernen. Eben hierfür ist von besonderer Wichtigkeit die Auslegung der Reformatoren: Luthers Vorlesung über den Römerbrief 1515/16 (Weimarer Ausgabe 56 und 57; deutsch von E. Ellwein, 1957[4]); Calvins Kommentar 1539 (deutsch von E. F. K. Müller, 1902); nicht zuletzt auch Luthers Vorrede zum Römerbrief, 1522.

Allgemein verständliche katholische Auslegungen: J. Sickenberger im Bonner Neuen Testament, 1931[4]; O. Kuß im Regensburger Neuen Testament, 1941.

Untersuchungen. Zu Kap. 1 und 2: M. Lackmann, Vom Geheimnis der Schöpfung, 1952 (zur katholischen und reformatorischen Auslegung der Kapitel); P. Stuhlmacher, Gerechtigkeit Gottes bei Paulus, 1965. Zu Kap. 5: E. Brandenburger, Adam und Christus, 1962. Zu Kap. 5-8: E. Fuchs, Die Freiheit des Glaubens, 1949. Zu Kap. 7: G. Kümmel, Röm. 7 und die Bekehrung des Paulus, 1929; P. Althaus, Paulus und Luther über den Menschen, 1938, 1963[4]; R. Bultmann, Christus des Gesetzes Ende, 1940; G. Bornkamm, Das Ende des Gesetzes, 1952, S. 51 ff. Zu Kap. 9-11: H. E. Weber, Das Problem der Heilsgeschichte nach Röm. 9-11, 1911; K. Barth, Kirchliche Dogmatik, II/2, § 34. Zu Kap. 13 s. dort; auch den Forschungsbericht von E. Käsemann: „Römer 13,1-7 in unserer Generation", ZThK 56, 1959, S. 316-376.

Die wichtigsten Gesamtdarstellungen der Theologie des Paulus: A. Schlatter, Die Theologie des Neuen Testaments, II, Die Lehre der Apostel, 1910, 1922[2] unter dem Titel „Die Theologie der Apostel"; A. Schweitzer, Die Mystik des Apostels Paulus, 1930, 1954[2] (wichtig trotz des problematischen Titels und des Verkennens der Rechtfertigungslehre des Apostels als der Mitte seiner Theologie); R. Bultmann, Theologie des Neuen Testaments, 1948, 1965[5]. Vom Standpunkt der Religionswissenschaft: H. J. Schoeps, Paulus, Die Theologie des Apostels im Lichte der jüdischen Religionsgeschichte, 1959. - Kürzere Darstellungen von G. Bornkamm in RGG[3] und M. Dibelius/W. Kümmel (Sammlung Göschen)[3] 1964.

Über die theologischen Hauptbegriffe des Römerbriefes unterrichtet umfassend das Theologische Wörterbuch zum Neuen Testament, seit 1932.

Die Gruß=Überschrift 1,1-7

**1 Paulus, Knecht Christi Jesu, kraft Berufung Apostel, ausgesondert für das Evangelium
Gottes, - 2 das er vorausverheißen hat durch seine Propheten in den heiligen Schriften -,
3 von seinem Sohne, der herstammt aus Davids Geschlecht, dem Fleische nach, 4 dann aber
eingesetzt ist als Sohn Gottes in Macht, dem heiligen Geiste nach, durch (seine) Auferstehung
von den Toten, von Jesus Christus unserem Herrn, 5 durch den wir Gnade und Apostelamt
empfangen haben, den Gehorsam des Glaubens zu wirken unter allen Heidenvölkern, zur
Ehre seines Namens; 6 zu denen auch ihr gehört als von Jesus Christus Berufene - 7 an
alle Geliebten Gottes in Rom, die durch Berufung Heiligen: Gnade sei mit euch und Friede
von Gott unserem Vater und dem Herrn Jesus Christus.**

Paulus folgt der antiken Briefsitte, wenn er seine Briefe mit einem Gruße beginnt. Seine Grußformel in ihrer Zweiteiligkeit (1. Teil: Name des Absenders und des Empfängers in der 3. Person, mit Zusätzen; 2. Teil: der Segenswunsch, in der 2. Person) entspricht dem jüdischen, durch altorientalische Muster bestimmten Briefstil.
7b Der Begriff der „Gnade" kommt in den Segenswünschen vorchristlicher Briefe nicht vor, nur gelegentlich der nahverwandte Begriff „Erbarmen" (vgl. im Neuen Testament die Briefanfänge von 1. u. 2. Tim., 2. Joh., Jud.). Vielleicht hat Paulus, der Theologe der Rechtfertigung aus Gnaden, als erster den Begriff Gnade in den Segenswunsch aufgenommen: es ist die gnädige Zuwendung Gottes zu dem sündigen Menschen (s. V. 5), wie sie im Evangelium sich offenbart. „Friede" - an sich die schon vor Paulus auf griechisch=jüdischem Boden vorkommende Übersetzung des alltäglichen jüdischen Grußes „Wohlergehen!", „Heil!" - hat im Munde des Paulus sicherlich den besonderen Sinn des Friedens mit Gott, den Gottes Gnade durch Christus schenkt (5,1). Gnade und Friede, des Christenstandes Grund, sind dem Christen eben darum täglich aufs neue nötig. Als ihren Geber nennt Paulus neben Gott den „Herrn Jesus Christus"; durch ihn allein waltet Gott das Heil der Menschen. „Gott unser Vater" und „der Herr Jesus Christus", beide Wendungen gehören sachlich eng zusammen. Erst indem Gott Christus zum Herrn macht, durch den er die Menschen sich zu eigen nimmt, erkennen und haben die Christus=Gläubigen Gott als ihren Vater. Christi Herrntum hebt den Monotheismus nicht auf, sondern bringt ihn zur Geltung und Kraft. - Kein Paulus=Brief hat einen so eingehenden Zusatz zu dem Namen des Schreibers wie der Römerbrief. Der Grund dafür ist: Paulus war der römischen Gemeinde im Ganzen bisher unbekannt. Er muß ein Verhältnis zu ihr erst gewinnen. Vor allem: daß er an eine von ihm nicht gegründete Gemeinde schreibt, bedarf der Begründung und Rechtfertigung. Er gibt sie in dem ausführlichen Zusatz zu seinem Namen, durch die Darlegung des ihm gewordenen Auftrages.

1 „Paulus" - im Unterschied von den anderen Briefen nennt Paulus sich hier allein als Absender, ohne einen Gefährten: der Brief hat den ganz persönlichen Sinn, daß der Apostel sich selbst in seiner Verkündigung der Gemeinde in Rom bekannt macht. „Knecht Christi Jesu" (ebenso Phil. 1,1), diese Selbstbezeichnung hat ihre Wurzel im Alten Testament. Hier heißen die Bekenner des wahren Gottes seine Knechte - die Beter der Psalmen nennen sich oft so. Knecht Gottes ist dann auch ein besonderer Titel für erwählte Werkzeuge Gottes wie Mose, David u. a. Diesem zwiefachen Sprachgebrauche entsprechend kann Paulus den Christenwandel überhaupt als ein

Gott bzw. dem Herrn Jesus Christus Dienen bezeichnen (z.B. 14,18) und gelegentlich jeden Christen einen Sklaven Jesu Christi nennen, der als Jesu Christi Eigentum in eben diesem Verhältnis zugleich seine wahre Freiheit hat (1.Kor.7,22). An anderen Stellen aber, und zu ihnen gehört die unsere, bedeutet die Bezeichnung als Knecht Christi etwas, was den so Bezeichneten von allen anderen Christen unterscheidet: er ist im besonderen Sinne von Jesus Chruistus in seinen Dienst, nämlich in die Arbeit für ihn, gestellt (Kol.4,12). Gilt von jedem Christen, daß er nicht über sich selber verfügen kann, sondern einem Herrn gehört und dient, der Verfügungsgewalt über ihn hat - von Paulus und seinen Mitarbeitern (Phil.1,1) gilt es in einzigartiger Weise, nämlich weil er „Apostel", Botschafter Jesu Christi ist. (Über das Apostelamt s. die A. zu Gal.1,1-5.) Nicht durch eigenen Entschluß oder gar durch willkürliche Anmaßung (2.Kor.11,13) hat er dieses Amt, sondern kraft einer unmittelbaren, nicht durch Menschen vermittelten, ihn zwingenden Berufung (Gal.1,1) - Paulus denkt an Damaskus, wo der erhöhte Jesus Christus ihn als sein Werkzeug ergriff. Hinter Paulus steht also die Autorität des Sendenden. Dieser hat ihn nicht nur in einer geschichtlichen Stunde berufen, sondern ihn schon von Anfang an auserlesen (Gal.1,15) und bestimmt für die Heilsbotschaft, die von Gott ausgeht, in der Gottes Gabe und Heil selber zu den Menschen kommt. Es gibt für Paulus nun nichts anderes mehr, keine Verpflichtung, keine Gebundenheit, als den Dienst des Botschafters; das ist der Druck, das zugleich der Ruhm seines Lebens. Es ist Gottes Botschaft, die er weitergibt. An ihm als Person liegt nichts, aber alles an seinem Auftrag, seiner Sendung, an der Botschaft.

Die Botschaft, die Paulus verkündigt, ist neu, und doch kommt sie nicht als das 2
gänzlich Fremde und Unerwartete in die Welt. Längst hat Gott sie zuvor verheißen durch die von ihm gesandten Propheten, deren Weissagungen in den „heiligen Schriften", im Kanon des Alten Testamentes niedergelegt sind: sie alle bezeugen und beschreiben das kommende Heil in Christus. Das Evangelium ist „Erfüllung", Einlösung eines Versprechens. Wie das ganze Urchristentum so betont auch Paulus den Zusammenhang Christi mit dem alten Bunde. Das Alte Testament ist zwar nur Verheißung - darin liegt seine Schranke; aber doch wirkliche Verheißung - das ist seine unvergängliche Bedeutung. So hat das Evangelium die unbezweifelbare Autorität des Alten Testamentes. Israel steht wider sein heiliges Gottesbuch, wenn es dem
Evangelium den Glauben verweigert. Dieses Evangeliums Inhalt ist nichts anderes 3.4
als das Eine, der Eine: der Sohn Gottes. Darin ist alles befaßt, was der Brief dann des weiteren auseinanderlegt. Paulus verwendet in den liturgisch-stilisierten Worten V.3 und 4 vermutlich eine schon von der Urgemeinde geprägte Formel und füllt sie auf mit Begriffen seiner eigenen Theologie (Fleisch und Geist). In gedrängter Form beschreibt er die Wirklichkeit des Sohnes nach ihrer Doppelseitigkeit. Er ist ein echter geschichtlicher Mensch, und doch sprengt seine Wirklichkeit die Maße des Geschichtlichen. „Nach dem Fleische", d.h. was seine irdisch-menschliche Existenz anlangt, ist er als Sohn Davids geboren. Er gehört dem ganz bestimmten menschlichen Zusammenhange der jüdischen Geschichte und ihres Königsgeschlechtes an. Zugleich aber hat er den heiligen Geist, und auf Grund dessen ist der Davidssohn durch seine Auferstehung von den Toten (dieses meint der knappe Ausdruck des Paulus: Totenauferstehung) als Gottes Sohn mit Machtfülle eingesetzt. Paulus

spricht also von zwei Dimensionen der Wirklichkeit Jesu Christi, zwei Seinsweisen, der irdisch-fleischlichen und der überweltlich-geistlichen; nach der einen ist er uns gleich, nach der anderen von uns unterschieden. Jesus „Fleisch" und „Geist" - dieses Miteinander schafft bei Paulus die große Spannungshöhe des Glaubens und des theologischen Gedankens. Denn Fleisch und Geist sind bei ihm ausschließende Gegensätze (8,5ff.). Fleisch bedeutet: Innerweltlichkeit, Unvollkommenheit, Schwachheit, Vergänglichkeit, ja auch Sündlichkeit, Feindschaft wider Gott; Geist aber ist: das Überweltliche, Vollkommene, Göttliche, Heilige - ausdrücklich fügt Paulus zu „Geist" hinzu: „der Heiligkeit". Schärfer läßt sich die Spannung nicht ausdrücken. Jesus ist in seinem Erdenleben beides, Fleisch und Geist, daher auch Davids Sohn und Gottes Sohn. Weil er den Geist hat, überwindet er, obgleich im „Sündenfleische" gesandt (8,3), die Sünde. Aber Paulus beschreibt nicht nur zwei Seinsweisen, sondern auch zwei Stadien der Geschichte Jesu Christi. Fleisch und Geist, das bezeichnet nicht nur ein Miteinander, sondern dann auch ein Nacheinander. Der „Geist der Heiligkeit" setzt Jesus in Widerspruch zu seiner menschlich-irdischen Existenz. Er ist von jeher der Sohn, aber noch nicht „in Kraft" (vgl. 2. Kor. 13,4; Mk. 9,1). Diesen Widerspruch hat Gott aufgehoben durch Christi Auferstehung. Sie ist die Wende in der Geschichte des Sohnes. Sie nahm das Fleischliche von ihm. Jetzt ist er ganz „Geist", ganz lebendige Gottesmacht, durch die Gott seine Herrschaft ausübt, daher - nun kommt bei Paulus der volle Name und entscheidende Titel - „der Herr" (s. zu 10,9), „unser Herr Jesus Christus".

5 Der Inhalt des Evangeliums ist zugleich der Sendende. Gnade und Apostelamt empfing Paulus (die Mehrzahl „wir" meint doch nur Paulus selber) durch Christus von Gott. Die Begnadung, die er erfuhr, war zugleich Berufung zum Botschafterdienst; dieser wiederum ist nicht anders denkbar als auf dem Boden der gnädigen Vergebung. Ehe der Bote das Evangelium für andere empfängt, empfängt er es für sich selbst. Genauer als V. 1 beschreibt Paulus hier seine Sendung. Er ist Heiden-Apostel (Gal. 1,16). Unter allen „Völkern" (so bezeichnet Paulus mit dem jüdischen Sprachgebrauch die gesamte nicht-jüdische Menschheit, die Israels Gottesgeschichte gegenüber eine Einheit darstellt) soll er Botschafter sein. Das Ziel seines Dienstes aber ist, Gehorsam zu wirken, der im Glauben besteht. Gehorsam: Auch im Evangelium tritt der Wille Gottes an den Menschen heran, der ihn beansprucht, im gnädigen Angebot nicht minder als im Gebot, ein Wille, dem man sich hingeben muß, also gehorchen. Es ist freilich ein besonderes Gehorchen, nämlich ganz bestimmt durch den Charakter des Evangeliums im Unterschied vom Gesetz: Gott handelt, Gott gibt in Christus, und nichts anderes ist dem Menschen aufgegeben als dieses eine, daß man für das, was in Christus gegeben wird, offen sei, es wahr sein lasse und hinnehme, also glaube. Die Zusammenstellung und Verknüpfung von Gehorsam und Glauben (vgl. 16.26) wirft auf beide Begriffe Licht. Paulus kennt keinen Glauben, der nicht wesentlich Gehorsam wäre, also weder bloß ein Fürwahrhalten noch eine Gefühlsregung für sich allein, sondern ein den ganzen Menschen beanspruchender Akt der Unterwerfung unter die Wirklichkeit Gottes in Christus. Paulus weiß aber auch, diesem Herrn gegenüber, von keinem Gehorsam, der nicht seine Tiefe, seine Personhaftigkeit und Freiheit darin hätte, daß er in der Wurzel Glaube ist. Wenn der Apostel diesen Glaubensgehorsam in der Heidenwelt wirkt, dann dient

das dem letzten Ziel der Verkündigung Christi: daß sein Name geehrt, daß er als der Herr anerkannt und angerufen wird. Die Sendung des Paulus greift weit. Kein Volk ist ausgenommen. Damit ist seine Beziehung zu den Römern gegeben, sein 6
Recht sich an sie zu wenden. Denn sie gehören zu den „Heiden" - sie sind zwar schon Heidenchristen geworden, aber als solche bleiben sie eben doch Heidenchristen. Ihren Christenstand beschreibt Paulus in mehreren, inhaltschweren Ausdrücken. Die Leser sind wie er selber (V.1) von Jesus Christus in Gottes Gnade und Heil berufen. Sie sind durch den geliebten Sohn wahrhaft „Geliebte Gottes" und „Heilige". 7
„Heilige" ist bei Paulus Bezeichnung der Christen geworden (s. z.B. 12,13; 15,25; 1.Kor.16,2.15; Phil.4,21) - das hat Wurzel und Vorbild im Alten Testament und Judentum, wo etwa die Priester, das ganze Volk, die Frommen, die messianische Gemeinde so heißen. „Heilige" sind die Christen nicht im Sinne einer religiösen oder sittlichen Werthaftigkeit, sondern weil Christus sie berufen, weil Gott sie aus der Welt ausgesondert und sich zugeeignet hat. Durch Gottes Willen gehören sie Gott und in diesem Sinne sind sie, wie menschlich und sündig auch an sich selbst, „heilig". Dieser biblische Sinn der Heiligkeit ging in der Kirche bald unter; der Moralismus verdrängte ihn. Luther hat ihn neu entdeckt und mit hoher Freude, mit großer Wucht gegen den überlieferten kirchlichen Begriff der Heiligen geltend gemacht (vgl. die A. zu 1.Petr.1,15).

Christus als „Sohn Gottes". V.3f. ist eines der ältesten Zeugnisse urchristlicher „Christologie", d.h. von Aussagen über das Wesen Jesu Christi. Paulus hat die Christologie nicht begründet. Er übernimmt ein Erbe. Aber er mehrt es auch. Das ist nichts Bedenkliches. Die Wirklichkeit Christi, seiner Vollmacht und Gabe zwang die Gedanken über die ersten Erkenntnisse hinaus weiter und tiefer. Eine Entwicklung des Denkens und Erkennens ist unverkennbar. Wir machen sie uns hier an der Geschichte des Begriffes „Sohn Gottes" deutlich. (Vgl. die A. zu Mk.1,9-11.) Im Alten Testament wird das erwählte Volk Sohn Gottes genannt, dann besonders der König und der Messias. Sohn Gottes ist der, den Gott erwählt und ausgerüstet hat zu seinem Werkzeuge, dem er seinen Willen kundtat, den er allein und völlig leitet. Im Anschluß daran hat nach dem Bericht der Evangelien (Mt.11,27; Mk. 13,32) Jesus sich den Sohn genannt, mit neuer, ausschließender Betonung. Man muß freilich damit rechnen, daß die genannten synoptischen Stellen erst von der Gemeinde gestaltet sind. Aber was sie mit dem Sohnestitel besagen, das gehört ohne Frage zu Jesu Bewußtsein um sich selbst hinzu: das einzigartige Verhältnis der Liebe und des Gehorsams zwischen dem Vater und ihm, völliges Abhängig- und Getragensein von dem Führen und Geben des Vaters, ganzes Hingegebensein an seinen Willen, Vollmacht von ihm her. Wenn der Glaube der Gemeinde Jesus den Sohnesnamen in diesem Sinn in den Mund legt, dann drückt sie aus, was bei ihm als lebendige Wirklichkeit da war. So wendet auch Paulus den Namen an. Wohl sind auch alle Christen „Söhne Gottes" (8,14), aber nur einer, nur Er ist der Sohn.

Nun aber drängt die Wirklichkeit Christi die Gedanken weiter: kann solche Gemeinschaft des „Sohnes" mit dem Vater, wie sie in Christi Gottesmacht erscheint, erst in der Zeit geworden sein? So stark Paulus das echte Menschsein Jesu betont (am stärksten 8,3), er verkündet doch zugleich, daß der Sohn vor seinem geschichtlichen Leben bei Gott war. Er ist Mensch erst geworden (Phil.2,5ff.; Gal.4,4).

Paulus hat wohl als erster an diese Tiefe des Geheimnisses der Wirklichkeit Christi gerührt. Er knüpft dabei an vorchristliche Gedanken an: die spätjüdische Apokalyptik schreibt dem Messias vorgeschichtliches Dasein zu, anscheinend unter dem Einflusse orientalischer Spekulation über den himmlischen Ur-Menschen. Aber mit diesem Hinweise auf vorchristliche Vorbilder ist die Christuslehre des Paulus weder erklärt noch in ihrer „Ursprünglichkeit" und christlichen Gültigkeit in Frage gestellt. Es ist ein anderes, über den kommenden Messias bzw. den Ur-Menschen spekulieren, ein anderes, von dem Menschen Jesus, wenige Jahre nach seinem Tode, aussagen, daß er aus einem himmlischen Dasein auf die Erde kam. Diese unerhörte Aussage wurde Paulus durch nichts anderes als durch die erfahrene Wirklichkeit Christi selber abgezwungen: bricht in Christus die Gerechtigkeit Gottes, sein heiliger Geist in die Welt der Sünde ein, so kann sein Ursprung nicht in der von Adam stammenden Menschheit liegen; er kommt aus der ewigen Welt Gottes, dem Himmel. Der Sohnesname wurde nun zum Ausdrucke gerade für diesen vorgeschichtlichen Lebensstand Christi, für sein Leben bei Gott, „in Gottesgestalt" (Phil. 2,6), in Gottes ewiger Liebe (Kol. 1,13), vor aller Welt (Kol. 1,15). Nicht der Mensch ist Sohn geworden, sondern der Sohn wurde Mensch. Als der Sohn steht er aller Kreatur gegenüber. Zwar hat auch er sein Dasein nur von dem einen Gott her, Gott bleibt über ihm und er steht, auch als der Himmlische, unter Gott (s. vor allem 1. Kor. 15,28). Aber in dieser Abhängigkeit von Gott ist er doch von aller Kreatur weit geschieden. Gott hat die Schöpfung durch ihn gewirkt, er ist Gottes Mitwirker im Schaffen und Erhalten der Welt (1. Kor. 8,6; Kol. 1,16). Ebenso hat Gott die Heilsgeschichte nicht nur auf ihn hin, sondern durch ihn gewaltet (1. Kor. 10,4).

Mit alledem hebt Paulus den Monotheismus nicht auf. Wie groß und hoch immer der Sohn ist - was er ist, ist er durch des Vaters Liebe (Kol. 1,13). Was er tut und wirkt, tut und wirkt er nach des Vaters Willen. Sein Menschwerden (2. Kor. 8,9; Phil. 2,7) ist ein Gesendetwerden vom Vater (Röm. 8,3), sein sich für uns Hingeben (Gal. 2,20) ist ein ihn Hingeben des Vaters (Röm. 8,32). So wird in seinem Sein und Wirken nichts anderes als des einen Gottes Sein und Wirken erkannt: Christus, der „Sohn der Liebe", ist für uns das „Bild Gottes" (2. Kor. 4,4ff.; Kol. 1,15), der, in dem wir Gott erkennen. Und daß wir ihn als das Bild Gottes erkennen, ist wiederum das Schöpfungswunder des Gottes, der aus Finsternis Licht werden ließ: er zündet in den Herzen diese Erkenntnis an (2. Kor. 4,4ff.). So hat der Glaube, der an Christus hängt, es ebendarin mit dem einen Gott zu tun. Die Frömmigkeit ist nicht auf Christus neben Gott gerichtet, sondern in Christus auf den einen Gott. Die Anbetung Jesu geschieht „zur Ehre Gottes des Vaters" (Phil. 2,11).

Durch die bezeichnete Entwicklung der Gedanken über Christus wird der Glaube auch nicht von dem geschichtlichen Bilde Christi weggeführt. Dort, nicht an dem Vorgeschichtlichen entsteht ja die Erkenntnis seiner Sohnschaft. Wenn Paulus von der Erniedrigung des vorgeschichtlichen Christus in das Menschsein und von seinem Liebeswillen dabei spricht, so ist das nur möglich, weil er das Bild des geschichtlichen Jesus, seiner sich opfernden Liebe im Herzen trägt. Nichts ist sinnloser als der Satz, für Paulus habe der geschichtliche Jesus in seinen konkreten Zügen keine Bedeutung. (Weiteres über die Christus-Lehre des Paulus s. zu 8,3 und 10,9.)

Persönliche Anknüpfung und Ankündigung des Themas 1, 8–17

8 **Zuerst danksage ich meinem Gott durch Jesus Christus euer aller wegen dafür, daß man**
euren Glauben in der ganzen Welt verkündigt. 9 **Denn Gott, dem ich diene mit meinem**
Geist am Evangelium von seinem Sohne, kann mir bezeugen, daß ich ohne Unterlaß jedesmal
bei meinen Gebeten euer gedenke, 10 **mit der Bitte, daß es mir doch endlich einmal gelinge,**
nach Gottes Willen zu euch zu kommen. 11 **Denn mich verlangt danach euch zu sehen, damit**
ich euch etwas an geistlicher Gabe mitteilen kann, zu eurer Stärkung, 12 **das heißt: damit**
ich unter euch mit euch zusammen ermutigt werde durch den gegenseitigen Austausch unseres,
eures und meines Glaubens. 13 **Laßt euch sagen, Brüder: schon oft hatte ich mir vor-**
genommen zu euch zu kommen – bin aber bis jetzt immer wieder daran gehindert worden –,
um auch bei euch ebenso wie schon unter den übrigen Heidenvölkern einige Frucht zu haben.
14 **Griechen und Barbaren, Gebildeten wie Ungebildeten bin ich verpflichtet.** 15 **Daher bin**
ich willens, auch euch in Rom das Evangelium zu verkündigen. 16 **Denn ich schäme mich des**
Evangeliums nicht. Ist es doch Kraft Gottes zur Rettung für jeden, der da glaubt, wie für
den Juden in erster Linie so für den Griechen. 17 **Denn Gottes Gerechtigkeit wird in ihm**
offenbart aus Glauben zum Glauben, nach dem Schriftworte: „Der Gerechte wird aus
Glauben leben."

V. 17: Hab. 2, 4.

Allem, was Paulus den Römern zu sagen hat, stellt er den Dank und die Ver- 8
sicherung der Fürbitte für die Angeredeten voran. Er folgt damit, wie in allen seinen
Briefen außer Gal., der antiken Briefsitte. Aber was in seiner Umwelt allermeist
zur bloßen Formel geworden war, das ist bei ihm ganz ernst gemeint und lebendig.
Wie alles, was zwischen Gott und einem Christen geschieht, so vermittelt sich auch
das Danken „durch Christus", den Mittler alles göttlichen Gebens. Paulus dankt
Gott für das, was er an den Lesern gewirkt hat. Die ganze Gemeinde gibt Anlaß
zum Danken: wir sehen schon, daß Paulus keinen Grund hat, einen Teil, eine Gruppe
auszuschließen. Und zwar dankt er dafür, daß die Leser Christen geworden sind und
daß man im ganzen weiten Reiche von dem Entstehen einer Christengemeinde in der
Welthauptstadt Kunde hat. Eine Gemeinde in Rom – was bedeutet diese Tatsache
für den Fortgang der Weltmission, an die der Apostel sein Leben setzt! Es ist keine 9
Redensart, wenn Paulus von seinem Danke für die Gemeinde in Rom spricht.
Menschen können einander nicht ins Herz sehen; aber Gott, vor dem das Herz offen-
bar ist, weiß, daß Paulus in seinem Gebetsleben immerdar auch der römischen Ge-
meinde gedenkt. Dieses betende Gedenken gehört zu dem Gottesdienst, den er als
Missionar am Evangelium tut, mit seinem ganzen Menschen, seiner ganzen Person
als Christ (das ist der Sinn der Wendung „mit meinem Geiste"). Das Gedenken an 10
die römischen Christen vor Gott wird immer wieder zur Bitte, Gott möge es doch so
fügen, daß Paulus endlich die Gemeinde in Rom besuchen kann. Das wäre die Er- 11
füllung eines Verlangens, von dem Paulus schon lange (V. 13) bewegt ist. Gerne
möchte er der Gemeinde aus dem Reichtum der Gnadengaben, die Gottes Geist
schenkt, etwas, so viel Gott gibt und die Gemeinde bedarf, vermitteln: lebendiges
Zeugnis von Christus, das die Gemeinde in ihrem Glaubensstande zu stärken ver-
mag. Aber – so verbessert Paulus sich mit feinem Takte – bei einem Besuche in Rom 12
würde er wahrscheinlich nicht allein der Gebende sein; auch für sich selber ersehnt und
erwartet er, der sonst so schwere Arbeitslast tragen muß, der Kämpfende und Um-

kämpfte, Zuspruch, Ermutigung. Gemeinsam wollen sie sich ermutigen lassen, der
Apostel und die Gemeinde, miteinander, durcheinander: wie stärkt es, wenn sie Auge
in Auge einer des anderen Christenstand, sein Bewegtsein durch Christus, sein gläu-
13b. 15 biges Hangen an Christus im lebendigen Umgang spüren dürfen! Aber der Besuch
in Rom soll nicht nur der gemeinsamen Stärkung dienen. Wenn der Apostel kommt,
dann will er Frucht erlangen, d.h. durch Missionspredigt an die Nichtchristen die
Gemeinde Christi mehren, wie er das überall unter den Heidenvölkern getan hat.
13a Noch einmal kommt Paulus auf sein Verlangen, die römische Gemeinde zu besuchen,
zurück und betont mit Nachdruck, daß sein Wunsch schon mehrmals zum bestimmten
Vorsatze geworden war – aber jedesmal sind Hemmungen eingetreten. Die auffallende
Ausführlichkeit und Nachdrücklichkeit, mit der Paulus von seinem Wunsche und Vor-
satze spricht, erklären sich vielleicht daraus, daß von gewisser Seite (vgl. 2. Kor.
1,15ff.) dem Apostel nachgesagt wurde, es liege ihm gar nicht daran, nach Rom zu
kommen und mit der Gemeinde Fühlung zu nehmen. Er sei bisher nicht nach Rom
gegangen, weil er es nicht wage, seine Botschaft in der Großstadt, dem Bildungs-
zentrum, der Welthauptstadt zu verkündigen. Von hier aus sind V. 14-16 zu ver-
14 stehen. An dem Ernste seines Verlangens nach Rom ist ein Zweifel nicht möglich,
weil sein Wunsch ja nicht eine Privatsache des Apostels, sondern Anerkenntnis der
umfassenden „Verpflichtung" ist, in die Paulus sich durch den Herrn, der ihn berufen
hat, gesetzt weiß. Er schuldet sich und seine Arbeit in gleicher Weise den Griechen wie
den Barbaren, den Gebildeten wie den Ungebildeten. „Griechen und Barbaren"
sagt Paulus; sonst stellt er „Griechen und Juden" (z. B. Gal. 3,28; Kol. 3,11) ein-
ander gegenüber. Aber hier handelt es sich nicht um den religiösen, sondern um den
Bildungsgegensatz. „Barbaren" sind die Völker, die nicht griechisch sprechen und
damit nicht an der hellenistischen Bildung teilhaben, z. B. die Skythen (Kol. 3,11);
die Römer gehören zu den „Griechen". Der Ton liegt darauf, daß Paulus sich auch
den Gebildeten verpflichtet weiß und daher bereit und willens ist, auch nach der
Großstadt Rom zu kommen. Gewiß, für die Gebildeten der griechisch-römischen Welt
16 ist sein Evangelium „Torheit" (vgl. 1. Kor. 1,18ff.); aber man denke nur ja nicht,
daß Paulus sich deswegen vor den Griechen, den Gebildeten, seiner „törichten"
Verkündigung schäme. Das Evangelium ist ja „Gottes Kraft, die Errettung wirkt".
Erscheint es dem natürlichen Urteil als ein ohnmächtiges Wort – es ist doch als
Gottes Wort lauter Kraft Gottes. Er wirkt in ihm mit seiner lebendigen Macht.
Und diese Macht schafft Rettung, Heil. Das Wort, das Paulus gebraucht – schon
im Alten Testament und in den vorchristlichen Religionen auch Inbegriff des unbe-
dingten Heilsgutes – bezeichnet bei ihm den Gegensatz zu dem „Verderben" (Phil.
1,28) in Sünde und Tod, die künftige Errettung im Endgericht (5,9), die als An-
wartschaft darauf, als Friede mit Gott (5,1) auch schon gegenwärtige Wirklichkeit
ist (8,24; 2. Kor. 6,2). Über den negativen Sinn der Errettung hinaus umfaßt das
Wort auch den positiven des Heils, als Teilhabe an dem Leben, an der Herrlichkeit
Christi. Man muß das Wort sowohl mit „Errettung" wie mit „Heil" übersetzen, um
es in der ganzen Weite seiner Bedeutung zu erfassen. – Die Errettung, das Heil
wird jedem zuteil, der „glaubt", d.h. es bedarf nur eines Einzigen: daß man vor-
behaltlos der Zusage Gottes im Evangelium traue, es auf sie allein wage. Kein

Mensch erfährt die rettende Macht, wenn er nicht glaubt, und wiederum: er braucht nur zu glauben, um sie zu erfahren, mag er nun Jude oder Grieche sein - der große religiöse Gegensatz von Juden und Heiden („Grieche" bedeutet hier, anders als in dem Gegensatz von V. 15, den Nichtjuden, den Heiden) verschwindet vor dem Evangelium. Glauben ist die unerläßliche, aber auch die einzige Bedingung auf seiten des Menschen für das Erlangen des Heils. Macht das die Juden und Heiden gleich vor dem Evangelium, so betont Paulus doch in dem „zuerst" bei dem Juden (s. auch 2,9) die besondere Stellung, die Israel als das heilsgeschichtliche Gottesvolk hat: ihm zuerst ist das Heil verheißen (vgl. weiter 3,1 ff.; Kap. 9-11). Das entspricht der Haltung Jesu, vgl. Mk. 7,27; Mt. 22,1 ff. u. a. Daher geht auch Paulus mit dem Evangelium zuerst zu den Juden (vgl. in der Apg. 13,5 und oft).

Gottes Kraft zum Heile ist das gepredigte Evangelium, weil es „Gottes Ge- 17
rechtigkeit" offenbart. Aber wie kann die Offenbarung der Gerechtigkeit Gottes Heil bringen?

Gerechtigkeit Gottes bei Paulus. Die Frage, was „Gerechtigkeit Gottes" bei Paulus überhaupt und an unserer Stelle im besonderen bedeute, ist viel verhandelt. Gehen wir von dem Zusammenhange aus, so ergibt sich Folgendes: die Entsprechung von Gerechtigkeit, Kraft (V. 16) und Zorn (V. 18) Gottes legt es nahe, an die Gott eigene Gerechtigkeit, also eine Bestimmtheit seines Wesens und Wirkens zu denken (Gen. subj.); dagegen die Bezugnahme auf die Habakuk-Stelle („der Gerechte wird aus Glauben leben") zwingt dazu, unter der „Gerechtigkeit Gottes" eine dem Menschen eigene, aber von Gott gewirkte (vgl. Phil. 3,9) und vor Gott giltige Gerechtigkeit zu verstehen (Gen. auct.). Gemessen an dem Entweder-Oder: „Eigenschaft" Gottes oder des Menschen? ist der Ausdruck mit seinem Genitiv also doppeldeutig, an unserer Stelle und, wie wir sehen werden (3,21 ff.), nicht nur hier. Diese scheinbare Doppeldeutigkeit hat ihren tiefen Grund in dem Gottesgedanken des Paulus. Gottes Wesen ist, daß er sich mitteilt. Alles, was Gott hat, das gibt er, und was er gibt, das ist er selbst. Er offenbart seine Gerechtigkeit, indem er den Menschen gerecht macht. Er offenbart seine Herrlichkeit, indem er den Menschen herrlich macht. Vgl. auch 2. Kor. 1,12, wo die „Einfalt und Lauterkeit Gottes" Eigenschaften Gottes bezeichnen, die er in Christus mitteilt. So schließt es sich für Paulus nicht aus, sondern gehört vielmehr unlöslich zusammen, daß die „Gerechtigkeit Gottes" zugleich eine Haltung Gottes und eine Gabe an den Menschen ist. (In Luthers Übersetzung „die Gerechtigkeit, die vor Gott gilt" kommt der paulinische Sinn der „Gerechtigkeit Gottes" nur halb zum Ausdruck. Aber seine Auslegung des Römerbriefes zeigt, daß Luther die „Gerechtigkeit Gottes" ganz wie Paulus versteht: als die Gerechtigkeit, durch die Gott gerecht *ist* und gerecht *macht*; s. die Auslegung von Röm. 3,5.7 in der Römerbrief-Vorlesung, Weimarer Ausgabe, Bd. 56, S. 215. 222.) Von dem Gottesgedanken des Paulus aus gesehen ist sein Sprachgebrauch also nicht zweideutig, sondern durchaus eindeutig.

„Gottes Gerechtigkeit" geht dabei über die Maße eines rechtlich-richterlichen Begriffes weit hinaus. So gewiß sie richterliches Handeln einschließt, ist der Sinn des Begriffes doch ursprünglicher und umfassender. Gott ist gerecht, indem er sich seinem Wesen entsprechend erweist, die ihm gemäße Ordnung aufrichtet und waltet. Seine

Gerechtigkeit ist seine Gottheit. Gottes Gottheit aber besteht darin, daß er sich des Menschen annimmt, ihm seinen Platz gibt, sein Heil und Leben schafft. Indem Gott das tut, ist er gerecht, nämlich ganz Gott. Ebendamit ist aber auch der Mensch gerecht, dadurch daß er Gottes Gerechtigkeit, d.h. sein Heil-schaffendes Handeln erleidet, hinnimmt, in Gottes Ordnung sich einbeziehen läßt und hineinstellt. Gottes Gerechtigkeit ist also nicht eine ruhende „Eigenschaft", sondern jenes Handeln Gottes, in welchem Gott und der Mensch beide gerecht sind. Gott ist gerecht, indem er des Menschen Gerechtigkeit waltet; der Mensch ist gerecht, indem er Gottes Gerechtigkeit erfährt und sich gefallen läßt. Gegenüber diesem einheitlichen Sinne der „Gerechtigkeit Gottes" bedeutet die Frage: Eigenschaft Gottes oder des Menschen? ein unmögliches Entweder-Oder. Die Gerechtigkeit ist die Ordnung göttlichen Handelns, das Verhältnis, in das Gott zum Menschen tritt, in welchem Gott und der Mensch beide in Einem „gerecht" sind.

Gottes Gerechtigkeit ist demnach geradezu sein Heil schaffendes Wirken. Gerechtigkeit und Gnade Gottes liegen, wie später für Luther, in eins, sind ein Wille. Die Gerechtigkeit steht im Gegensatz zum Zorne (1,18). Damit knüpft Paulus an den Gedanken der Gerechtigkeit Gottes als Bundestreue in den Psalmen und bei Deuterojesaja, wie er z.T. in das Spätjudentum hinein nachwirkte, an. Und doch bringt er ganz Neues. Wohl erweist sich schon nach dem Alten Testament und dem Judentum Gottes Gerechtigkeit gerade in der Gnade, mit der er den Frommen die Sünden vergibt - aber eben und nur den Frommen! Der „Sünder" wartet nur der Zorn Gottes. Die verschiedene Behandlung der Frommen und der Sünder ist eben Gerechtigkeit. Dieses Gottesbild hat Jesu Verkündigung und Haltung zerbrochen: gerade des Sünders nimmt Gott sich an. Das für jüdisches - und nicht nur jüdisches! - Denken Unerhörte hat Paulus in seinem Gedanken der Gerechtigkeit Gottes auf den schärfsten Begriff gebracht. Wenn er das Evangelium als Offenbarung der Gerechtigkeit Gottes beschreibt, so kommt in dieser Formel beides zum Ausdruck: der Zusammenhang des Evangeliums mit der Offenbarung des Willens Gottes im Gesetze - und der Gegensatz des Evangeliums zur Gesetzesordnung. Der Zusammenhang: auch nach dem Evangelium liegt alles daran, daß der Mensch Gerechtigkeit habe; es gibt keine Gnade Gottes, welche die Geltung des Gesetzes Gottes aufhebt (s. weiter 3,31); die Gnade ist eben „Gerechtigkeit", d.h. obgleich das Gegenteil des Zornes, ist sie doch wie dieser wider die Sünde gerichtet; Gottes Heilswalten schließt, als Betätigung seiner Gerechtigkeit, Sühne und Todesgericht nicht aus, sondern ein (3,25; 6,2ff.). Der Gegensatz: die Gerechtigkeit des Menschen kommt nicht als „eigene Gerechtigkeit" (10,3; Phil.3,9), d.h. als sittliche Leistung des Menschen zustande, wie das rabbinische Judentum wollte, sondern allein auf dem Wege des Evangeliums, als Erweisung der Gerechtigkeit Gottes durch die Vergebung und Erlösung in Christus. -

Die jüngste Behandlung der „Gerechtigkeit Gottes" bei Paulus (E.Käsemann, Chr.Müller, P.Stuhlmacher) betont stark, daß Paulus hier einen apokalyptischen Terminus des Spätjudentums übernommen hat, der demgemäß im Zuge der alttestamentlich-jüdischen Tradition zu verstehen ist. Die Gerechtigkeit Gottes besage umfassend „die in Christus sich offenbarende Herrschaft Gottes über der Welt", Gottes weltweites, schöpferisches eschatologisches Heilshandeln, mit dem er, der Schöpfer, seiner Schöpfung die Treue hält und auf sein Recht bedacht ist. Hieran ist jedenfalls richtig, daß der Begriff bei Paulus nicht nur, als Genitiv auctoris, Gottes *Gabe* an den Menschen, also das Heilsgut bezeichnet, sondern zugleich und zuvor, als Genitiv des Subjekts, Gott schöpferisches *Heilshandeln* selbst, das die Gabe wirkt. Dem sucht auch unsere Auslegung des Begriffs gerecht zu werden.

Die Gerechtigkeit wird „offenbart", d.h. sie tut sich kund, erweist sich wirksam. 17
„Offenbarung" ist im Neuen Testament niemals nur Mitteilung einer Lehre oder Enthüllung eines Tatbestandes, sondern Wirksamwerden eines Willens, Verwirklichung eines Zieles Gottes. Und zwar geschieht die Offenbarung der Gerechtigkeit „in ihm", im Evangelium. Was Gott, wie Paulus 3,21 ff. und 4,25 ausführt, in der Geschichte Jesu, mit seinem Tod und seiner Auferstehung ein für allemal gewirkt *hat* (vgl. das Perfektum 3,21), das tritt nunmehr in der Verkündigung des Evangeliums als Gegenwart in das Leben der Menschen hinein, wird für sie gegenwärtig, *es geschieht jetzt* (vgl. das Präsens „wird offenbart"; 2. Kor. 6,2). Die Gerechtigkeit Gottes wird offenbart „aus Glauben für Glauben". Ihr Wirksamwerden hat - Paulus nimmt den Gedanken von V. 16b mit verstärktem Nachdruck auf - nur eine, aber unerläßliche Bedingung: Glauben, nur ein Ziel: daß der Mensch glaube. Gott fordert den Glauben und wirkt ihn. Der Glaube steht am Anfang und am Ende. Vielleicht ist die Doppelwendung auch nur rednerischer Vollklang. Der Sinn ist jedenfalls: die Gerechtigkeit Gottes kann an dem Menschen und für ihn wirklich werden nur so, daß er glaubt, d.h. Gottes Handeln sich gefallen läßt, ihm sich öffnet in reinem vertrauendem Empfangen.

Paulus fügt zum Thema alles Folgenden den Text: Habakuk 2,4 (vgl. auch Gal. 3,11). Im hebräischen Urtext besagt das Wort: „Der Gerechte wird durch seine (Glaubens-)Treue (in der Drangsal) am Leben bleiben." Die zeitgenössische jüdische Theologie versteht den Text als Verheißung für die Werkgerechtigkeit. Paulus deutet ihn im Lichte Jesu Christi und findet hier den Schriftgrund für das, was er vom Evangelium gesagt hat: daß die Gerechtigkeit aus dem Glauben in das Leben der neuen Welt führt. Das Habakuk-Wort begründet also nicht nur V. 17a („Gerechtigkeit aus Glauben"), sondern auch V. 16b („Kraft Gottes zum Heil"): der Gerechte hat das Leben - weil die Gerechtigkeit, an der das Leben hängt - allein durch den Glauben, weil allein durch Gottes Gnade, die im Glauben ergriffen sein will. (Einige Ausleger ziehen das „aus Glauben" zu „der Gerechte": „Der aus Glauben Gerechte wird leben." Aber dem hebräischen Text von Hab. 2,4 und der griechischen Übersetzung sowie der Wortfolge entspricht die in unserer Übersetzung gegebene Beziehung der Satzteile.)

In V. 8-17 spricht Paulus zwar von seinem Plane nach Rom zu kommen. Aber was ihn eigentlich nach Rom führt, das bleibt hier noch im Dunkeln und wird erst in Kap. 15,14-24 deutlicher. So begründen V. 14 ff. nicht eigentlich, warum Paulus auch nach Rom reisen muß, sondern vielmehr, warum er den Besuch der Großstadt keineswegs, wie man ihn verdächtigte, scheut.

„Vom Persönlichen zur Sache", so könnte man den Abschnitt V. 8–17 überschreiben. Es ist meisterhaft, wie Paulus von der Erörterung seines Verhältnisses zur Gemeinde aus das Thema seines Schreibens gewinnt. „Fast unhörbar gleitet er von der persönlichen Ansprache in den Lehrvortrag hinüber" (Jülicher). Das persönliche Verhältnis und die Gebundenheit an die Sache sind aber auch engstens aufeinander bezogen. Die Teilnahme des Paulus für die römische Gemeinde, wie sie im Gebete und in dem Plane des Besuches zum Ausdruck kommt, ist begründet in der Gemeinschaft am Evangelium. Umgekehrt: die Darlegung der Sache soll der Vertiefung des Vertrauensverhältnisses zwischen dem Apostel und der Gemeinde dienen, das Vertrauen aber wiederum der Arbeit des Apostels im Westen zugute kommen (s. die Einleitung).

Erster Teil: Das Evangelium als Gotteskraft zum Heil 1,18–8,39

A. Ohne das Evangelium sind Heiden und Juden in ihrer Ungerechtigkeit dem Zorn Gottes verfallen 1,18–3,20

1a. Die Schuld der Heiden 1,18–23

**18 Denn es offenbart sich Gottes Zorn vom Himmel her über alle Gottlosigkeit und Un-
gerechtigkeit der Menschen, welche die Wahrheit mit Ungerechtigkeit niederhalten. 19 Denn
was von Gott erkennbar ist, das ist unter ihnen kund: Gott selbst hat es ihnen kundgemacht:
20 sein unsichtbares Wesen läßt sich von der Schöpfung der Welt her an den Schöpfungs-
werken mit den Augen der Vernunft wahrnehmen, nämlich seine ewige Macht und göttliche
Majestät. Daher haben sie keine Entschuldigung, 21 denn obgleich sie Gott kannten, haben
sie ihm nicht als Gott Preis und Dank dargebracht, sondern sind in ihren Gedanken auf das
Nichtige verfallen, und ihr unverständiges Herz sank in Finsternis. 22 Da sie wähnten weise
zu sein, sind sie zu Toren geworden 23 und haben die Herrlichkeit des unvergänglichen
Gottes vertauscht mit dem Abbilde der Gestalt des vergänglichen Menschen und von Vögeln,
Vierfüßlern und Gewürm.**

Der Grund-Satz des Briefes, V.16f., wird zunächst negativ begründet: Paulus zeigt, daß ohne das Evangelium die Menschheit ausnahmslos und rettungslos wegen ihrer Ungerechtigkeit dem Zorne Gottes und damit dem Untergange verfallen ist. So wie hier wird der Apostel in seiner Missionspredigt zu den Juden und Heiden gesprochen haben.

Das „denn" begründet also V.17: allein der Glaube an das Evangelium gewährt 18
das Leben, denn was die Werke der Menschen anlangt, so ergeht ihretwegen Gottes Zorn über alle. Um eine „Offenbarung" von Gott her handelt es sich hier wie dort, aber um eine sehr verschiedene, gegensätzliche: dort um Gottes Gerechtigkeit, hier um seinen Zorn. Die Offenbarung des Zornes ist nicht etwa ein Moment der Offenbarung der Gerechtigkeit Gottes. Und doch gehören sie zusammen: jene geschieht nach Paulus um dieser willen, diese will auf dem Hintergrunde jener gesehen werden. In beiden wirkt Gott wider das Böse. Gottes Zorn: Gott widersteht dem Bösen in innerster heiliger Bewegung (s. „Grimm", 2,8), die als wirkender Widerwille heraustritt. Gottes Zorn trifft die Menschheit als gegenwärtiges Verhängnis „vom Himmel her", unwiderstehlich, unentrinnbar. Die Offenbarung des Zornes geschieht also nicht etwa im Worte der Verkündigung (Luther: durch das Gesetz; K.Barth: durch das Evangelium), sondern ist ein reales, für jeden offenkundiges Geschehen des Menschheitslebens; es wird freilich erst durch die Verkündigung des Gesetzes und Evangeliums als Zorn Gottes *erkannt*. Zur völligen Auswirkung kommt der Zorn erst im Endgerichte (2,5). Aber er ist schon jetzt am Werk. – Er ergeht über die Menschheit, weil sie der Gottlosigkeit (Paulus denkt in erster Linie an die Heiden) und Ungerechtigkeit, also der religiösen und der sittlichen Sünde, verfallen ist. Der Zorn setzt Schuld voraus. Und in der Tat ist die Gottlosigkeit der Menschen ihre Schuld: sie sind keineswegs von der Wahrheit verlassen, aber sie

lassen sie nicht zur Geltung kommen, sondern setzen sie gleichsam gefangen, entziehen
sich ihr wider ihr Wissen und Gewissen, weil sie ihrem selbstherrlichen Willen nicht
19 paßt (2,8). „Die Wahrheit" besteht nämlich in Gottes Gottheit und des Menschen
Geschöpflichkeit. Darum wissen die Menschen, und zwar durch eine ständige Selbst-
20 bekundung Gottes an sie. Wohl ist und bleibt er der Unsichtbare (Kol. 1,15), aber er
hat die Welt geschaffen und waltet sie bis heute. Die Natur und die Geschichte sind
sein Werk, und in dieser seiner Schöpfung zeigt er sich vom Anfang der Welt an
dem Auge des Geistes als der allmächtige, überweltliche, gütige Herr. Das Werk
21 bezeugt den Wirker. So läßt sich der Menschen Gottlosigkeit durchaus nicht ent-
schuldigen, wenn Gott sie zur Verantwortung ruft. (Statt unserer Übersetzung
„daher haben sie keine Entschuldigung" wollen einige Ausleger die Stelle final
fassen: „damit sie ohne Entschuldigung sind", als wäre das Gottes Absicht bei
seiner Selbstbezeugung; aber das empfiehlt sich nicht. Denn Paulus spricht hier
zunächst von dem, was überhaupt erst die Anklage und die Schuld der Menschheit
begründet, von Gottes Selbstbezeugung als Voraussetzung und Grund der Anklage;
von der Unentschuldbarkeit ist als von der Folge der Selbstbezeugung Gottes, nicht
als von Gottes Absicht die Rede.) Die Menschen können nicht sagen: Gott ist ganz
fern, unerfahrbar, unerkennbar, wir wissen nichts von ihm. Die Menschen wußten
und wissen durch Gottes Selbstbezeugung so viel von ihm, daß sie ihm in seiner
Gottheit als den Herrn anbeten und ihm als dem Geber aller Güter, die sie emp-
fangen, danksagen müßten. Es fehlt nicht an Erkenntnis Gottes, aber an dem
Willen, Ernst mit ihr zu machen. Die Menschen brachten und bringen es nicht fertig,
Gott praktisch als Gott, als den Schöpfer und Geber anzuerkennen. Sie müßten
danken und mögen doch nicht danken, denn Danken heißt, sich zu seiner Abhängigkeit
als Geschöpf bekennen. Aber solcher selbstherrlicher Wille rächt sich unmittelbar. Denn
die Menschen sind zu der Wahrheit Gottes hin geschaffen und haben in ihr das Wesen.
Weil sie diese verleugneten, den lebendigen Gott, der die Wahrheit ihres Daseins
ist, wurden sie durch Gottes Gerichtsgewalt in ihrem Denken nichtig, leer, ohne die
wesentliche Wahrheit. (Vielleicht bezeichnet der Ausdruck „nichtig" gemäß Jer. 2,5:
„Sie gingen hinter den Nichtigen her und wurden selber nichtig" schon den Götzen-
dienst.) Ein Geist, der Gott nicht die Ehre gibt, verliert Gehalt und Würde. Das
„Herz", das Organ des inneren Lebens, des Empfangs der Lebenswahrheit, weil
es auf Gottes Selbstbezeugung nicht merken wollte und sich gegen ihn verschloß („ihr
22.23 unverständiges Herz"), wurde des Lichtes beraubt, verfinstert. Davon zeugt der
Widersinn des Götzenkultus: die Menschheit, die sich auf ihre Klugheit soviel ein-
bildet, bringt es fertig, an Stelle des ewigen lebendigen Gottes Menschen- und
Tierbilder anzubeten (vgl. Ps. 106,20). So ist ihre Religion Ergebnis und Aus-
druck dessen, daß sie die Erkenntnis des wahren Gottes verleugnen.

1b. Gottes Gericht über die Heiden 1,24-32

**24 Darum hat Gott sie durch die Begierden ihres Herzens dahingegeben in Unreinheit, daß
sie ihre eigenen Leiber schändeten, 25 weil sie die Wahrheit Gottes mit der Lüge vertauscht
und dem Geschöpf Verehrung und Dienst erwiesen haben statt dem Schöpfer, der da gepriesen
ist in Ewigkeit. Amen!**

26 Darum hat Gott sie dahingegeben in schimpfliche Leidenschaften: ihre Weiber haben den natürlichen Geschlechtsverkehr mit dem widernatürlichen vertauscht, 27 ebenso haben die Männer den natürlichen Verkehr mit dem Weibe aufgegeben und sind in ihrer Begierde gegeneinander entbrannt: Männer treiben mit Männern Unzucht und empfangen so die gebührende Vergeltung für ihre Verirrung an ihrer eigenen Person.

28 Und ganz dementsprechend, daß sie es verachteten, Gott recht zu erkennen, hat Gott sie dahingegeben in verächtliche Gesinnung, daß sie tun, was sich nicht gebührt: 29 erfüllt mit aller Ungerechtigkeit, Bosheit, Habgier, Schlechtigkeit, voll Neid, Mord, Streit, Hinterlist, Niedertracht; Ohrenbläser, 30 Verleumder, Gottesfeinde, Frevler, Hoffärtige, Prahler, erfinderisch im Bösen, den Eltern ungehorsam, 31 ohne Verstand, ohne Treue, ohne Herz, ohne Erbarmen. 32 Sie kennen Gottes Satzung, daß die, die solches tun, des Todes würdig sind, und doch tun sie es nicht nur selber, sondern haben auch noch Freude daran, wenn andere es tun.

Aber die Abwendung von Gott ergeht Gottes Strafe. Sie besteht darin, daß Gott 24
die Menschen, die ihm die Ehre verweigern, an die Sünde hingibt. Die Schilderung der Sünde in V. 18-23 wurde zuletzt schon zur Beschreibung des Gerichtes; die mit V. 24 beginnende Schilderung des Gerichtes ist zugleich Darstellung der sich steigernden Sünde. Paulus sieht, wie mit der religiösen Sünde im Heidentum sittliche Entartung verbunden ist; da besteht ein notwendiger Zusammenhang. Aus der Sünde wider Gott - sie ist der Ur-Fall - wird alle andere Sünde geboren. In diesem Gesetze erkennt Paulus Gottes Richterwalten, seinen wirkenden Zorn; dreimal, in V. 24. 26. 28 steht das furchtbare „Er hat sie dahingegeben". Damit entschuldigt Paulus die Menschen nicht: was sie tun, tun sie mit Willen. Ihre Strafe ist, daß Gott ihren eigenen Leidenschaften den Lauf läßt. So straft Gott die Sünde durch Sünde, er läßt die Sünde des Menschen sich vollenden. Das ist der tiefste, der ernsteste Gedanke von Gottes Richten, die eigentliche Wirklichkeit des Todes und der Hölle.

Paulus setzt in der Schilderung des sittlichen Verderbens, mit dem Gott die Gottlosigkeit straft, dreimal an: Unzucht (V. 24), widernatürliche Laster (V. 26 f.), vollendete Selbstsucht und Lieblosigkeit, Auflösung aller sittlichen Bande zwischen den
Menschen (V. 28-31). Die Strafe entspricht furchtbar der Sünde: haben die Men- 25
schen den wahren Gott vertauscht gegen die unwahren Götzen, das Geschöpf statt des Schöpfers verehrt, - Paulus kann nicht anders, als seinem Schauder vor diesem Greuel in einem Lobpreise des wahren Gottes Ausdruck geben -, so läßt Gott sie
für solche Verkehrung nun nicht nur ihren Leib mit Unzucht schänden, sondern im 26. 27
Geschlechtsleben einer ähnlich abscheulichen Verkehrung der Natur in die Unnatur anheimfallen, die Weiber wie die Männer. In der Entehrung und Zerrüttung ihrer selbst wird ihnen die Entehrung Gottes vergolten. Paulus deutet damit auf die in der antiken Kulturwelt weitverbreitete Päderastie und lesbische oder sapphische Liebe hin.

Aber das Verderben beschränkt sich nicht auf das geschlechtliche Leben. Der furcht- 28
bare religiöse Unernst, der leichtfertige Verzicht auf wirkliche Begegnung mit Gott, wie er in seiner Schöpfung sich zu erkennen gibt, wird gestraft mit Verwahrlosung der „Gesinnung", der geistigen und sittlichen Haltung: sie tun überall das „Unziem-
liche". Dafür gibt Paulus nun eine lange Reihe von Beispielen. Die Reihe ist wohl 29-31
formell gegliedert, aber nicht inhaltlich; doch ist der Schluß insofern eine Einheit und

bringt eine Steigerung, als Paulus hier die Zersetzung der ganz elementaren sitt-
32 lichen Akte, z.B. des kindlichen Gehorsams, des Mitleids usw. beschreibt. Das Schlimmste an der Verderbnis ist: an sittlicher Erkenntnis fehlt es nicht, die Menschen kennen Gottes unverbrüchliche Satzung, die alledem den „Tod" - im umfassenden Sinne: Zerstörung, Verlust des Lebens - androht. Und trotzdem tun die Menschen das alles, nein noch schlimmer: sie entschuldigen, noch mehr: sie freuen sich daran, wenn andere es tun, statt es zu verurteilen. Ein hoffnungsloser Widerspruch im Menschen zwischen der besseren Erkenntnis und dem unwillkürlichen Empfinden! Die sittliche Vernunft ruft Nein - und doch sagt es im Herzen des Menschen leise und laut Ja zum Bösen.

Diese **Anklage des Heidentums** und die Darstellung des göttlichen Gerichtes knüpft in erster Linie an das Alte Testament an (zu V.23 vgl. Ps. 106,20; zu V.21 Jer. 2,5.11) und setzt die Bußpredigt der spätjüdischen Apokalyptik fort. Schon in ihr heißt es: der Schöpfer wird an seinen Werken erkannt; aber die Menschen verweigern ihm die rechte Ehrung und Anbetung und fallen vielmehr in den Götzendienst; darauf antwortet der Zorn Gottes, sein Gericht: es vollzieht sich in der Verfinsterung der Herzen, im Götzendienst selbst. Zugleich nimmt Paulus im Gedanken und Ausdruck z.T. eine stoisch-beeinflußte Tradition des hellenistischen Diaspora-Judentums auf, die wir vor allem aus dem Buche der Weisheit und aus Philo kennen. Das gilt von dem Gedanken der Schöpfungsoffenbarung, der Erkennbarkeit Gottes aus seinen Werken, der natürlichen Erkenntnis Gottes und des sittlichen Gesetzes, der Verantwortlichkeit der Heiden; von dem Zusammenhang zwischen Götzendienst und sittlicher Entartung, von dem „Lasterkatalog" V.28 ff. Hier überall ist die Verwandtschaft von Röm. 1,18 ff. mit der spätjüdischen Theologie, vor allem mit Weisheit Kap. 13 und 14 offenkundig. Aber Paulus gestaltet das überlieferte Gedankengut doch ganz eigen. In der hellenistisch-jüdischen Verkündigung hat der Hinweis auf die Erkennbarkeit Gottes aus seinen Werken apologetisch-pädagogischen Sinn: durch den Blick auf die Welt soll dem Heidentum die Wirklichkeit Gottes erschlossen werden. Bei Paulus steht der Gedanke der Erkennbarkeit Gottes aus seinen Werken ganz und gar im Dienste der Anklage. Und eben hier zeigt der Vergleich mit dem Weisheitsbuche einen großen Abstand. Auch die Weisheit beklagt die Verkennung Gottes und den Götzendienst. Aber Paulus faßt die Ursünde der Menschheit in ganz anderer Tiefe auf (V.21), in ganz anderem Ton redet er von der Abgötterei, nicht halb entschuldigend wie Weisheit 13,6 f., sondern mit Empörung und Grauen über den unentschuldbaren Abfall von dem wahren Gott. Schließlich: das furchtbar ernste „er hat sie dahingegeben", also das Verständnis des sittlichen Verderbens als von Gottes Zorn gewirkten Gerichtes über die religiöse Ursünde, findet sich in den hellenistisch-jüdischen Texten nicht. Trotz aller Entsprechungen weht durch die Sätze des Paulus doch ein anderer Geist als durch die Kritik des Heidentums im stoisch beeinflußten hellenistischen Judentum. Hier wirkt das Alte Testament und die Apokalyptik in der Bußpredigt des Apostels weiter.

Ur-Offenbarung und Ur-Schuld. Drei Gedanken beherrschen das Verständnis des Heidentums bei Paulus. 1. Die Menschheit kommt von einer Selbstbezeugung Gottes her. Diese besteht einerseits in der Wirklichkeit der Schöpfung, die von dem Schöpfer zeugt, andererseits in der Gabe der „Vernunft" (s. auch 7,22), kraft deren der Mensch Gottes Wirklichkeit in der Schöpfung erkennen kann. Die Menschheit hat also eine ursprüngliche Gotteserkenntnis. 2. Aber sie macht mit der ahnenden Erkenntnis nicht Ernst in praktischer Anerkenntnis des überweltlichen Gottes, sondern wendet sich von ihm zur Welt, zu den Kreaturen – der große Ur=Abfall. 3. Die Verneinung des ursprünglich möglichen Gottesverhältnisses bringt die ganze sittliche Entartung mit sich. Das Gottesverhältnis entscheidet über die Sittlichkeit.

Paulus will die Geschichte der Menschheit erzählen. Er redet von der Entstehung des Heidentums als vergangenem Geschehen. Die nachfolgenden Geschlechter und die einzelnen sind durch diese Ur=Geschichte ein für allemal bestimmt. Die Schuld steht am Anfange. Aber alle sind schuldig. Nicht nur, weil die Menschheit als Ganzheit zu erfassen ist, in der die ersten für alle und alle in und mit den ersten handeln. Sondern für Paulus wiederholt sich die Gesamtgeschichte immer wieder in jedem Geschlechte, ja in den einzelnen. Die Menschheit ist nicht nur einmal von der Offenbarung Gottes in der Schöpfung hergekommen, sondern sie kommt immer noch von ihr her, denn diese Ur=Offenbarung ist Gegenwart (vgl. die Zeitform der Gegenwart in V. 19 f.). Sie dauert auch nach dem Sündenfall fort. So ist auch der Ur=Abfall Gegenwart, und das furchtbare Gesetz, daß der von seinem Schöpfer sich abwendende Mensch rettungslos den Götzen, der Welt und sich selbst verfällt, vollzieht sich auch im Einzelleben, überaus mannigfaltig in der Erscheinung, immer wieder (vgl. die Praesentia in V. 1,32).

Neben die natürliche Offenbarung in der Schöpfung stellt Paulus in Kap. 2,14 ff. das Gewissen, neben die religiöse Erkenntnismöglichkeit die sittliche. Auch der Heide erkennt ein „Gesetz", das dem Mosegesetze inhaltlich weithin entspricht; auch er weiß, was gut und böse ist; auch er sündigt mit schlechtem Gewissen, wider bessere Erkenntnis (1,32). 1,24 ff. ist auch für Paulus nicht das ganze Bild des Heidentums. Er sagt zu wesentlichen Idealen der griechischen Ethik nicht Nein, sondern erkennt sie an und kann das Leben des Christen auch als Erfüllung dieser Ideale beschreiben (Phil. 4,8). Er weiß, daß auf dem Boden des Heidentums eine ernste Sittlichkeit möglich ist (2,12 ff. 26). Schwerlich hätte Paulus die berühmte Stelle in Kap. 2 so geschrieben, wenn er nicht aus Erfahrung von echter Sittlichkeit im Heidentum gewußt hätte. Überall in der Menschheit, auch im Heidentum, sind ja die ursprünglichen Lebensordnungen Gottes noch in Kraft, wie der Staat (13,1 ff.). Diese Ordnungen gehören im Sinne des Paulus zu der Selbstbezeugung Gottes mit hinzu. Und soweit man den Sinn dieser Ordnungen im Gebieten und Gehorchen erfüllt, tut man Gottes Willen. Solches Ethos ist der Menschheit möglich. Aber es hebt die Ur=Schuld und Zornverfallenheit nicht auf. Auch die sittlich Hochstehenden gehören mit den Entarteten und Heruntergekommenen in das eine und selbe Gesamtleben und haben an dem, was da Schlimmes geschieht, ihren Anteil. Paulus spricht von der im Heidentum möglichen und wirklichen Sittlichkeit nicht, um damit den Heiden von der Verfallenheit aller Menschen auszunehmen, sondern allein, um mit dem an der Sittlichkeit des Heidentums offenkundigen Wissen um ein Gesetz die Verantwortlichkeit und Verschuldung des Heiden zu erweisen.

2a. Auch der Jude ist dem Zorngerichte verfallen 2, 1-11

**1 Darum bist du ohne Entschuldigung, o Mensch, jeder, der über sie urteilt. Denn indem du
über den andern urteilst, verurteilst du dich selber; denn du, der Urteilende, tust dasselbe.
2 Wir wissen aber, daß Gottes Urteil nach der Norm der Wahrheit ergeht über die, die solches
tun. 3 Bildest du dir denn ein, o Mensch, der du urteilst über die, die solches tun, und tust
doch selber das gleiche, daß du dem Urteil Gottes entrinnen werdest? 4 Oder verkennst du
den Reichtum seiner Güte, Geduld und Langmut und merkst nicht, daß Gottes Güte dich zur
Buße führen will? 5 Mit deinem harten und unbußfertigen Herzen häufst du dir Zorn auf
für den Tag des Zornes und der Offenbarung des gerechten Gerichtes Gottes, 6 der „ver-
gelten wird einem jeden nach seinen Werken". 7 Den einen, die mit Ausdauer im Tun des
Guten nach Herrlichkeit und Ehre und Unvergänglichkeit trachten: ewiges Leben. 8 Den
anderen aber, die von Selbstsucht bestimmt und der Wahrheit ungehorsam, der Ungerechtig-
keit hingegeben sind: Zorn und Grimm. 9 Trübsal und Angst über jede Menschenseele, die
das Böse tut, den Juden - in erster Linie - wie den Griechen. 10 Herrlichkeit aber und
Ehre und Friede für jeden, der das Gute tut, für den Juden - in erster Linie - wie für den
Griechen. 11 Denn es gibt keine Parteilichkeit bei Gott.**

V. 6: Ps. 62, 13.

1a Nicht von allen Menschen gilt, was 1,32 gesagt ist, daß sie Lobredner der Sünde
sind. Paulus wendet sich jetzt an die, die sich über die Bosheit in der Welt sittlich
entrüsten, über die anderen „urteilen". Überall gibt es diese Hüter der Moral und
der göttlichen Ehre, die in ihrer Entrüstung ihre eigene Gerechtigkeit genießen. Aber
in erster Linie meint Paulus hier den Juden, der sich weit erhaben dünkt über die
heidnische Verkommenheit und in seiner Selbstgerechtigkeit von Gott Vorzugsbehand-
lung erwartet. - Das „darum" in V. 1 bezeichnet hier nicht eine auf den Grund
verweisende Folgerung, sondern, wie auch sonst vielfach im späteren Griechisch, ledig-
lich den Übergang zu einem verwandten Gegenstande. Paulus redet jetzt eine andere
Gruppe von Menschen an. Er wendet sich an den, der das Bisherige, 1,18-32, mit
voller Überzeugung unterschreibt, der den Heiden unentschuldbar (1,20) und Gottes
furchtbares Gericht gerecht findet und in eigener Verurteilung Ja zu ihm sagt. Er
1b bejaht Gottes Ernst - den anderen gegenüber! Er steht mit Wohlgefallen als Zu-
schauer da - weiß er nicht, daß er selber betroffen ist, selber „unentschuldbar"? Der
moralische Ernst, mit dem er sich zum Richter über andere aufwirft, muß wider ihn
selber zeugen und ihm das Urteil sprechen; er tut ja dasselbe, wie der, über den er
sich aburteilend ergeht; wenn nicht gerade Götzendienst und widernatürliche Unzucht,
so doch irgend etwas von dem in Kap. 1 Genannten - Paulus entfaltet es von 2,17
an. Auch er steht im Widerspruche zu Gott, auf *seine* Weise, anders als der Heide,
2 mehr unter Zucht verborgen, und doch im Grunde ihm gleich. Gottes Urteil aber läßt
sich nicht ein auf den Schein eigner Gerechtigkeit, den der Mensch durch seine mora-
lische Entrüstung erzeugt, es ergeht - das weiß auch der Jude - der Wahrheit ent-
3 sprechend, d. h. nach dem wirklichen Tatbestande, über die *Taten*. In seiner Ver-
urteilung der anderen kommt der Jude sich vor als auf seiten Gottes des Richters
4 stehend und damit sicher vor seinem Zorne - er täuscht sich schlimm. Er glaubt sich von
Gottes Zornesgericht ausgenommen vor allem auch, weil Gott an Israel seine Geduld
und Langmut so reichlich erwiesen: sollte er nun sein Volk wie die Heiden strafen?
Wird er nicht Nachsicht üben? Paulus nimmt hier Bezug auf Gedanken, wie wir sie
im Weisheitsbuche 15,1 ff. finden, wo der Jude sich auf Gottes Güte und Langmut

beruft. Ja, so hat Gott an seinem Volke gehandelt. Aber wie kann der Jude nur
Gottes Absicht dabei verkennen! Statt den Juden sicher und übermütig zu machen,
als wäre Gott zufrieden mit Israel, will Gottes Güte ihn vielmehr grade beschämen,
zur Umkehr rufen, vom Bösen lösen. Furchtbar, daß dieser Ruf zur Buße ein ver- 5
stocktes, unbußfertiges Herz findet! An solcher Entweihung der Güte Gottes entsteht
notwendig sein Zorn. Noch wartet Gott, aber derweile wächst nur unheimlich das
Zorneskapital, das der Jude sich aufsammelt. Der Tag der Zahlung, der „Tag des 6
Zornes" kommt: dann vergilt, wie der Jude aus seiner Bibel weiß, der gerechte
Richter jedem nach dem, was er getan hat. Am Tun, an den Werken liegt im
Gerichte alles - die Betonung des Tuns geht in wechselnden Ausdrücken durch den
ganzen Abschnitt. V. 7-10 führen den Grundgedanken, den V. 6 gibt, eindringlich 7-10
aus. Wie die Forderung Gottes den Menschen vor das einfache, ernste Entweder-Oder
der Entscheidung stellt: das Gute tun oder das Böse tun und dadurch die eine große
Scheidung in der Menschheit wirkt, so gibt es auch in Gottes Gericht nur das Ent-
weder-Oder: ewiges Leben für die einen, „Zorn und Grimm" - das ist die wahre
Hölle mit allen ihren Schrecken - für die anderen. Während Gottes Zorn in 1, 18 ff.
zunächst eine gegenwärtige Wirklichkeit bezeichnet, handelt es sich hier um den kom-
menden, endlichen Zorn; vgl. 1. Thess. 1, 10; Röm. 5, 9. Paulus macht den Grund-
gedanken überaus eindrücklich durch die Wiederholung: V. 7 und 8 werden in V. 9 und
10 wieder aufgenommen, in umgekehrter Reihenfolge. Der gleiche Bau der zusam-
mengehörigen Verse 7 und 8 und wieder 9 und 10 drückt das ausschließende Ent-
weder-Oder sowie die Hoheit und Gerechtigkeit des Gerichtes stark aus. Das Tun
und der Lohn stehen bezeichnend im Verhältnis zueinander. Die einen trachten nach
der Herrlichkeit und Ehre bei Gott und nach Unsterblichkeit (Paulus nimmt das Wort
der griechischen Sehnsucht nach Leben auf), und zwar auf die einzig mögliche Weise,
in der Treue des Gehorsams - ihnen wird eben das, wonach sie sich sehnen, zuteil
(vgl. V. 10 mit 7). Der anderen, die in ihrer gemeinen Selbstsucht statt Gottes Wahr-
heit der Sünde gehorchen, wartet, was sie nicht gewollt, das Gegenteil dessen, was
den ersten zuteil wird: statt Friede und Herrlichkeit Trübsal und Angst (V. 8 f.). Und
zwar trifft beides - so betonen V. 9 ff. ausdrücklich - den Juden und Griechen gleich-
mäßig, weil Gottes Richten selbstverständlich keine parteiische Bevorzugung kennt, 11
nie nach dem „Wer", sondern einzig, „was" getan ist, fragt. Unbeschadet dessen ergeht
die Vergeltung, in Lohn und Strafe, immer in erster Linie und besonders an den
Juden, weil Gott ihn vor allen Völkern zu seinem Eigentum berufen hat.

Das Gericht nach den Werken. Paulus verkündet in diesem Abschnitte das Gericht nach den Werken, Gottes Vergeltung für das Tun des Menschen. Wie verhält sich dieser Gedanke zu dem Mittelpunkte seiner Lehre, der Gerechtigkeit aus Glauben? Stehen die beiden Sätze nicht in einem unversöhnlichen Widerspruche? So hat man vielfach gemeint und daher den Satz vom Gericht nach den Werken zugunsten des Evangeliums von der Rechtfertigung im Sinne des Paulus abzuschwächen und zu begrenzen versucht. Paulus unterstelle im Ringen mit dem Juden nur vorläufig den jüdischen Vergeltungsgedanken als richtig, um die Werkgerechtigkeit als unmöglich zu erweisen. Aber diese Auffassung scheitert an der Wucht, mit der Paulus gerade hier V. 6 ff. redet: man fühlt, daß der Gedanke des Gerichtes nach den Werken ganz ernst gemeint ist. Aber vielleicht - so lautet eine andere Auskunft - gilt doch der

Satz V. 6 für Paulus nur bedingt, nämlich abgesehen vom Evangelium, wenn es das Evangelium nicht gäbe und da, wo man es nicht annimmt - da freilich in schwerem Ernste. Kap. 2 soll zu 3 hinführen. Kap. 2 gilt im Ernste, aber es gilt nur solange, bis man in 3,21 ff. steht, bis zu dem Glauben an Christus, dann, also für den Christen, nicht mehr. Indessen auch das stimmt nicht zu den klaren Aussagen des Paulus. Zu seiner Verkündigung gehört unlöslich auch das Endgericht, das Gott durch Christus halten wird (s. 2,16), es ist die bleibende Voraussetzung der Botschaft von der Rechtfertigung - und dieses Christus-Gericht wird ein Gericht nach den Werken sein (2. Kor. 5,10; Phil. 1,10). Das Gesetz, das Werke fordert, bleibt für Paulus Ausdruck des ewigen Willens Gottes und als solcher in Giltigkeit. Neben dem „allein durch den Glauben" steht mit gleichem Nachdruck ein „allein nach den Werken". Zerbricht damit das Ganze seiner Theologie in zwei feindliche Elemente? Bleibt Paulus zu einem Teile auf einer „früheren Stufe der Frömmigkeit" im Banne der von der „Gnadenreligion" grundsätzlich überwundenen „Gesetzesreligion"? Die Vertiefung in unseren Brief ergibt, daß Paulus die beiden angeblich widerstreitenden Gedanken nicht etwa nur naiv nebeneinanderstellt, sondern ausdrücklich in Zusammenhang setzt, also Gesetz und Evangelium in ihrer inneren Einheit trotz aller Spannung bewußt erfaßt. Wohl zerbricht der Mensch an der Norm des Gerichtes nach den Werken - und insofern sind 2,7 ff. nur hypothetisch, als Paulus keinen Menschen außer Christus kennt, auf den V. 7. 10. 13b anzuwenden wären. Daher läßt Gott die Gerechtigkeit aus Glauben an Christus verkündigen. Aber diese hebt die Giltigkeit der ersten Norm nicht auf. Im Gegenteil: gerade die Begnadigung in der Rechtfertigung beruft und ermächtigt nach Paulus zur Erfüllung der „Rechtsforderung des Gesetzes" (8,4; vgl. überhaupt Kap. 6-8). Die Glaubensgerechtigkeit führt zum guten Werk. Das ist ihr Sinn und Ziel. Für den Christenstand gilt nach Paulus: alles kommt aus dem Glauben, aber zugleich: alles liegt am Werk. Daher sieht er die Rechtfertigung aus Gnaden durch den Glauben und das Gericht nach den Werken als Einheit göttlichen Handelns.

Konkret erscheint die Einheit von Gericht und Gnade darin, daß Jesus Christus Richter und Retter aus dem Gericht zugleich ist: wie er jetzt den Sünder, der in Gottes Gericht, unter seinem Zorn steht, von der Anklage und der Verurteilung frei macht (Röm. 8,1.33 f.), so wird er am Ende die Seinen durch das Gericht hindurch vor dem verdammenden Zorn Gottes retten (1. Thess. 1,10; 5,9; Röm. 5,9).

2b. Juden und Heiden kommen unter gleichen Bedingungen vor Gericht 2,12-16

12 Alle, die ohne Gesetz gesündigt haben, werden auch ohne Gesetz verlorengehen; und alle, die mit dem Gesetze gesündigt haben, werden auch durch das Gesetz gerichtet werden.
13 Denn nicht die Hörer des Gesetzes sind gerecht bei Gott, sondern die Täter des Gesetzes werden gerechtgesprochen werden. 14 Wenn nämlich die Heiden, die das Gesetz nicht haben,
von Natur tun, was das Gesetz gebietet, so sind sie, wiewohl sie das Gesetz nicht haben, sich
selbst das Gesetz: 15 sie zeigen ja doch, daß das vom Gesetz geforderte Werk ihnen ins Herz
geschrieben ist, wovon auch ihr Gewissen Zeugnis ablegt und die Gedanken, die im Verkehr
miteinander anklagen oder auch entschuldigen, (wie sich zeigen wird) 16 an dem Tage, da
Gott, nach meinem Evangelium, die geheime Wirklichkeit der Menschen richten wird durch Christus Jesus.

V. 12 nimmt V. 11 wieder auf. Der Grundsatz von V. 11 gilt ausnahmslos und 12
gleichmäßig für Juden und Heiden. Der an sich bedeutsame Unterschied, daß die Juden das Gesetz haben und die Heiden „gesetzlos" sind, ist hier nicht von Bedeutung. Ob man ohne das Mose-Gesetz oder unter ihm sündigt, also als Heide oder als Jude, ist einerlei: wo gesündigt ist, da wartet das Verderben, sei es ohne Bemühung
des Gesetzes, sei es durch das Verdammungsurteil des Gesetzes. Das wäre anders, 13
wenn das bloße Hören und Kennen des Gesetzes schon „gerecht" vor Gott machte. Aber so ist es nicht. In Gottes End-Gericht gerecht gesprochen werden die Täter des Gesetzes, mögen sie es auch nie gehört haben. So stehen Juden und Heiden im
Gerichte ganz gleich. Aber kann der Heide je „Täter des Gesetzes" sein? Fehlt ihm 14
nicht dazu eben das Gesetz? Nein, sagt Paulus. Zwar haben die Heiden das Mose-Gesetz nicht. Aber indem sie trotzdem immer wieder vermöge ihrer Naturanlage das
vom Gesetz Gebotene tun, sind sie offenbar sich selbst Gesetz - mit dem Tun beweisen 15
sie ja, daß die Forderung des Gesetzes ihnen „ins Herz geschrieben" ist. Diese Wendung erinnert an Jer. 31, 33: „Ich lege mein Gesetz in ihr Inneres und schreibe es ihnen ins Herz." Da Jeremia hier von dem Neuen Bunde spricht, den Gott mit seinem Volke machen will, wollen einige Ausleger (heute z. B. K. Barth) auch unsere Stelle als nicht von den Heiden, sondern von den Heiden*christen* gesagt verstehen. Aber dagegen spricht eindeutig der ganze Zusammenhang und der Wortlaut dieser Verse. Paulus redet von Menschen, die „von Natur" die Forderungen des Gesetzes erfüllen. Der Ausdruck „von Natur" kann keinesfalls das von Christus, vom Heiligen Geiste in den Christen gewirkte neue Ethos bezeichnen, sondern allein die „natürliche" Sittlichkeit des Menschen. Paulus übernimmt mit dem hellenistischen Judentum, vor allem Philo, das Stichwort und den Grundgedanken der stoischen Ethik. Er redet also wirklich von den Heiden. Nur von ihnen läßt sich sagen, daß sie „das (Mose-) Gesetz nicht haben" (V. 14). Die Heiden*christen* haben es in ihrer Bibel. Man darf sich also durch den prophetischen Anklang an unserer Stelle nicht irreführen lassen. Sachlich ist der Gedanke nicht prophetisch, sondern stoisch. Es handelt sich nicht um die durch Christus gewirkte Erfüllung der prophetischen Zusage, sondern um die unleugbare Wirklichkeit des „natürlichen", außerbiblischen, vorchristlichen Ethos. Paulus weiß also vom Heidentum noch anderes zu sagen als in Kap. 1, 18-32. Es gibt im Heidentum auch gute Taten. Es ist nicht so, wie der Jude meint, daß im Unterschiede vom Judentum die übrige Menschheit nichts als Verkommenheit zeigte. Es gibt dort einen natürlichen Trieb zum Guten, der auf ein „Naturgesetz" zurückweist. Gott hat den Heiden das, was das Mose-Gesetz fordert, als Norm ins Herz geschrieben. Sie haben nicht das heilige Buch des Gesetzes, aber die Schrift steht in ihren Herzen. Davon zeugt nicht nur ihr Tun, sondern außerdem ihr Gewissen, das nach der Tat sagt: das war recht, das war unrecht. Und als dritter Zeuge ist das sittliche Urteil anzuführen, mit dem die Menschen im Verkehr miteinander sich beurteilen, anklagen oder entschuldigen, - das ist ohne inneren Maßstab nicht denkbar. Manche Ausleger beziehen die Worte „und die Gedanken, die..." nicht auf die gegenseitige Beurteilung der Menschen untereinander, sondern auf die Besinnung des einzelnen über das eigene Tun und Planen, das Hin und Her der inneren Anklage und Abwehr; dann handelt es sich also nicht um ein drittes Zeugnis, sondern um die nähere Beschreibung des „Gewissens". Wie in der Sache, mit der Behaup-

tung des Naturgesetzes, das ins Herz geschrieben ist, knüpft Paulus auch mit dem Ausdruck „Gewissen" an ursprünglich stoische, dann popular-philosophische Gedanken seiner Zeit an, die vom hellenistischen Judentum aufgenommen waren. Der Sinn der ganzen Stelle ist der: zu begründen, daß auch der Heide durch sein Wissen um das Gebotene voll verantwortlich ist und daher rechtens dem Gerichte Gottes entgegengeht, ebenso wie der Jude.

16 Der Anschluß von V. 16 an das Vorige ist unklar. Die Ausleger haben verschiedene Versuche gemacht, mit dieser stilistischen Schwierigkeit des Zusammenhanges der Verse 14-16 fertig zu werden. Vielleicht ergänzt man am besten zwischen V. 15 und 16 die in unserer Übersetzung eingeklammerte Wendung. Dann ergibt sich der Sinn: Mag der Jude, der sich über den gesetzlosen Heiden hocherhaben dünkt, das Vorhandensein des Gesetzes bei ihm jetzt bezweifeln, - es kommt der Tag, an dem sich offenbaren wird, wie es um den Heiden innerlich stand. Es ist der Tag des Gerichtes über die Heimlichkeit der Menschen, über das, was jetzt in den Herzen verborgen geschieht. Daß die Menschheit solchem Richten Gottes entgegengeht und daß Gott auch hier durch Christus handelt, gehört zum Inhalt des paulinischen Evangeliums; unter „Evangelium" versteht Paulus hier wohl seine gesamte Verkündigung, aber auch zum Evangelium im engeren Sinne, als Heilsbotschaft, gehört die Erwartung des kommenden Gerichtes mit hinzu.

2 c. Die Anklage gegen den Juden 2, 17-29

17 Du aber, wenn du dich stolz einen Juden nennst und auf den Besitz des Gesetzes dich verläßt und dich deines Verhältnisses zu Gott rühmst 18 und seinen Willen kennst und verstehst, worauf es ankommt, weil du aus dem Gesetz unterrichtet bist, 19 und traust es dir zu, ein „Führer der Blinden" zu sein, ein „Licht derer in Finsternis", 20 ein „Erzieher der Unweisen", ein „Lehrer der Unmündigen", da du mit der Thora „die Erkenntnis und die Wahrheit in aller Form" besitzest: - 21 nun, der du den anderen lehrst, lehrst dich selbst nicht? Du predigst: Nicht stehlen! und stiehlst? 22 Du verbietest den Ehebruch und brichst die Ehe? Du verabscheust die Götzen und beraubst ihre Tempel? 23 Du rühmst dich des Gesetzes und schändest Gott durch Übertretung des Gesetzes? 24 Wird doch „der Name Gottes um euretwillen gelästert unter den Heiden", wie geschrieben steht.

25 Die Beschneidung hat gewiß ihren Nutzen, wenn du das Gesetz hältst; bist du aber ein Übertreter des Gesetzes, so ist deine Beschneidung Unbeschnittenheit geworden. 26 Wiederum: wenn ein Unbeschnittener die Rechtssatzungen des Gesetzes beobachtet, wird ihm dann nicht seine Unbeschnittenheit als Beschnittenheit angerechnet werden? 27 Und dann wird der leiblich Unbeschnittene, der das Gesetz erfüllt, Richter sein über dich, der du mit geschriebenem Gesetze und Beschneidung Übertreter des Gesetzes bist! 28 Denn nicht, der es äußerlich ist, ist in Wahrheit Jude, noch ist die äußerliche Beschneidung am Fleische die rechte; 29 sondern der innerlich Jude ist, (ist es in Wahrheit,) und die Herzensbeschneidung, durch den Geist, nicht durch das (nur äußerlich erfüllte) geschriebene Gesetz, (ist die wahre,) - solches Juden Lob kommt nicht von Menschen, sondern von Gott.

V. 24: Jes. 52, 5.

Paulus hat gezeigt, warum der Heide ebenso wie der Jude nach dem Gesetze gerichtet werden kann und muß. Jetzt holt er nach, wozu er bisher noch nicht gekommen ist: die bestimmte Anklage des Juden, die der Anklage des Heiden in Kap. 1 entspricht. Was 2, 1 schon gesagt ist: „Du tust dasselbe", wird jetzt ausgeführt. Dabei legt Paulus den Finger auf das Mißverhältnis zwischen den dem Juden verliehenen

Gottesgaben und seinem Wandel. Die Gaben, das Gesetz und das Bundeszeichen der Beschneidung, machen den Juden erst recht verantwortlich, daher können sie ihn vor dem Ernste des Gerichtes nicht retten.

Zum ersten Male redet Paulus den Juden, mit dem er es seit 2,1 vorzugsweise 17
zu tun hat, auch als solchen an - so etwa wird er in den Synagogen gesprochen
haben. Und zwar ist es der Pharisäer, zu dem er spricht, dessen Bild er zeichnet. Ihm
ist wahrhaftig viel gegeben; sein Hochgefühl hat Grund. Er darf den Ehrennamen
„Jude" führen, Glied des Heiligen Volkes, er hat das Gesetz, zu ihm bekennt sich
der eine wahre Gott, er kennt seinen Willen, er weiß als Schüler des Gesetzes um 18
das Entscheidende - kein Wunder, daß er sich als Lehrer und Führer der ganzen 19. 20
Menschheit, als Missionar fühlt (vgl. Mt. 23, 15), er hat ja - anders als die Heiden
(2, 14) - in der Tora die klare, vollkommene Ausprägung der göttlichen Wahrheit
und Erkenntnis! Überaus eindrucksvoll gibt Paulus in dem langen Vordersatze
V. 17-20 das Bewußtsein des Juden wieder. Es ist der Standpunkt, von dem aus
Paulus wahrscheinlich selber (Gal. 5, 11) in seiner vorchristlichen Zeit Heiden-Mission
getrieben hat. Möglicherweise führt er in V. 19 ff. lauter Wendungen, in denen das
pharisäische Judentum seine religiöse Sendung ausdrückte, wörtlich an. Der Nachsatz 21
kommt in Form von Fragesätzen (V. 21 ff.): welch ein Mißverhältnis zwischen An-
spruch und Wirklichkeit, Wort und Tat! Paulus kritisiert nicht die Schranken der
jüdischen Theologie, die Mängel der rabbinischen Exegese; es sind die elementaren
sittlichen Normen, die Gebote des Dekalogs, an denen er den Juden mißt. Seine
Anklage bleibt damit dem Bußruf Jesu treu (vgl. Mk. 12, 40; Mt. 23, 3 ff.). Diebstahl,
Ehebruch, Tempelraub aus Geldgier - und das bei Leuten, die sich als Zeuge und
Anwalt der göttlichen Gebote in der Welt wissen! (So schon die prophetische Anklage
in Ps. 50, 16 ff.) Paulus meint nicht, daß jeder Jude stehle oder hure oder ein 22
Tempelräuber sei, er redet zu dem Volk im ganzen. Aber allerdings: das Mißver- 23
hältnis zwischen jüdischem Hochgefühl und Wirklichkeit des eigenen Lebens besteht
nach dem Urteil des Paulus bei allen. Was bedeutet der ständige Gesetzesbruch des 24
Gesetzesstolzen aber anderes als dauernde Entehrung des Gesetzgebers! Die Heiden
werden sagen: Was ist das für ein Gott, dessen auserwähltes Volk so mit seinem
Gesetze umspringt! Wie kann Gott aber auf solche Entehrung vor aller Welt anders
antworten als mit seinem Zorn! Der Besitz des Gesetzes erleichtert nicht, sondern
erschwert gerade die Lage des Juden vor Gott.

Aber hat der Jude nicht die Beschneidung? Sie ist das Sakrament, das Israel 25
scheidet von dem unbeschnittenen Heidentum und als Volk des Bundes, des Eigen-
tums kennzeichnet. Wie kann Paulus im Ernste diese Grenze übersehen und den
Juden unter die gleiche Bedingung setzen wie den Heiden! Gewiß, antwortet Paulus
der unausgesprochenen Einrede: die Beschneidung ist nichts Geringes, sie ist das
Gnadenzeichen des Bundes Gottes mit seinem Volke. Aber was ist das Zeichen noch
nütze, wenn das Volk bundbrüchig ist? Dann ist das Zeichen nicht nur wertlos,
sondern - Paulus steigert den Ausdruck - dann ist es in Wahrheit gar nicht mehr
da, der Beschnittene ist, als wäre er gar nicht beschnitten. Nur im Zusammenhange
und in Verbindung mit der Gesetzestreue ist das Zeichen lebendig. Und umgekehrt: 26
gesetzt den Fall, daß ein Heide dem Gesetze gehorcht, dann trägt er, der Unbeschnittene,
in Gottes Augen das Ehrenzeichen der Beschneidung - und nicht mehr der Jude

27 kann sich als Richter des Heiden aufwerfen; im Gegenteil: ein Heidentum, das ohne das Mose-Gesetz doch nach dem Gesetze lebt, wird zeugen wider ein Judentum, das trotz der Gottesgaben des geschriebenen Gesetzes und der Beschneidung immerfort das Gesetz übertritt, ja gerade durch seinen Besitz zum Übertreter und schuldig wird. (Die Ausleger, wie K. Barth und R. Bultmann, nach denen Paulus hier nicht von Heiden, sondern von Heidenchristen spreche, nehmen dem zornigen Satz des Apostels seine den Juden tief verletzende Schärfe. Daß Christ-gewordene Heiden, die Israels Bibel und den Dekalog haben, durch ihren Wandel den Juden beschämen und wider ihn zeugen können, das ist nichts Unerhörtes und Aufregendes – wohl aber, daß Paulus es von Heiden zu sagen wagt. Unsere Stelle gehört neben Mt. 12,41 f.: auch
28. 29 dort, in Jesu Worten, sind es Heiden, die Israel beschämen und verurteilen.) Die Beschneidung hat ihren Sinn und ihr Ziel am Gehorsam; so kann sie niemals als Ersatz für den Gehorsam gelten. Es liegt also gar nicht an dem äußeren Jude-sein und dem leiblichen Bundeszeichen der Beschneidung, sondern an der inwendigen, geistigen Wirklichkeit, die das Jude-sein und die Beschneidung „meint", an der Herzensbeschneidung – Paulus nimmt hier Gedanken des Prophetismus wieder auf (z. B. 5. Mose 10,16; 30,6; Jer. 4,4; 9,25) –, d. h. an dem Gehorsam, der nicht durch das geschriebene Gesetz von außen her erzwungen, sondern vom „Geiste" als die innerliche Bewegung freudiger Hingabe geschaffen wird (s. 8,1 ff.). Das ist das wahre Judentum; die Ehre, ihm zuzugehören, ist den Menschen verborgen, ihrem Urteil unerreichbar, Gott allein teilt sie aus.

Die Sätze des Apostels sind für das jüdische Denken eine große Zumutung. Zwar daß die Beschneidung ohne Gehorsam, das Bundeszeichen ohne Bundestreue nichts nützt, weiß auch der Jude aus seiner Bibel und wird auch von den Rabbinen gelehrt. Aber die radikale Folgerung, daß dann der gehorsame Nichtjude vor Gott höher stehen könne als der ungehorsame Jude, zieht man nicht. Paulus hat mit dieser Gegenüberstellung von Juden und Heiden in V. 26 f. Kap. 1 nicht vergessen. Er will keineswegs sagen, daß es ein Heidentum gebe, das der Gnade nicht bedürfe. Alle Anerkennung dessen, was außerhalb des Judentums möglich ist, bleibt in der großen Klammer, vor der das Minuszeichen von Kap. 3,9 steht: Juden und Heiden *alle* unter der Sünde! Aber innerhalb dieser Klammer weiß Paulus allerdings von einer heidnischen (nicht etwa nur heiden*christlichen*!) Rechtschaffenheit, die den Ungehorsam des Juden beschämt. Jedenfalls: das läßt er nicht zu, daß der Jude am Heiden nur die Verkommenheit sehe, weil er kein Jude ist, und über seine eigene Bosheit hinwegsehe, weil er Jude ist. So sind die mächtigen Sätze des Apostels gemeint. Wir haben sie für uns erst dann ganz verstanden, wenn wir für „Jude" einsetzen: kirchlicher Mensch, Gläubiger, Bekehrter, für „Heide" („Unbeschnittener"): Unkirchlicher, Unbekehrter, idealistischer Mensch, Freidenker, Atheist. Dann erst hören auch wir den erschütternden Donnerton, den das Wort des Paulus für den Juden hatte.

2 d. Gottes Treue bleibt trotz Israels Sünde in Kraft; aber das entschuldigt die Sünde nicht 3,1–8

1 Was bleibt dann überhaupt noch als Vorzug des Juden oder als Nutzen der Beschneidung?
2 Gar viel in jeder Hinsicht. Erstens: ihnen sind Gottes Verheißungsworte anvertraut worden. Oder wie? 3 Wenn einige dem Bunde untreu geworden sind, sollte etwa deren

**Untreue Gottes Bundestreue zunichte machen? 4 Nimmermehr. Sondern es muß sich
zeigen: Gott ist wahrhaftig, „jeder Mensch aber ein Lügner", wie geschrieben steht: „damit
du gerecht erfunden werdest in deinen Worten und Sieger bleibest, wenn man mit dir
rechtet."
5 Wenn aber so unsere Ungerechtigkeit Gottes Gerechtigkeit ins Licht stellt, was dann?
Ist Gott dann etwa ungerecht, wenn er seinen Zorn verhängt - ich rede nach menschlicher
Logik -? 6 Nimmermehr. Denn wie sollte Gott sonst wohl die Welt richten? - 7 Und
wenn die Wahrhaftigkeit Gottes an meiner Lüge groß geworden ist ihm zum Ruhme, was
werde ich denn da noch als Sünder gerichtet? 8 Und sollte man es etwa halten nach dem
Worte, das gewisse Leute mir lästerlich in den Mund legen: „laßt uns das Böse tun, damit
das Gute komme"? Die empfangen ihr Urteil zu Recht.**
V. 4: Ps. 116, 11; 51, 6.

Der Hauptgedanke des vorigen Kapitels war die Anklage des Juden. Ehe Paulus 1
nun die Anklage des Heiden und des Juden abschließend zusammenfaßt (3,9), geht
er, wie im Grunde auch schon in 2,25 ff., gleichsam in einer Zwischenbemerkung
weiter auf Einwände wohl der Judenchristen ein. Nach 2,28 f. muß der Eindruck
entstehen, als sei damit jeder religiöse Vorzug der Juden als des auserwählten
Volkes erledigt. Was heißt es noch, daß Gott sein Volk erwählt hat, wenn doch jeder
Unterschied zwischen Juden und Heiden dahinfällt? (Man setze statt „Juden und
Heiden" „Christenheit" und „Welt", statt der Beschneidung die Taufe ein, um den
aktuellen Ernst des Gedankens zu erfassen.) Das ist nun nicht die Meinung des 2
Paulus. Israel hat einen großen Vorzug. Es hat Gottes „Offenbarungssprüche"
anvertraut bekommen; Paulus denkt vor allem an die großen Verheißungen. (Er
nennt sie als ersten Vorzug des Juden, kommt aber jetzt, von anderen Einwänden
abgezogen, nicht auf die weiteren Vorzüge zu sprechen, sondern erst 9,2 ff.) Aber 3
gelten diese Verheißungen denn noch, nachdem Israel den Bund mit Gott nicht
gehalten hat? Fällt der Bund und Gottes Bundestreue dann nicht auch dahin? So
fragt vielleicht der Heidenchrist. So fragt aber vor allem Paulus selber. Wir emp-
fangen schon hier einen Eindruck von seinem schweren Ringen mit seines Volkes
Schicksal; in Kap. 9-11 kommt es dann eingehend zur Darstellung. Mit einem leiden- 4
schaftlich abwehrenden „Unmöglich" antwortet Paulus auf die Frage. Nachdrücklich
und feierlich stellt er fest: Gottes Bund fällt nicht hin, seine Treue bricht nicht. Schon
klingen die Töne von Kap. 11 an; dort wird Paulus zeigen, wie Gottes Treue waltet
und siegt. Diese Treue steht für ihn so unverrückt über allem, daß er in ihrem
Lichte schon der Frage ihre Gestalt gegeben hat: nicht Israel, sondern nur „Einige"
in Israel stellt er als bundesbrüchig hin! Wie könnte man etwas anderes erwarten,
als daß Gott die Treue hält! Darin erweist Gott sich ja als Gott, dadurch erfüllt sich,
wonach jeden Frommen verlangt: daß gegenüber den ausnahmslos lügnerischen
Menschen Gott als der einzig Wahrhaftige dastehe, daß er recht behalte und alle
menschlichen Verdächtigungen seiner Gottheit zunichte werden - Paulus sagt es
mit Worten aus dem Bußpsalm 51.

Aus dem eben Gesagten entsteht ein neuer Einwand, der Paulus wieder näher 5
an den Grundgedanken von 2,1 ff., Gottes Zorn über den Juden, heranführt. Paulus
hat den V. 6 des 51. Psalms, dessen zweite Hälfte er in V. 4 anführt, ganz vor
Augen: „An dir allein habe ich gesündigt und übel vor dir getan, damit du gerecht
erfunden werdest." Hier ist offenbar nicht nur gesagt: gegenüber und trotz der mensch-

lichen Untreue erweist sich Gottes Treue; sondern mehr: die Sünde der menschlichen Untreue hat von Gott her den Sinn („damit"!), seine Treue (V. 3), seine Gerechtigkeit (V. 5) herauszustellen. Die menschliche Untreue gibt der Treue Gottes geradezu erst die Gelegenheit, sich zu bewähren; sie bewährt sich nicht nur trotz jener, sondern zugleich an ihr, durch sie. Gottes Gerechtigkeit in seiner Treue steht der Sünde menschlicher Untreue nicht nur gegenüber, sondern ist in ihrer Erscheinung durch sie bedingt: die Sünde ist Mittel für sie, sich in ihrer ganzen Herrlichkeit zu offenbaren. Der Mensch dient also gerade in seiner Sünde der Verherrlichung Gottes - ist dann Gottes Zornesgericht über den Menschen wegen seiner Sünde nicht ungerecht? Paulus wagt die Blasphemie, daß man Gott und Ungerechtigkeit zusammenbringt, gar nicht im Ernste als Frage, auf die man auch mit „Ja" antworten könnte, auszusprechen, er biegt sie, dem Zusammenhange zuwider, sofort zu einer das „Nein" erwartenden Frage ab, er entschuldigt sich noch dazu wegen der allzumenschlichen Logik, überhaupt - und sei es nur in Frageform - solche gotteslästerliche Folgerung zu ziehen, und gibt dann, wie in V. 4, ein starkes Nein zur Antwort.
6 Gott ist der künftige Richter aller Welt - das bedarf keines Beweises, das steht auch für den Einredner fest - als solcher steht er über allem Verdachte, ungerecht zu sein.
7 Wie sollte er die Welt richten, wenn er ungerecht wäre? - Der Einwand von V. 5 wird noch einmal wiederholt, in neuen Wendungen, die an V. 4a anknüpfen, noch eindringlicher, in der ersten Person der Einzahl (das „ich" unseres Verses ist gleich dem „wir" in V. 5: der Jude redet). Es ist wahr auch nach dem Urteil des Paulus: an der Lüge Israels, d. h. an seinem Bundesbruch, ist Gottes Wahrhaftigkeit leuchtend geworden. Welchen Sinn hat es dann, daß der Jude von Gott als Sünder
8 gerichtet wird? Ergibt sich nicht aus jener Wirkung der menschlichen Sünde geradezu der frivole Imperativ der Sünde: zum höheren Ruhme Gottes getrost Böses getan, damit das Gute, nämlich Gottes Verherrlichung durch seine Treue wirklich werde? „Gewisse Leute" sagten dem Apostel diese Logik nach, im Blick auf seine Gnadenlehre (wo die Sünde mächtig geworden ist, ist die Gnade übermächtig geworden 5, 20). Paulus hat wohl nicht nur jüdische und judaistische Gegner, sondern auch eine libertinistische Richtung im Auge, die sich auf ihn selber berief und seine Gnadenlehre im Sinne eines sittlichen Nihilismus mißverstand. Er widerlegt weder diese Verkennung seiner Botschaft - er kommt 6, 1 ff. darauf zurück - noch den Imperativ der Sünde selber. Er schlägt ihn nur mit einem Worte nieder: Böses tun w o l l e n - wer so steht, wider den ergeht Gottes Urteil mit Recht. Es gibt in den Gedanken der Menschen letzte Sätze, die nicht mehr widerlegbar sind, weil sie aus der Bosheit stammen. Ihr kann man nur das Gericht Gottes verkündigen. Der frivole Gedanke war aber die notwendige Folgerung aus der Frage von V. 7. Daher ist mit ihm auch sie erledigt.

Der Gedankengang des Paulus umschließt große Spannungen: Gott der Treue, und: Gott der unerbittlich gerechte Richter; Israels Vorzug in Gültigkeit, und doch keine Bevorzugung im Gerichte; die menschliche Sünde im Dienste der Verherrlichung Gottes und doch zur Verantwortung gefordert. Wer von der christlichen Botschaft ein logisches System erwartet, wird enttäuscht. Gottes Verhältnis zum Menschen, von dem sie zu zeugen hat, sprengt in seiner lebendigen Wirklichkeit alle Begriffe, alles Entweder-Oder menschlichen Denkens.

2e. Schriftbeweis für die Schuldverfallenheit des Juden wie aller Welt 3, 9-20

**9 Wie nun? Haben wir (Juden) einen Vorrang? Ganz und gar nicht; denn schon vorhin
habe ich die Anklage erhoben, daß Juden und Griechen alle unter der Sünde stehen, 10 wie
geschrieben steht: „Da ist kein Gerechter, auch nicht einer, 11 da ist keiner, der verständig
wäre, keiner der nach Gott fragte. 12 Alle sind abgewichen, allzumal sind sie untüchtig
geworden. Da ist keiner, der Gutes täte, auch nicht ein einziger. 13 Ein geöffnetes Grab
ist ihre Kehle, mit ihrer Zunge betrügen sie, Schlangengift ist unter ihren Lippen. 14 Ihr
Mund ist voll Fluch und Bitterkeit; 15 ihre Füße eilig, Blut zu vergießen; 16 Zerstörung
und Elend ist auf ihren Wegen, 17 und den Weg des Friedens haben sie nicht erkannt.
18 Es ist keine Furcht Gottes vor ihren Augen." 19 Nun wissen wir aber: alles, was das
Gesetz sagt, das sagt es denen, die unter dem Gesetze stehen, damit jeder Mund gestopft
werde und die ganze Welt Gott schuldig sei. 20 Denn auf Grund von Gesetzeswerken „wird
kein Fleisch gerechtgesprochen werden vor Ihm"; denn durch das Gesetz kommt Erkenntnis
der Sünde.**

V. 10-12: Ps. 14, 1-3; V. 13: Ps. 5, 10; 140, 4; V. 14: Ps. 10, 7;
V. 15-17: Jes. 59, 7f.; V. 18: Ps. 36, 2; V. 20: Ps. 143, 2.

Paulus kehrt nunmehr zu der Hauptlinie des Bisherigen zurück und bringt den 9
1, 18 ff. begonnenen Gedanken zum Abschluß, indem er die Schuld- und Zorn-
verfallenheit des Juden, von der seit 2, 1 ff. die Rede ist, vollends beweist. Die Frage
von V. 9 nimmt V. 1 wieder auf. „Haben wir Juden einen Vorrang?" „Durchaus
nicht." Von Gott her hat Israel freilich, wie 3, 1 ff. ausdrücklich anerkannte, den
Vorzug, Empfänger der Verheißungen zu sein. Aber was seine eigene Haltung und
Verfassung anlangt, so hat es vor den Heiden nicht das Geringste voraus und kann
daher von sich aus keinen Vorrang geltend machen. Paulus braucht nur auf das
in Kap. 1 u. 2 Ausgeführte zurückzuverweisen: Juden wie Griechen (der Ton liegt
nach dem Zusammenhange auf den Juden) stehen unter der Sünde wie unter einer
Sklavenhalterin. Neben der Rückbeziehung auf seine eigene Darstellung gibt Paulus 10-18
einen Schriftbeweis. Er fügt nach rabbinischem Brauch Stellen aus den Psalmen
und Jesaja aneinander, in denen die ausnahmslose Allgemeinheit der Gottlosigkeit
und Bosheit in bitterer Klage bezeugt wird. Das Recht, diese Stellen auf die Juden 19a
anzuwenden und nicht etwa unter Ausschluß der Juden nur auf die Heiden, gibt
der Grundsatz von V. 19a: Alle Worte des Gesetzes (Gesetz im weiteren Sinne heißt
die ganze Heilige Schrift) beziehen sich auf das Volk des Gesetzes, Zwar ist an jenen
Stellen zunächst nicht von allen Israeliten, sondern von einem Teile des Volkes, der
die „Gerechten" bedrückt, die Rede. Und Paulus wird nicht jeden Juden in jedem
der angeführten Worte wiedererkennen. Aber einmal ist ihm das ganze Volk eine
Einheit: was von einigen geschieht, geht alle an. Sodann: im tieferen Sinne genom-
men, in der Art wie Jesus die Gebote ausgelegt hat, gelten die harten Worte von
allen. Oder gäbe es einen, auf den nicht zuträfe, womit Paulus die Reihe der
Schriftstellen abschließt: „es ist keine Gottesfurcht vor ihren Augen"? - Was die 19b
Schrift bezeugt, ist dazu gesagt, daß der Jude vor dem Richter nun den Mund nicht
mehr auftue zu seiner Entschuldigung, sondern sich preisgebe als das, was er vor
Gott ist: schuldig und dem Zorne verfallen wie die ganze Menschheit. Etwas anderes 20a
als diese völlige Preisgabe seiner selbst bleibt ihm nicht übrig. Denn in Gottes
Gericht muß der Mensch die Werke, die das Gesetz gebietet, aufweisen. Das aber
vermag er eben nicht; zur wirklichen Erfüllung des Gesetzes kommt es bei nieman-

dem, so wird auch keiner in Gottes Gericht gerechtgesprochen. Das Gesetz hat, wie der Mensch einmal ist, keine andere Wirkung, als zur Erkenntnis der Sünde zu
20b führen. Es hilft nicht zur Rechtfertigung, nicht zur Überwindung der Sünde, sondern nur zu ihrer Enthüllung: es zeigt dem Menschen, was Sünde ist, und läßt ihn erfahren, daß er unter der Sünde steht. (Vgl. weiter Kap. 7,7 ff.) Das ist wohl die Vorbedingung für das Heil - ohne Erkenntnis der Sünde kein Glaube, daher kein Heil -, aber es ist selber alles andere als Heil. Es ist der letzte Schritt des alten Weges, nicht der erste des neuen.

B. Das Evangelium von der Gerechtigkeit Gottes im Glauben zum Leben 3,21-8,39

1. Die Gerechtigkeit im Glauben an Christus 3,21-4,25

1a. Die Offenbarung der Gerechtigkeit in Christi Tod für den Glauben 3,21-31

21 Jetzt aber ist ohne das Gesetz die Gerechtigkeit Gottes offenbar geworden, bezeugt vom Gesetz und den Propheten, 22 nämlich die Gerechtigkeit Gottes durch den Glauben an Jesus Christus, für alle, die da glauben. 23 Denn es ist kein Unterschied: alle haben ja gesündigt und ermangeln der Herrlichkeit Gottes 24 und werden nun umsonst gerechtgesprochen durch seine Gnade vermöge der Erlösung in Christus Jesus. 25 Den hat Gott in seinem Blut als Sühnemittel öffentlich hingestellt, das wirksam wird durch den Glauben, um seine Gerechtigkeit zu erweisen - im Blick darauf, daß Gott die früher geschehenen Sünden in seiner Geduld hat hingehen lassen -, 26 um seine Gerechtigkeit in der Gegenwart zu erweisen, auf daß er selber gerecht dastehe und gerechtspreche den, der durch den Glauben an Jesus bestimmt ist.

27 Wo bleibt da das Rühmen? Es ist ausgeschlossen. Durch was für ein Gesetz? Durch das der Werke? Nein, sondern durch das Gesetz des Glaubens. 28 Denn wir urteilen, daß der Mensch durch Glauben gerechtgesprochen werde, ohne daß Gesetzes-Werke in Betracht kommen. 29 Oder ist Gott etwa nur der Juden Gott? Nicht auch der Heiden? 30 Jawohl, auch der Heiden, so gewiß Gott Einer ist, der da gerechtspricht die Beschnittenen aus Glauben und die Unbeschnittenen durch den Glauben. 31 Beseitigen wir nun das Gesetz durch den Glauben? Nimmermehr! Sondern wir richten das Gesetz gerade auf.

Alles ist unter der Sünde (3,9), alles steht unter dem Zorn, das war das Ergebnis des ersten großen Abschnittes. Aber was Paulus da ausgeführt hat, ist nicht das letzte Wort, das er sagen darf. Denn ihm ist ja das Evangelium vertraut, und das Evangelium offenbart nicht den Zorn, sondern die Gerechtigkeit Gottes (1,16).
21 „Jetzt aber" - es ist wie ein tiefes Aufatmen. Nicht nur die zeitliche Wende, sondern zugleich auch die ungeheure inhaltliche Wandlung der Lage wird bezeichnet. Es ist das „Jetzt" der neuen Weltzeit, die in Jesus Christus angebrochen ist (vgl. V. 26), in ihm Gegenwart und Zukunft. Der Mensch steht bisher unter dem Gesetz, sein Spruch ist für ihn unabänderlich, er kennt kein Jenseits des Gesetzes und darf es nicht kennen. Aber Gott offenbart sich als der, der größer ist als sein Gesetz. Er handelt mit dem Menschen jetzt „ohne Zutun des Gesetzes". Und wo nichts als Zorn sichtbar war, da enthüllt er seine Gerechtigkeit (s. 1,17). Gerechtigkeit Gottes, und doch „ohne Zutun des Gesetzes" - gehören denn Gerechtigkeit und Gesetz nicht

zusammen? Wieder stoßen wir auf das göttliche Paradox des Evangeliums, das sich in dem Begriffe „Gerechtigkeit Gottes" für den Inhalt des Evangeliums scharf ausdrückt. - Die Gerechtigkeit Gottes ist jetzt offenbar geworden, nicht so, daß der Mensch über sie belehrt würde, sondern die Gerechtigkeit erweist sich in der Tat Gottes. Diese Tat ist das schlechthin Neue. Und doch zeugen von dieser Gerechtigkeit schon „Gesetz und Propheten", das Alte Testament. Wie Paulus das meint, zeigt vor allem Kap. 4 und etwa Gal. 3 und 4. Er denkt an die Geschichte Abrahams, darüber hinaus auch wohl an den Opferkult, an manchen Psalm und manche propheti-
sche Verheißung. Diese Gerechtigkeit Gottes wird für den Menschen wirksam auf dem 22
Wege des Glaubens an Jesus Christus, d. h. so, daß der Mensch sein ganzes Vertrauen auf das setzt, was von Gott her in Christus geschehen und wirklich ist; daß der Mensch vor Gott nur davon zu leben wagt, daß Christus für ihn da ist. (Einige Ausleger verstehen den im griechischen Texte gebotenen Genitiv „Glaube Jesu Christi" als Genitiv nicht des Objektes, sondern des Subjekts oder als „mystischen" Genitiv. Paulus spräche dann hier von dem Glaubensgehorsam, den Christus Gott dargebracht hat, als Offenbarung der Gerechtigkeit Gottes, oder - bei der „mystischen" Fassung des Genitivs - von dem Glauben in der mystischen Gemeinschaft mit Christus. Aber der sonstige Sprachgebrauch des Apostels und vor allem auch der Zusammenhang sprechen gegen diese Auslegung. Den „Werken des Gesetzes" [V. 20], welche die Gerechtigkeit nicht wirken können, tritt der Glaube an Christus als Bewirkung der Gerechtigkeit gegenüber. Dieser Glaube an Christus ist freilich von Christus selber in dem Menschen gewirkt - insofern hat der Genitiv auch ein Moment
subjektiven Sinnes.) Solcher Glaube ist unerläßliche, aber auch einzige Bedingung: 23
allen, die sie erfüllen, wird die Gerechtigkeit zuteil. Jeder menschliche Unterschied - und greife er noch so tief wie der zwischen Juden und Heiden - ist hier in der großen Gleichheit aufgehoben. Alle Menschen ausnahmslos sind ja Sünder, an keinem ist etwas zu sehen von der Herrlichkeit, die Gott eignet, an der die, welche das Gute tun, Anteil bekommen (vgl. 2,7.10). Dieser Gleichheit alles Menschentums in der Sünde und im Unheil entspricht die Gleichheit des Heilsweges für alle. Alle sind bedürftig, alle werden darum in gleicher Weise teilhaft der gnädigen Heilstat Gottes.
Die Gnade Gottes ist nämlich auf den Plan getreten und tut, was bei einem Rechts- 24
verfahren unerhört ist, was eben nur Gnade kann: sie erklärt und behandelt Sünder unverdient als Gerechte, schenkt ihnen das, was sie von sich aus nicht haben und nicht herstellen können, die Würde der „Gerechtigkeit". Das ist wohl ein Wunder der Gnade, aber keine Willkür. Auch die Gnade geht einen heiligen Weg, den der „Erlösung durch Jesus Christus". Durch die Sünde sind die Menschen in Schuldhaft gekommen. Aus ihr werden sie durch Christus losgekauft.

Wie, das deutet V. 25 an: „Gott hat Christus als Sühnmittel offen hingestellt", 25a
und zwar wird Christus „in seinem Blute", durch die Hingabe seines Lebens am Kreuze, Sühnmittel und als solches dadurch wirksam, daß man an ihn glaubt, sich auf seinen Tod verläßt. Das Wort, das wir mit „Sühnmittel" wiedergeben, bezeichnet in dem griechischen Alten Testamente den Aufsatz der Bundeslade (2. Mose 25,17), der am großen Versöhnungstage mit dem Blute des Sühnopfers besprengt wurde (3. Mose 16,12 ff.; vgl. Hebr. 9,5). Da Paulus in der römischen Gemeinde die Kenntnis des Mose-Gesetzes voraussetzt, ist es nicht unmöglich, daß er das Wort in dem

speziellen Sinne gemeint hat (Luther: „Gnadenstuhl"). Er will dann sagen: was für Israel der Aufsatz der Bundeslade war, das ist der gekreuzigte Christus für alle Welt: Ort und Mittel der Sühnung, d.h. der Entschuldung, des Bedeckens der Sünden vor Gott. Was dort am Versöhnungstage zeichenhaft geschah, ist in Christus zu seiner Wahrheit erfüllt. - Es kann aber auch sein, daß Paulus das Wort gemäß dem Sprachgebrauche der Zeit ganz allgemein verstanden wissen will, als „Sühnemittel" oder, maskulinisch, „Sühner". „Öffentlich hingestellt", nämlich für die Welt, wurde Christus in dem Ereignis seiner Kreuzigung, welches nun durch die Verkündigung der Apostel allen kund wird, so daß sie glauben können und darin der Sühne teilhaftig werden.

25b Das Sühnmittel des Todes Christi war nötig, damit Gott seine Gerechtigkeit
26 bewährte. Einer solchen Bewährung bedurfte es, nachdem Gottes Geduld (vgl. 2,4) die Sünden der Menschheit vor Christus hatte ungestraft hingehen lassen. Wohl sind die Menschen den Tod der Sünder gestorben und der Zorn Gottes liegt schwer auf dem Heidentum, aber Gott hat das Menschengeschlecht nicht vernichtet, sondern es weiterleben lassen. Damit aber kam seine Gerechtigkeit noch nicht zur Geltung. Wie ist das gemeint? Zum Verständnis unserer Stelle muß man davon ausgehen, daß die drei Bestimmungen „um seine Gerechtigkeit zu erweisen" (V. 25b), „um seine Gerechtigkeit in der Gegenwart zu erweisen" (V. 26a), „auf daß er selber gerecht dastehe und gerechtspreche den ..." (V. 26b) einander völlig parallel stehen. Die zweite Bestimmung nimmt nach dem Zwischensatze, den unsere Übersetzung zwischen Striche gesetzt hat, die erste wieder auf, und die dritte erläutert die erste und zweite: darin erweist sich Gottes Gerechtigkeit, daß er als der schlechthin Gerechte sich offenbart, der das Böse verneint und richtet, und als solcher zugleich den Sünder freispricht. „Gerechtigkeit Gottes" umfaßt beides: Gottes richterlichen Strafernst und sein gnädiges Heilschaffen. Der Begriff hat in unserem Abschnitte überall diesen selben Doppelsinn, den gleichen wie in 1,17. Die Nachsicht Gottes, sein „Hingehenlassen" der Sünde vor Christus brachte nach Paulus die Gerechtigkeit Gottes in ihrem Doppelsinne (vgl. V. 26b) nicht zur Geltung: weder in ihrem Strafernste, der Sühne der Schuld fordert, noch in ihrer schöpferischen Macht als rechtfertigend. Dieser Doppelsinn ist im Grunde einheitlich. Sühne und Vergebung gehören der Nachsicht gegenüber zusammen, als Gottes eine heilige Reaktion gegen die Sünde. Daher: so weit die Nachsicht von der Sühne war, eben so weit war sie auch von der Rechtfertigung. Gott rechtfertigte noch nicht, weil die Sühne fehlte. Die Reaktion gegen die Sünde war noch nicht total. Jetzt aber hat Gott Christus den Sühnetod sterben lassen. Damit ist er von der Nachsicht zum Geltendmachen seiner Gerechtigkeit übergegangen. Indem er seinen heiligen Ernst erweist und die Sünde durch Christi Tod richtet, kann er, statt nur Nachsicht zu üben, den Menschen wahrhaft von der Sünde lossprechen und erlösen - den Menschen, der an Christus glaubt, d.h. Christus als das von Gott gesetzte „Sühnmittel" gelten läßt, sich von seinem Sühntode betroffen weiß, sich im Blicke auf ihn an Gottes richtend-rechtfertigendes Handeln preisgibt. Nun ist aus der „Geduld" „Gerechtigkeit" geworden, heilige „Gnade" (V. 24); aus dem „Hingehenlassen" „Rechtfertigung" durch das sühnende Gericht des Todes Jesu. Die Geduld und der nur vernichtende Zorn sind beide aufgehoben in der richtenden Gnade, in der Gerechtigkeit, die gerecht macht.

Paulus sieht also Gottes Handeln mit der Menschheit vor Christus und in Christus als einen einzigen Zusammenhang. Wohl handelt Gott in Christus neu, aber in Zusammenhang und Einheit mit seinem Handeln vorher. Was er an und durch Christus tut, bezieht sich zurück auf seine Haltung gegenüber der Sünde vorher, und diese weist über sich hinaus auf das Handeln durch den Tod Christi.

Einige Ausleger (R. Bultmann und seine Schüler) nehmen an, daß Paulus in diesen Versen eine Vorlage judenchristlicher Tradition benutze, die vielleicht schon auf die Urgemeinde zurückgeht. Der Text unterscheide sich vor allem in V. 25 und 26 von dem sonst bei Paulus Gewohnten sowohl stilistisch wie theologisch auffallend: es kommen Begriffe vor, die sich sonst bei Paulus nicht finden, z. B. die Bezeichnung Christi als Sühnmittel; die Vorstellung von der Gerechtigkeit Gottes in V. 25, wonach sie eine Sühne fordere, sei Paulus sonst fremd. Der Apostel habe sich die vorgefundene Formel aber angepaßt bzw. korrigiert durch die seiner eigenen Lehre entsprechenden Zusätze wie „umsonst", „durch den Glauben" und andere - dadurch seien diese Verse stilistisch so schwer befrachtet. Von V. 27 an rede der Apostel dann wieder ganz aus dem Eigenen und betone das, worauf es ihm in der Auseinandersetzung mit dem pharisäischen Judentum ankommt. - Es ist möglich, daß Paulus hier, wie auch sonst einige Male (z. B. 4,25), Formeln der Tradition benutzt. Aber er hat sie sich dann offenbar ganz angeeignet und vertritt sie als Ausdruck seiner eigenen Theologie. So jedenfalls müssen wir den Text auslegen. Das Unternehmen, die Verse 25 und 26 in vorpaulinische und paulinische Bestandteile aufzugliedern, ist fragwürdig. Insbesondere liegt kein Grund vor, den Gedanken, daß die Gerechtigkeit Gottes auch Sühne einschließe und wirke, Paulus abzusprechen; vgl. Gal. 3,13; 2. Kor. 5,21; Röm. 8,3. Er gehört, gewiß spannungsvoll, in das paulinische Verständnis der Gerechtigkeit Gottes mit hinein, wenn der Apostel ihn auch nicht überall ausspricht, wo er von der Gerechtigkeit Gottes handelt. Vgl. die A. „Gerechtigkeit Gottes bei Paulus" bei 1,17.

Durch die Offenbarung der Gerechtigkeit Gottes steht der Mensch, wenn er das 27
Evangelium glaubend annimmt, als Gerechter vor Gott. Aber das ist kein Gerecht-
sein, auf das er vor Gott pochen könnte, wie vor allem der Jude es mit seiner eigenen
Leistung so gerne tut. Alles Rühmen, d. h. alle stolze Selbstbehauptung, aller An-
spruch des Menschen wird ausgeschlossen durch das heilige „Gesetz", das in Gottes
Handeln durch Christus kund wird - es ist nicht mehr das Mose-Gesetz, das Werke
fordert (an ihnen könnte sich der Anspruch ja gerade entzünden), sondern die neue
Heilsordnung, die alles auf den Glauben stellt. (Paulus nimmt den Begriff „Gesetz"
hier also in weiterem Sinne von Ordnung, Regel, wie auch 7,21; 8,2; Gal. 6,2.)
Dieses „Gesetz des Glaubens" besagt, was aus allem Vorigen sich ergibt: Gerecht- 28
sprechung wird dem Menschen zuteil, wenn er glaubt, ohne daß Gesetzeswerke dabei
irgend in Betracht kommen. „Gerechtsprechung durch den Glauben" - so eng und
unmittelbar hat Paulus Rechtfertigung und Glauben noch nicht zusammengerückt.
Der Glaube aber duldet nichts neben sich als Bedingung der Rechtfertigung. „Durch
den Glauben" heißt immer: „Allein durch den Glauben." Rückte man die Werke
neben den Glauben, dann würde der Glaube, wie im Spätjudentum, selber ein Werk,
eine Leistung des Menschen. Oft genug ist er so mißverstanden. Dann hörte auch das
Rühmen nicht auf, dann tat man sich auf die eigene Gläubigkeit etwas zugute. Aber

wo man wirklich glaubt, da gibt man sich auch in seiner Christlichkeit und Gläubigkeit
29 preis, da hört das Rühmen wirklich auf. Kann ein anderes als das „Gesetz des
30 Glaubens" gelten? Nein, wenn anders nur der eine einzige Gott ist, wie der Jude
täglich im Schᵉma bekennt (5. Mose 6,4), nicht ein anderer für die Juden, ein anderer
für die Heiden, sondern der eine und selbe aller Menschen Gott, der alle gleicherweise
zum Heil führen will. Das Mose-Gesetz ist nur den Juden gegeben. So kann der
Gott, der nicht nur der Juden, sondern auch der Heiden Gott ist, auch nicht Gesetz
und Gesetzeswerk zum Heilswege gemacht haben, sondern allein den Glauben, für
Juden und Heiden.

31 Das Gesetz nicht Heilsweg, das Heil ohne Zutun des Gesetzes bereitet - ist damit das Gesetz beiseite gestellt, abgetan? Das warfen die Gegner dem Apostel vor. Auf alles Bisherige seit 1,17 zurückblickend, kann Paulus sagen: nein, im Gegenteil, durch das Evangelium von der Gottesgerechtigkeit wird das Gesetz bestätigt, aufrechterhalten, in Kraft gesetzt. Das Evangelium wahrt die Geltung des Gesetzes, gerade indem es das Gesetz als Heilsweg abtut. Wo würde denn Gottes Forderung so ernst genommen, wie dort, wo man das Evangelium der Rechtfertigung verkündigt? Paulus hat keinen Zweifel gelassen an der unverbrüchlichen Geltung des Gesetzes (2,1 ff.), er hat den ganzen Ernst des Gesetzes enthüllt, nämlich, daß es die Sünde richtet und alle Menschen vor Gott schuldig macht. Gerade wer mehr kennt als das Gesetz, wer bei Christus als dem „Ende des Gesetzes" (10,4) steht, kann das Gesetz ganz ernst nehmen, während die Gesetzesmenschen, die noch durch das Gesetz zum Heil kommen wollen, seinen Ernst und seine Verurteilung notwendig abschwächen. Der Glaubende allein gibt dem Gesetze seine ganze Ehre: er glaubt ja, indem er sich vom Gesetze verurteilt weiß. Und er glaubt an den Christus, der dem Gesetze gehorsam war, der das Urteil und den Strafernst des Gesetzes wider die Sünde in seinem Sterben erfahren, getragen, besiegelt hat (V. 25), der nun auch, wie Paulus in Kap. 6 ff. (s. bes. 8,4) weiter ausführen wird, durch den Geist in den Seinen die Erfüllung des Gesetzes wirkt und so das Gesetz erst wahrhaft zu Kraft und Leben bringt. Christi Werk ist so in jeder Hinsicht Bestätigung des Gesetzes in seiner Gültigkeit. Nun verstehen wir, warum Paulus die Gnade Gottes als Gerechtigkeit verkündigen kann. Das Evangelium ist zwar etwas anderes als das Gesetz, ja die Aufhebung des Gesetzes als Heilsweg, aber eben als solches hält und setzt es das Gesetz wahrhaft in Kraft.

Manche Ausleger seit Erasmus verstehen unter „Gesetz" in V. 31 nicht im besonderen die göttliche Forderung, sondern das Alte Testament überhaupt; daß es zur Geltung komme gerade bei der Glaubenspredigt, beweise Paulus in Kap. 4 durch den Nachweis, daß das Alte Testament mit seinem Bilde Abrahams selber den Glauben verkündige. 3,31 würde dann also mit Kap. 4 zusammengehören. Diese Deutung hätte den Vorzug, daß mit V. 31 nun nicht der Gedankengang abbricht und 4,1 einen ganz neuen Einsatz bringt; Kap. 4 führt dann vielmehr den in 3,31 aufgestellten Satz aus. Aber unter „Gesetz" kann im Zusammenhange des Vorigen (s. V. 28) nur die göttliche Forderung verstanden werden. Außerdem bedeutet V. 31 deutlich einen Abschluß. Daher muß sein Sinn und seine Begründung in den vorigen Versen gesucht werden. Mit Kap. 4 kommt also in der Tat eine neue Frage.

Die „Rechtfertigung" bei Paulus. Das griechische Wort, das Luther in seiner Bibel früher (1522) meist mit „rechtfertigen", später (1530) meist mit „gerechtmachen" übersetzt, haben wir in unserer Übersetzung bisher durchweg mit „gerechtsprechen" wiedergegeben. So kommt der Sinn des biblischen Sprachgebrauches vor und bei Paulus am klarsten zum Ausdruck. Das Wort bezeichnet „forensisch" die richterliche Entscheidung über jemanden, und zwar zu seinen Gunsten; bei Paulus ausschließlich das richterliche Urteil G o t t e s, mit dem er den Menschen gerechtspricht, als gerecht erklärt; das Gegenteil ist die Verurteilung. Die „Gerechtigkeit" des Menschen bedeutet seine Geltung in Gottes Urteil, vor Gott. Die so verstandene Gerechtigkeit ist für Paulus das ganze Heil; nach ihr fragen bedeutet die entscheidende Heilsfrage. Das ist jüdisches E r b e, aber keineswegs jüdische S c h r a n k e der Theologie des Paulus. Heißt Gott begegnen im Ernste: den unbedingten Anspruch auf mein Leben vernehmen, so entsteht notwendig die Frage der Verantwortung solchem Anspruche gegenüber. Der Ansprechende muß als solcher auch der Urteilende sein - von seinem Urteilen zeugt der Mensch schon dadurch, daß er selber urteilt über sich und andere. „Rechtfertigung" als göttlicher Urteilsspruch ist also nicht ein vergängliches und fragwürdiges Bild für die Lösung des Problems unseres Gottesverhältnisses, sondern der wahrhaft sachgemäße und daher unersetzliche Begriff. Mit dem Judentum erwartet Paulus das letztlich entscheidende Urteil von dem kommenden l e t z t e n Gerichte und weiß, daß der Richter auf die W e r k e des Menschen sieht (2,5ff.13). Aber - und damit setzt der tiefe Unterschied gegenüber dem Judentum ein - wie die Menschen sind, gibt es für keinen einzigen in jenem Gerichte „Rechtfertigung" (3,20), für alle nur Verurteilung. Damit es zu diesem furchtbaren Ausgange nicht komme, geht Gott einen Weg, von dem das Judentum nichts weiß, wohl aber nach Paulus seine Bibel (3,21; Kap. 4): Gott läßt die Menschen, wie sie sind, Sünder, „Gottlose" (4,5), wenn sie sich nur im Glauben an Christus seinem Urteile preisgeben, vor sich als gerecht gelten. Rechtfertigung des Gottlosen - unerhörter, ja lästerlicher Gedanke für jüdisches und alles moralische Denken! Bedeutet er nicht Selbsttäuschung Gottes, ein wahrlich nicht heiliges, sondern schlimmes „Als ob"? In der Tat: während für den Juden und alles ernsthafte ethische Denken Gottes richterliches Urteil nichts anderes bedeuten kann als die Anerkennung der Leistungen oder einer wirklichen Beschaffenheit des Menschen, so daß die Geltung des Menschen vor Gott verdient, „eigene" Gerechtigkeit (10,3) ist - wird bei Paulus gerade alles das völlig abgelehnt: Gottes freie Gnade läßt den Menschen bedingungslos, ohne jede Leistung, die das begründen könnte, als gerecht gelten, d. h. er vergibt ihm (4,6ff.). Gottes Urteil erkennt nicht einen Tatbestand an, sondern schafft ihn. Aber dieses Schaffen bedeutet gerade kein göttliches „Als ob" - hier sprengt allerdings die Wirklichkeit, von der Paulus zeugt, die Begriffe richterlichen Handelns. Indem Gott den Menschen um Christi willen vor sich gelten läßt, indem der Mensch es im Glauben auf dieses Urteil Gottes wagt, ist er in die Gemeinschaft mit Gott gezogen und eben damit wirklich ein anderer geworden. Paulus kann das in immer neuen Wendungen ausdrücken: der an Gottes Urteil auf Grund von Christi Kreuz und Auferstehung Glaubende ist mit Christus grundsätzlich von der Sünde los (6,7), weil mit ihm gestorben (Gal. 2,19f.; 2. Kor. 5,14f.), also durch und mit ihm wesentlich gerecht (Röm. 5,19). Indem Gott dem Menschen die Gerechtigkeit „zurechnet" (4,3ff.11), teilt er ihm seine eigene

Gerechtigkeit wahrhaft mit als bestimmende Wirklichkeit seines Lebens (s. zu 1,17; 2. Kor. 5,21). Der Gerechtfertigte ist als solcher durch Gott in neue Lebendigkeit versetzt. Grundsätzlich - denn auch die Gerechtfertigten bleiben in ihrem Handeln noch Sünder. Was sie vor Gott, „in Christus" sind, das erscheint noch nicht eindeutig in der Wirklichkeit ihres irdischen Lebens. Die Gewißheit der Rechtfertigung gibt dem Leben des Christen nach Paulus die hohe, vorwärtsdrängende Spannung. Der Mensch ist das, was er ist, wiederum noch nicht - daher wartet er nun, zu werden, was er ist, er „wartet" auf die Gerechtigkeit, die ihm schon geschenkt ist (Gal. 5,5). Weil er gerechtfertigt ist, streckt er sich kämpfend, „laufend" (Phil. 3,8-14) der kommenden Gerechtigkeit entgegen. Daher wartet er auch noch auf das letzte göttliche Urteil (Gal. 5,5; 1. Kor. 4,4 f.; 2. Kor. 5,9 f.). Allerdings: Gottes rechtfertigendes Urteil über den Glaubenden ist ergangen in Christi Geschichte - mit diesem Bekenntnis zur Gegenwart der Gerechtigkeit führt Paulus über den Gedanken des genuinen Judentums (anders Qumran, s. die nächste A.), der nur die zukünftige Rechtfertigung kennt, entscheidend hinaus. Und doch läßt sich die Wirklichkeit der Sache selbst nicht in das Entweder-Oder: gegenwärtige oder zukünftige Rechtfertigung? zwingen. Der Glaube ist Gewißheit um gegenwärtige Gerechtigkeit - aber diese Gewißheit bleibt Glaube, der da harren muß auf die Einlösung. Der Glaube wartet der Zukunft mit Zuversicht (5,9 f.), aber er wartet ihrer im Ernste als der noch ausstehenden letzten Entscheidung von Gott her. Gegenwärtige Rechtfertigung und Endgericht gehören bei Paulus wesentlich zusammen.

Mit dem Satz von der Rechtfertigung sagt Paulus das Ganze des Heiles und des Christenstandes aus. „Rechtfertigung" ist allerdings nicht sein einziger Begriff für die rettende Tat Gottes; „Versöhnung", „Heiligung", „Einsetzung als Söhne" und andere Begriffe stehen neben ihm. Aber „Rechtfertigung" hat unter allen diesen Ausdrücken als der sachlich schärfste die entscheidende Stelle bei Paulus und muß sie auch in der Kirche behalten. Denn dem Rechtfertigungsgedanken eignet die stärkste scheidende Macht. Der Gegensatz des Evangeliums gegen das Judentum, d. h. gegen den in seiner religiösen und sittlichen Tüchtigkeit sich vor Gott behauptenden Menschen, tritt nirgends sonst so schneidend und scheidend zutage wie in dieser „jüdischen", das Judentum sprengenden Formel von der „Rechtfertigung des Gottlosen" (4,5) - wahrlich einer Kampfesformel, aber nicht für die einmalige, nunmehr vergangene Auseinandersetzung mit dem Judentum, sondern für den nie aufhörenden Kampf des Evangeliums mit dem nie aussterbenden sittlichen und religiösen Menschentum. - Zum Verständnis der Rechtfertigung bei Paulus vgl. vor allem G. Schrenk in dem Theologischen Wörterbuch zum Neuen Testament.

Rechtfertigung bei Paulus und in Qumran. Schon lange vor Paulus lehrten die im letzten Menschenalter aufgefundenen Texte der antipharisäischen Qumran-Gemeinde die Rechtfertigung des sündigen Menschen allein aus Gnade. „Durch die Gerechtigkeit seiner Wahrheit hat er mich gerechtfertigt", bekennen die Glieder der Gemeinde. „Durch seine Gerechtigkeit wird meine Sünde ausgetilgt werden ... und aus dem Quell seiner Gerechtigkeit kommt meine Rechtfertigung." Nicht allein die draußen sind, sondern auch die Glieder der Gemeinde sind und bleiben ganz und gar Sünder, aber Gottes gnädiges Urteil verleiht ihnen Reinheit und Heiligkeit, nicht erst zukünftig, sondern schon jetzt in der Gegenwart. So ist die Rechtfertigungslehre des Apostels, die Rechtfertigung allein aus Gnaden, nach ihren Grundlinien in Qumran schon vorgebildet und hat hier eine Entsprechung. Aber der Abstand zwischen beiden ist nicht zu verkennen. Für Paulus geschieht die Rechtfertigung allein in Jesus Christus, dem Gekreuzigten und Auferstandenen. Allein im Glauben an ihn wird sie dem Menschen zu eigen. Dadurch wird die Rechtfertigung auch sachlich ein ganz Neues. In Qumran durchbricht das Wort von der Rechtfertigung die jüdische Gesetzlichkeit nicht, vielmehr steht die Rechtfertigung aus Gnaden ganz und gar im Dienst des Gesetzes, der Gerechtigkeit durch die Erfüllung des radikalisierten Mose-Gesetzes. Entscheidend bleibt also der Heilsweg des Gesetzes, der frommen Leistung. Paulus stellt die beiden Heilswege, den des Gesetzes und den des Evangeliums, den der Leistung und den des Glaubens einander scharf gegenüber, in einem ausschließenden Gegensatz. Davon weiß Qumran nichts. Röm.4,3-5 hat hier kein Analogie. Paulus hat den Radikalismus der Botschaft und der Haltung Jesu zu den „Sündern" theologisch verstanden. In Qumran ist die Gnadengerechtigkeit beschränkt auf Israel, den heiligen Rest, auf die Glieder der Gemeinde, auf die Erwählten, die unbeschadet ihrer Sündigkeit doch als die grundsätzlich Frommen von denen draußen unterschieden und geschieden sind. Bei Paulus gilt die Rechtfertigung aus Gnaden allen Menschen, Juden und Heiden, universal.

Tod und Auferstehung Jesu Christi als Heilstatsachen. Nach Paulus bereitet Gott dem Menschen die Rechtfertigung auf dem Wege der „Erlösung durch Jesus Christus" (3,24). Die Gerechtigkeit wird dem zuteil, der an Jesus Christus glaubt (3,22). Dieser Glaube an Christus richtet sich aber auf seinen Kreuzestod und seine Auferstehung (3,25; 4,24f.). Nur als der Gekreuzigte und Auferstandene hat Christus Heilsbedeutung für den Menschen. So stehen Christi Kreuzestod und seine Auferstehung im Mittelpunkte der Verkündigung des Paulus (1.Kor.1,18ff.; 1.Kor.15,3ff.). Er kann seine ganze Botschaft „das Wort vom Kreuze" nennen; er will nichts verkündigen als den gekreuzigten Christus (Gal.3,1; 6,14; 1.Kor.2,2). Aber zum Kreuze Christi gehört ihm die Auferstehung unlöslich hinzu. Erst auf Grund der Auferstehung kann es ein Wort vom Kreuze geben (1.Kor.15,13ff.).

Daß Christi Tod „für unsere Sünden" geschehen sei und sühnende Bedeutung habe, diesen Gedanken fand Paulus schon in der Urgemeinde (1.Kor.15,3; 11,23ff.). Auch von den Bildern und Begriffen, in denen er die Heilsbedeutung des Todes Christi näher auszuführen sucht, wird er einige schon überkommen haben. Sucht man in der Mannigfaltigkeit dieser Bilder und Begriffe (z.B. Opfer, Loskauf, stellvertretendes Erleiden des Gesetzesfluches) den entscheidenden Gedanken, so ergibt sich etwa Folgendes als Kreuzestheologie des Paulus. Das Verhältnis Gottes und der Menschen ist infolge der Sünde das der Feindseligkeit geworden (1,18ff.; 5,10). Soll es aus dem den Menschen zerstörenden Streite zum Frieden (5,1) kommen, so bedarf es der Sühne (3,25), d.h. Gottes Strafernst wider die Sünde muß, um seiner Gerechtigkeit willen (3,25f.), Genüge geschehen. Die Menschen können die Sühne nicht beschaffen. Gott selber tut es. Nicht die Menschheit kann das sühnende Opfer leisten, Gott bringt es. Er gibt seinen Sohn, der in ewiger Gemeinschaft mit ihm lebt, in die sündige Menschheit und um ihretwillen in den blutigen Tod dahin (8,32; Gal.1,4). Gott also ist der Urheber der Versöhnung, nicht wie im Heidentum die Menschen, die eine zürnende Gottheit erst umstimmen müssen. Gott umzustimmen ist weder möglich noch nötig; obgleich er zürnend wider die Menschen stehen muß (1,18 ff.), ist sein Liebeswille der Ursprung, nicht erst das Ergebnis des Werkes Christi: Christi Kreuzestod ist Gottes Liebestat (2. Kor. 5,18 ff.; Röm. 5,8). Denn Christus starb nach Gottes Willen „für uns". Das heißt: Gott vollzieht an dem Sohne seiner Liebe, der in die sündige Menschheit als ihrer einer eingegangen ist, sein Urteil über die Sünde der Welt (8,3); er behandelt den Unschuldigen als „Sünde", vollzieht den Gesetzesfluch über die Sünde an ihm (2. Kor. 5,21; Gal. 3,13). Sühne kann dieser Tod aber nur darum sein, weil er von dem Sohne in freiem Gehorsam gegen des Vaters Willen erlitten wird (5,19; Phil. 2,5 ff.). Das ist nun nach Gottes Ordnung und Willen *für alle* geschehen. Indem Christus das Urteil über die Sünde trägt, ist die Verurteilung zum Ziele und Ende gekommen – es gibt nun keine Verurteilung für die Menschen mehr (8,1). Weil Gott den Sündlosen als Sünder behandelt hat, kann er nun die Sünder um seinetwillen, in ihm, als gerecht behandeln (2. Kor. 5,21). Er erweckt Christus aus dem Tode auf zum lebendigen Herrn, damit bezeugt und verwirklicht er die durch Christi Tod für alle beschaffte Gerechtigkeit (4,25; 8,34).

So ist Christi Tod für Paulus Genugtuung, wie später die kirchliche Lehre sagt, und zwar durch Stellvertretung. Christus erleidet anstatt aller das Urteil und gehorcht anstatt aller. Aber diese stellvertretende Genugtuung kommt dem Menschen nicht wie eine historische oder Naturtatsache ohne sein Wissen und Wollen, ohne seine innere Beteiligung zugute, sondern nur im Glauben, der zu Christi Tod und Auferstehung als zu Gottes Urteil und Tat für den Menschen Ja sagt. In solchem Ja zu Christi Tode und Auferstehung als für ihn geschehen wird der Mensch in diese Geschichte selber hineingezogen. Sie geschieht gegenwärtig an ihm, in ihm. Er bekennt sich zu dem an Christus vollzogenen Urteil über die Sünde und stirbt so mit Christus der Sünde und der Welt (6,7; Gal. 6,14). Er wird ein Mensch „in Christus" (8,1). Erst wenn man das hinzunimmt, versteht man das paulinische „für uns", den Sinn der Stellvertretung in seiner Tiefe. Das „für uns" von Tod und Auferstehung gilt nur denen, die es im Glauben erfassen; in eben diesem Glauben aber wird das „für uns" zum „mit Ihm" des Kreuzes und der Auferstehung (2. Kor. 5,14 f.).

Diese Theologie des Kreuzes und der Auferstehung findet sich freilich noch nicht in der Botschaft Jesu. Wie sollte das auch möglich sein? Das Evangelium von Christus konnte erst im Lichte seines Lebensausganges, des Todes und der Ostererscheinungen, empfangen werden, unter dem Zwange dieser Wirklichkeit, deren Sinn sich von Jesu Verkündigung des Gerichtes und der Vergebung, von den alttestamentlichen Gedanken des Opfers und des sühnenden Leidens (Jes. 53) aus erschloß. Man kann nicht die angebliche Einfachheit der Vergebungsbotschaft Jesu gegen die schwere Kreuzeslehre des Paulus ausspielen. Jesus verkündigt durchaus nicht einen allgemeinen *Gedanken* der Vergebung, sondern er *vollzieht* sie im Namen Gottes mit dem Anspruche bestimmter, einmaliger Vollmacht. Von seinem Ausgange her aber wird klar, wie diese Vollmacht daran hing, daß er den Weg zum Kreuze ging, an seiner Bereitschaft, die Sünde der Welt und ihren Fluch an sich zu erfahren und unter der Hand des Vaters gehorsam den Tod der Sünder zu sterben. Paulus hat Jesu Geschichte nach ihrem wahren Sinn verstanden.

1b. Die Übereinstimmung des Evangeliums von der Glaubensgerechtigkeit mit der Geschichte Abrahams 4, 1-25

1* Abraham ist durch Glauben gerechtfertigt 4, 1-12

**1 Was werden wir nun sagen, daß Abraham, unser Ahnherr nach dem Fleische, gefunden
habe? 2 Wenn nämlich Abraham aus Werken gerechtfertigt wurde, so hat er ja Grund
zum Rühmen. Gewiß, aber nicht bei Gott. 3 Denn was sagt die Schrift? „Abraham glaubte
Gott, und es wurde ihm zur Gerechtigkeit angerechnet." 4 Aber wenn jemand „Werke"
leistet, wird ihm der Lohn nicht „angerechnet" nach Gnade, sondern (zugemessen) nach der
Schuldigkeit. 5 Wo einer dagegen keine „Werke" leistet, sondern glaubt an den, der den
Gottlosen gerechtspricht, dem wird sein Glaube „angerechnet" zur Gerechtigkeit. 6 Ebenso
spricht auch David die Seligpreisung über den Menschen, dem Gott Gerechtigkeit anrechnet
ohne Werke: 7 „Selig sind die, welchen die Übeltaten vergeben und die Sünden bedeckt
wurden; 8 selig ist der Mann, dem der Herr die Sünde nicht anrechnet." 9 Geht diese
Seligpreisung nun auf die Beschnittenen oder auch auf die Unbeschnittenen? Heißt es doch:
„Es wurde dem Abraham der Glaube zur Gerechtigkeit angerechnet." 10 Unter welchen
Umständen wurde ihm denn „angerechnet"? Als er beschnitten war oder unbeschnitten? Nicht
als er beschnitten, sondern als er noch unbeschnitten war; 11 und das Zeichen der Beschneidung
empfing er als Siegel der Glaubensgerechtigkeit, die er hatte, als er noch unbeschnitten
war. 12 So konnte er werden der Vater aller, die als Unbeschnittene glauben: ihnen sollte
die Gerechtigkeit (wie ihm) angerechnet werden - und zugleich der Vater der Beschnittenen,
die nicht bloß Beschnittene sind, sondern auch in die Fußstapfen des Glaubens treten, den
unser Vater Abraham schon als Unbeschnittener bewiesen hat.**

V. 4. 5. 9: 1. Mose 15, 6; V. 7. 8: Ps. 32, 1f.; V. 11: 1. Mose 17.

In 3,21 hatte Paulus angedeutet, daß das Alte Testament für die Gerechtigkeit aus Glauben zeuge. Seine Freudigkeit zum Evangelium hängt daran, daß das Evangelium im Einklang steht mit Gottes Handeln in der Heilsgeschichte. Hier ging es um etwas Entscheidendes für ihn selber und für alle Juden. An sie und ihren Einwand denkt er im folgenden zunächst. Findet sich im Alten Testament ein anderer Heilsweg als der vom Evangelium gezeigte, dann bedürfen die Juden des Evangeliums nicht. Paulus begründet das Recht seiner These mit der Geschichte Abrahams. Er ist der Vater Israels, der Träger der Segensverheißung, er gilt als das Urbild des Gerechten, des Glaubensgehorsams. Mit ihm beschäftigte sich die zeitgenössische jüdische Theologie ausgiebig. Wie stand es mit seiner Gerechtigkeit? Hier, an der Geschichte Abrahams, mußte die Entscheidung fallen über das Verhältnis des Evangeliums zum Alten Testament, damit über seine Gültigkeit für jeden, dem das Alte Testament Autorität war. Daher setzt Paulus hier ein. Er zeigt mit einem „Midrasch", einer Auslegung der wichtigsten Schriftstellen über Abraham, daß das Alte Testament gerade in seinem Bilde des Erzvaters schon die Glaubensgerechtigkeit verkündet. Formell teilt Paulus die exegetische Methode der Schriftgelehrten seiner Zeit, sachlich tritt er sofort in schärfsten Gegensatz zu der rabbinischen Auslegung.

Der Text in V. 1 ist schwierig, die Überlieferung nicht eindeutig. Doch ist der Sinn 1
im allgemeinen nicht zweifelhaft: wie steht es, fragt Paulus, um die Regel, die im
Leben Abrahams gilt? (Abraham „unser Vater" - Paulus steht im Ringen mit
einem jüdischen Gegner und faßt sich in dem „unser" mit ihm zusammen.) Abraham 2
wird vom Judentum gepriesen als der „Gerechte". Was ist es nun aber um seine

Gerechtigkeit? Ist Abraham - wie die jüdische Theologie lehrte - durch seine tadellose
Gesetzeserfüllung gerechtfertigt? Wenn es so stünde, dann hätte er Grund sich zu
rühmen vor Gott, dann wäre der Ausruf des Paulus 3,27 erledigt. Aber - Abra-
3 hams einzigartigen Ruf unter den Menschen in allen Ehren! - von Ruhm vor Gott
ist keine Rede. Das bezeugt deutlich die Schrift (1. Mose 15,6), wenn sie schreibt, daß
4 Abrahams Glaube ihm zur Gerechtigkeit bei Gott wurde. Formell in der Weise der
rabbinischen Auslegung (welcher Jakobus 2,23 folgt; über sein Verhältnis zu Paulus
vgl. die A. hinter Jak. 2), inhaltlich aber in genauem Gegensatze zu ihrem Verständnis
von 1. Mose 15 zeigt Paulus, daß die Stelle eine Rechtfertigung Abrahams aus
Werken ausschließt. Er legt den Finger auf den Ausdruck: „es wurde ihm ange-
rechnet". Die jüdische Auslegung unserer Stelle verstand ihn als rechnerisches Buchen
einer Leistung. So kam Abrahams Glaube als Werk, als Verdienst, zu stehen. Für
Paulus bezeichnet der Begriff „anrechnen" im Gegenteil ein freies, „synthetisches"
5 Urteilen Gottes, mit dem er von sich aus einen Wert setzt. „Anrechnen" ist ein Akt
seiner Gnade. Gebraucht die Schrift diesen Ausdruck, dann ist gerade nicht, wie das
Judentum wollte, von einer Leistung, einem Verdienste Abrahams die Rede. Die
Begriffe schließen sich aus. Vielmehr Leistung und pflichtmäßiges Zuteilen des ver-
dienten Lohnes gehören zusammen. Gnädiges Anrechnen kann ausgesagt werden
nur im Blicke auf einen Menschen, der gerade keine Leistung vorweist und daher auch
keinen Lohnanspruch erhebt, sondern, seiner Ohnmacht und Unwürdigkeit sich bewußt,
sein ganzes Vertrauen auf den Gott setzt, der - unerhört für jüdisches Denken! -
gerade den Unwürdigen, den Gottlosen rechtfertigt. Paulus bringt die Paradoxie,
das Wunder der Rechtfertigung auf den schärfsten Ausdruck, indem er eine Wendung
aus dem griechischen Alten Testament aufnimmt, die dort einen Justizmord der Recht-
sprechung bezeichnet: Freispruch für den Schuldigen (2. Mose 23,7; Jes. 5,23). Das
also ist der Fall Abrahams. Die Schrift betont ja auch: er glaubte; Glauben ist aber
der Gegensatz zu dem Aufweisen einer Leistung, Glaube ist der Verzicht auf eigene
Leistungs-Gerechtigkeit - und eben als solcher Verzicht, als Bereitschaft, allein von
Gottes Gnade zu leben, wird der Glaube von Gott als Gerechtigkeit geschätzt. So
entwindet Paulus die Stelle 1. Mose 15,6 der jüdischen Theologie und macht sie als
Zeugnis für die Glaubensgerechtigkeit geltend (vgl. Gal. 3,6). Er findet in ihr, mit
6-8 schöpferischer Ausdeutung, das volle Evangelium. Ein zweites Zeugnis neben der
Abrahams-Geschichte bietet Ps. 32. David preist dort die Menschen selig, denen der
Herr „die Sünde nicht anrechnet". Dieses Nicht-Anrechnen der Sünde ist für Paulus
ohne weiteres die Kehrseite von einem Anrechnen der Gerechtigkeit ohne Werke.
Die Vergebung ist Rechtfertigung; kommen dabei aber die Verfehlungen des Men-
schen nicht in Betracht, so auch seine sittlichen Leistungen nicht, d. h. die Gesetzes-
ordnung überhaupt nicht. Also bezeugt David „Gerechtigkeit ohne Werke".
9 Der Jude konnte soweit vielleicht mit Paulus gehen. Aber nun kommt sein ent-
scheidender Einwand: alle diese Schriftworte wie Ps. 32 gelten doch allein für Juden.
Das Judentum, die Beschneidung ist die Voraussetzung der Rechtfertigung. Über
das Judentum hinaus reicht sie nicht. Abraham, der Gerechte, ist der erste Be-
10 schnittene. Aber gerade an dem Beispiel Abrahams zeigt Paulus, daß Gottes Heils-
11 weg bedingungslos für alle offensteht. Es ist ihm bedeutsam, daß der Bericht über
Abrahams Beschneidung (1. Mose 17) dem Satze, daß er um seines Glaubens willen

gerechtfertigt wurde (1. Mose 15,6), erst nachfolgt. Abraham war also zur Zeit seiner
Rechtfertigung noch ein Unbeschnittener, „der erste Heide, der ohne Beschneidung
durch den Glauben allein die Gerechtigkeit gefunden hat" (Schlatter). Seine Stellung
zu Gott wird durch die Beschneidung nicht begründet, sondern nur besiegelt. Nicht
die Beschneidung war Grund seiner Rechtfertigung, sondern umgekehrt erhielt er die
Beschneidung als nachträgliches göttliches Siegel (vgl. 1. Mose 17,10 f.) auf die
ihm schon während seiner Unbeschnittenheit gewährten Gerechtigkeit im Glauben.
Abraham war gerecht, ehe er im Sinne des Gesetzes ein Jude wurde. (Daß die
Beschneidung Siegel des Bundes sei, sagte, wie spätere Texte zeigen, auch das
Judentum. Das für jüdische Ohren Unerhörte war der Satz, daß die Beschneidung
Siegel auf die *Glaubens*gerechtigkeit sei.) Gott hat bei dieser Ordnung der Ge-
schichte Abrahams seine Absicht gehabt. Er dachte an die Heiden, denen er dereinst
wie dem Abraham die Gerechtigkeit um des Glaubens willen schenken wollte: weil
Abraham der Vater (im geistigen Sinne) der zur Glaubensgerechtigkeit berufenen
Heiden sein sollte, ließ Gott ihn beschneiden, erst nachdem er gerechtfertigt war. Aber 12
Abraham soll Kinder auch unter den Beschnittenen haben. Indessen - ein für den
Juden angesichts des Alten Testamentes unerträgliches Wort! - nicht alle Juden
sind im wahren Sinne seine Kinder; nicht schon die Beschneidung als solche begründet
die Kindschaft Abrahams - denn bei Abraham gehört die Beschneidung ja als Siegel
mit der Glaubensgerechtigkeit zusammen - sondern eben erst der Glaube, wie
Abraham ihn schon als der Unbeschnittene bewies. Nur der *glaubende* Jude ist
Abrahams Sohn, zusammen mit dem glaubenden Heiden (Gal. 3,7 f.). Dieser ist es
nicht weniger als jener. Paulus versteht im Unterschied zum Alten Testament Abra-
hams Vaterschaft nicht natürlich, biologisch, sondern geistlich. Nicht das Blut, nicht
das gleiche Gesetz der Beschneidung, sondern der Geist, das Glauben gleich Abraham
macht die wahre Deszendenz von ihm aus. Gottes Volk ist nicht Bluts- oder Gesetzes-
gemeinschaft, sondern Gemeinschaft des Geistes, des Glaubens. Abraham kommt für
Paulus als Stammvater nicht des jüdischen Volkes als solchen, sondern der aus
Heiden und Juden berufenen (9,24) Gemeinde Jesu Christi zu stehen, die von der
Glaubensgerechtigkeit lebt. Und zwar steht die Vaterschaft Abrahams für die Heiden-
christen der für die Judenchristen voran, wie ja auch Abrahams Glaubensgerechtigkeit
seiner Beschneidung voranging. Gott zielte mit seinem Handeln an Abraham, mit
der Folge: Glaubensgerechtigkeit - Beschneidung zuerst auf die Heidenchristen, dann
erst auf die Judenchristen. Dagegen gilt für die Juden, die nur beschnitten, aber un-
gläubig sind, Abrahams Vaterschaft gar nicht. Die echte Familie des Erzvaters ist
demnach zugleich enger und weiter als das natürliche Israel. Damit wiederholt
Paulus den Gedanken von 2,26 ff. In Kap. 9,6 ff. nimmt er ihn noch einmal auf.

2* Abraham empfing die Verheißung durch den Glauben 4,13-25

**13 Denn nicht durch das Gesetz geschah die Verheißung an Abraham oder seine Nachkommen,
daß er Erbe der Welt sein sollte, sondern durch die Gerechtigkeit des Glaubens. 14 Denn
wenn die Gesetzesleute die Erben sind, so ist damit der Glaube ohne Bedeutung und die
Verheißung ist außer Kraft: 15 denn das Gesetz schafft nur Zorn; wo aber das Gesetz nicht
ist, da ist auch keine Übertretung. 16 Daher also gilt „aus Glauben", damit es gehe „aus
Gnaden", damit die Verheißung feststehe für die gesamte Nachkommenschaft, nicht allein für**

die, die des Gesetzes, sondern auch für die, die des Glaubens Abrahams ist, der da ist unser
aller Vater - 17 wie es in der Schrift heißt: „zum Vater vieler Völker habe ich dich
gesetzt" - vor Gott, dem er geglaubt hat, der die Toten lebendig macht und das Nicht-Seiende
ins Dasein ruft. 18 Er hat wider Hoffnung in Hoffnung geglaubt, daß er würde „der
Vater vieler Völker", nach dem Worte: „so soll dein Geschlecht sein". 19 Und ohne schwach
zu werden im Glauben, bedachte er, daß sein Leib erstorben war - war er doch fast hundert
Jahre alt - und erstorben der Mutterleib der Sara; 20 aber an Gottes Verheißung
zweifelte er nicht ungläubig, 21 sondern wurde stark im Glauben, gab Gott die Ehre und
war ganz durchdrungen von der Gewißheit: Er ist mächtig, was er verheißen hat, auch zu
tun. 22 Darum „wurde es ihm auch zur Gerechtigkeit angerechnet". 23 Aber nicht nur
auf ihn bezieht sich, was in der Schrift steht: „es wurde ihm angerechnet", 24 sondern auch
auf uns, denen es (ebenfalls) angerechnet werden soll, die wir glauben an den, der unseren
Herrn Jesus von den Toten auferweckt hat, 25 der wegen unserer Übertretungen dahin-
gegeben und um unserer Rechtfertigung willen auferweckt ist.

V. 17f.: 1. Mose 17, 5; V. 18: 1. Mose 15, 5; V. 22f.: 1. Mose 15, 6; V. 25: Jes. 53, 4f. 12.

13 Auch die Verheißung des Segens, die Abraham und seine Nachkommen emp-
fingen, erging nicht auf Grund einer Gesetzesleistung Abrahams wie etwa der Be-
schneidung, sondern auf Grund seines Glaubens, den Gott ihm zur Gerechtigkeit an-
rechnete. Vom „Ererben der Welt", also von der Verheißung der Weltherrschaft hören
wir in der biblischen Abrahams-Geschichte nichts; das Judentum mochte diese seine
Erwartung aus 1. Mose 22, 18 („alle Völker") herauslesen. Paulus lehnt die Er-
wartung nicht ab, er findet ihre Erfüllung in Christi und seiner Gemeinde Welt-
14 herrschaft (1. Kor. 6, 2). Paulus beweist V. 13 nicht unmittelbar geschichtlich, wie im
Vorigen die Vorordnung der Gerechtigkeit vor die Beschneidung, sondern theologisch
aus dem Widersinn des Gegenteils. Ist die Gesetzesleistung Bedingung der Erbschaft,
dann ist der Glaube leere Einbildung geworden und die Verheißung wirkungslos
- denn wer kann das Gesetz erfüllen? Hier gilt also im Unterschied zum Judentum,
für das Gesetz und Verheißung eng zusammengehören, ein strenges Entweder-Oder:
entweder Verheißung und Glaube - dann hat das Gesetz keine entscheidende Bedeu-
tung; oder das Gesetz, gesetzliche Leistung - dann kann von Verheißung und Glaube
13 keine Rede sein. Das Gesetz ist wahrhaftig kein Mittel, das verheißene Heil zu
ererben, wie die jüdische Theologie meinte, es bringt vielmehr im Gegenteil Zorn
zustande. Denn wer sich mit dem Gesetze einläßt, übertritt es auch und ruft Gottes
Zorn wider sich herauf. An dem Gesetze soll das vorhandene Böse bewußte Über-
tretung werden nach Gottes Willen (7, 7 ff.). Aber wo kein Gesetz, da auch keine
16 Übertretung, da auch kein Zorn - da hat eine Heils-Verheißung Sinn. Noch einmal
wiederholt Paulus den Gedanken in scharf geprägtem Ausdrucke. Die Verheißung
soll nicht unsicher, sondern fest sein, und zwar für alle Kinder Abrahams; dann muß
sie aber auf Gottes Gnade stehen, und das heißt wieder: dem Glauben zuteil
werden. Nun steht sie fest für alle Abrahamskinder, nicht nur für die wie Abraham
nach dem Gesetze Beschnittenen (die als solche zum Glauben gleich Abraham ge-
kommen sind), sondern auch für die lediglich wie Abraham Glaubenden, also für
Juden und Heiden, während der Weg der Gesetzeswerke die Ausschließung der Heiden
bedeutet hätte. Nach dem Wortlaut von V. 16 könnte es scheinen, Paulus stelle hier
die Juden und die Christen - aus Juden und Heiden - als Nachkommenschaft Abra-

hams zusammen, denn er sagt nicht, daß es sich um die glaubenden Juden handelt, sondern bezeichnet sie nur als „vom Gesetz Herkommende". Aber der Zusammenhang legt nahe, daß Paulus ebenso wie in V.11 und 12 von den beiden Gruppen
der Christenheit, Judenchristen und Heidenchristen, spricht. Abraham ist also, so betont 17
Paulus noch einmal (s. V.11), unser aller Vater, d.h. der Vater aller Glaubenden, der Juden- und Heidenchristen - das Recht, ihn als Vater auch der Heiden zu fassen, gibt die Schriftstelle 1. Mose 17,5. Die Erinnerung an diese Stelle führt den Gedankengang weiter. Bisher hat Paulus gezeigt, daß es sich schon im Alten Testament um Glaubensgerechtigkeit, um Verheißung auf Grund des Glaubens handelt; jetzt (V.17-25) weist er nach, daß auch Art und Inhalt des Glaubens bei Abraham und den Christen gleich sind - Abraham erweist sich auch insofern, durch die Gleichartigkeit seines Glaubens, als der Vater der Christ-Gläubigen. Paulus denkt daran, wie das Gotteswort 1. Mose 17,5 damals aller Wirklichkeit weit vorausgriff: Gott redete Abraham als Vater vieler Völker an, ehe Abraham einen Sohn hatte. „Vor Gott" allein war Abraham damals der Vater der Gläubigen, nicht vor den Menschen, nicht nach seiner eigenen Erfahrung. In der Wirklichkeit war seine Vaterschaft noch schlechthin verborgen, ja unmöglich und lächerlich, da Abrahams und seiner Frau Geschlechtskraft bei ihrem hohen Alter längst erstorben war (V.19). Die Verborgenheit und menschliche Unmöglichkeit, die dieses „vor Gott" bedeutete, gab Abraham Raum zum Glauben. Dieses Glaubens Wesen zu kennzeichnen hebt Paulus jetzt an. Wie der Schöpfer, so steht auch der Glaube vor dem Nichts. Glaube ist so paradox wie das Verheißungswort des Schöpfers. Daß Gott Abraham als Vater anredet, ist paradox, wider den Augenschein, Setzung des Schöpfers aus Nichts, der Tote zum Leben ruft (Paulus gebraucht Formeln, die auch in jüdischen
Gebeten vorkommen). Dieses Paradox der Verheißung kann nur im Paradox des 18
Glaubens bejaht und erfaßt werden, in dem Wagen wider alle geschichtliche Möglichkeit auf Gottes Wort als das Wort des Schöpfers, dessen Macht und Möglichkeiten unbegrenzt sind. So hat Abraham geglaubt: er hat es wider alles menschliche Erwarten gewagt auf das menschlich betrachtet so lächerliche (1. Mose 17,17), unglaubliche Wort Gottes, das ihn als Vater vieler Völker anredete und Nachkommen wie
die Sterne des Himmels versprach. Solcher Glaube steht in unerhörter Spannung. 19
Denn der Glaubende träumt nicht unwahrhaftig über die offenkundige menschliche Wirklichkeit, ihre Möglichkeiten und Unmöglichkeiten hinweg, sondern sieht ihr nüchtern ins Auge. Abraham täuschte sich nicht, sondern war sich klar darüber, daß er und Sara geschlechtlich tote Leute waren, außerstande ein Kind zu zeugen. (Die Lesart, der Luthers Übersetzung folgt: „er sah auch nicht an seinen eigenen Leib", verflacht durch die Einfügung des „nicht" den Ernst und die Tiefe der Beschreibung
des Glaubens.) Unter diesem Drucke der Wirklichkeit hätte Abrahams Glaube wohl 20
erlahmen können, aber er wurde im Gegenteil eben unter diesem Drucke stark. Abra-
ham hatte Gottes Verheißung nicht bezweifelt, sondern hat Gott die Ehre angetan, 21
ihn als Gott zu behandeln, d.h. seiner Verheißung unerschütterlich zu vertrauen, als dem Worte dessen, der als der schöpferische Herr der Wirklichkeit halten kann, was er verspricht, bei dem das menschlich Unmögliche möglich und wirklich wird. Daß Abraham in einer - menschlich angesehen - hoffnungslosen Lage von Gott, dem Schöpfer aus Nichts, das Unmögliche zu erwarten wagte, daß er darin Gott die Ehre seiner

Gottheit gegeben hat - nur im unbedingten Vertrauen wird Gott als Gott geehrt -,
22 das hat Gott ihm zur Gerechtigkeit angerechnet. Abraham ehrt Gott im Glauben,
Gott ehrt ihn um seines Glaubens willen.
23 Abrahams Glaube und Rechtfertigung ist aber nichts Vergangenes, sondern höchst
Gegenwärtiges. Das Wort der Schrift über seine Glaubensrechtfertigung bezieht sich
24 nicht auf ihn, sondern auch auf uns; denn auch wir sollen gerechtfertigt werden
durch einen Glauben, der in dem seinen vorgebildet und ihm in dem entscheidenden
Zuge gleichartig ist. Wie Abraham glaubte an den Gott, der die Toten lebendig macht
(V.17), so glauben wir an den Gott, der unseren Herrn Jesus von den Toten auf-
25 erweckt hat (vgl. 10,9). Auch des Christen Glaube steht, wie der Abrahams (V.19),
dem Tode gegenüber, nämlich der eigenen Verlorenheit und Verfallenheit in Gottes Gericht als „Gottloser" (V.5). Abraham empfing die Verheißung, die Christen empfangen das Zeugnis von Jesu Auferweckung. Auch der Christ glaubt angesichts des Todes an das Leben: in Christi Auferweckung darf er, der in Christi Tod Gerichtete, seine Rechtfertigung ergreifen. Wie Christus um unserer Sünde willen, zur Sühne für sie (3,24 ff.; 2. Kor. 5,21) sterben mußte, so ist er auferweckt, weil Gott auf Grund der geschehenen Sühne uns die Rechtfertigung gewährt. Weil Gott die Sühne annimmt, weil das Gericht über Sünde und „Fleisch" (8,3) vollzogen ist, erweckt er Jesus. Ohne die Auferweckung wäre die Rechtfertigung nicht wirklich (s. 1. Kor. 15,17). Obgleich also Paulus die Rechtfertigung in Christi Tod geschehen weiß (5,9), hängt der Rechtfertigungsglaube am Osterzeugnis, ist Osterglaube, d. h. ganz geschichtsbezogen; der Osterglaube, die Gewißheit um die Heilstatsache, ist Rechtfertigungsglaube, d. h. ganz und gar auf die eigene Existenz vor Gott bezogen und nur in dieser Beziehung lebendig. Die geschehene „Heilsgeschichte" ist für den Menschen wirklich nur als gegenwärtige Entscheidung in seiner eigenen Geschichte.

V.25 mit seinen beiden parallelen Aussagen scheint ein schon liturgisch-geprägter Bekenntnis-Satz zu sein, den Paulus aus der Urgemeinde überkommen hat. Er zeigt den Einfluß von Jesaja Kap. 53, das für den Ursprung der Kreuzes-Theologie viel bedeutet hat, wohl schon bei Jesus selbst (Mk. 14,24).

Das Alte Testament bei Paulus (vgl. die A. hinter Gal. 4)

Das Alte Testament, die Heilige Schrift des Judentums, ist unbedingte Autorität wie für den Juden, so auch weiter für den Christen Paulus. Es ist für ihn der eine und selbe Gott, der in der Schrift und der in Jesus Christus geredet hat, es ist die eine und selbe Geschichte seines Waltens, bei aller Verschiedenheit, von dem alten Bunde mit Israel an bis zu dem neuen (2. Kor. 3,6) in Jesus Christus. Daher sucht Paulus seine Verkündigung des Evangeliums ständig aus dem Alten Testament zu belegen, s. die vielen Zitate. Sein Evangelium kann für ihn selbst und für seine Hörer, die Juden und die Proselyten, denen das Alte Testament das heilige Buch Gottes ist, nur dann gültige Gotteswahrheit sein, wenn es mit diesem Buche nicht im Streite liegt, sondern zu ihm stimmt und von ihm bestätigt wird. Daher die Betonung, daß es von dem Alten Testament schon voraus angekündigt und bezeugt wird (Röm. 1,2; 3,21).

Aber nun ist Christus da als die schlechthin bestimmende Wirklichkeit für den Apostel. Nun kann er, anders als in seiner Zeit als Jude, das Alte Testament nicht mehr ohne Christus, sondern nur mit ihm, von ihm her lesen. Christus ist ihm der

Schlüssel zum rechten Verständnis des Alten Testamentes. Von Christus her in die Schrift schauend, findet Paulus ihren eigentlichen Sinn an Stellen wie 1. Mose 15,6 und Hab. 2,4 (s. Röm. 1,17) ausgesprochen. Von hier aus wird alles andere entweder außer Kraft gesetzt, beiseite gelassen oder als Weissagung, Gleichnis und Hülle für das Evangelium genommen.

Im Lichte der Erkenntnis Jesu Christi, wie sie ihm, dem Pharisäer, vor Damaskus aufgegangen ist, sieht der Apostel nun in der Schrift einen großen Unterschied: sie enthält einerseits Gesetz, andererseits Verheißung (Röm. 4,13 ff.). Im Alten Testament und für das Judentum gehören das Gesetz und die Verheißung eng zusammen, ja sie liegen ineinander; für Paulus treten sie gemäß seinem Verständnis Christi auseinander. Sie kommen im Lichte Christi ganz verschieden zu stehen. Das Gesetz wird durch Christus abgelöst (Röm. 10,4). Es hatte und hat seinen Sinn - anders als er im Alten Testament selbst verstanden wird - allein darin, die Sünde zu mehren und damit der Gnade Christi entgegenzuführen (Gal. 3,19; Röm. 5,20). In der Verheißung aber, z. B. in der an Abraham, geht schon das Licht des Evangeliums auf, in einer Vorgestalt. In der gnädigen Verheißung ist der Gott des Evangeliums schon gegenwärtig, da gibt es schon Menschen wie Abraham, welche Gottes Zusage im Glauben empfangen und darin ihre Gerechtigkeit und das Heil haben. So ist das Alte Testament nicht nur hin auf Christus, sondern dieser ist in ihm mit einer Vorgestalt schon gegenwärtig (1. Kor. 10,4). Was diese besagt, erfüllt sich ganz erst an den Christgläubigen. So trägt Paulus das Evangelium schon in das Alte Testament zurück: die Texte meinen schon das Evangelium. Auf diese Weise nimmt er das Alte Testament dem Judentum und gibt es der Christenheit aus Juden und Heiden als ihr heiliges Buch.

Die Methode, mit der Paulus das durchführt, hält sich formal ganz im Rahmen der rabbinischen Schriftauslegung seiner Zeit, der Haggada. Er liest das Alte Testament nicht wie wir heute, „geschichtlich", d. h. nach dem Wortsinn und seinem jeweiligen geschichtlichen Ort. Wie seine Zeitgenossen verwendet er einzelne Schriftstellen ohne Rücksicht auf ihren ursprünglichen Sinn und Zusammenhang zum Ausdruck und zur Begründung seiner Gedanken, deutet sie typologisch auf Christus, bietet Allegorien (z. B. Gal. 4,22 ff.). Er nimmt Stellen, die in eine vergangene geschichtliche Lage Israels gehören, als Wort unmittelbar an die Gegenwart (s. Röm. 15,4). Er gewinnt aus den Texten durch Verknüpfung mit anderen und durch Schlußfolgerungen kraft rabbinischer Logik neue theologische Erkenntnisse. Mit alledem deutet er die Texte weithin um, wider ihren geschichtlichen Sinn. Diese Methode ist für uns unmöglich geworden, sie bindet uns nicht, und wir können uns ihrer nicht bedienen. Das heißt aber: der „Schriftbeweis", wie Paulus und das Neue Testament ihn mit der rabbinischen Methode unternehmen, ist für uns unwiederholbar. Er versagt, weil er die Texte, mit denen er begründen will, umdeutet.

Aber der Grundgedanke, den Paulus mit der für uns vergangenen Methode ausdrücken will, ist für die Christenheit auch heute unaufgebbar: nämlich daß wir im Glauben an Jesus Christus das Alte Testament und die in ihm bezeugte Geschichte Gottes mit seinem Volk nicht anders verstehen können als auf Christus hin zielend und in ihm zum Ziele kommend; daß demgemäß Jesus Christus Maßstab und Schlüssel ist, mit dem die Autorität des Alten Testamentes begründet und begrenzt wird. Im Lichte Christi sehen wir den inneren Zusammenhang zwischen dem Alten Testament und dem Evangelium, kraft dessen die beiden Testamente für uns unlöslich zusammengehören, aber auch den Widerstreit, kraft dessen man wie das Judentum mit dem Alten Testament in der Hand an Jesus Christus vorbeigehen kann. Weil es die messianischen Weissagungen des Alten Testamentes wörtlich versteht, kann es nicht zugeben, daß sie in Jesus von Nazareth erfüllt sind.

Abraham. Das Bild Abrahams und seiner Geschichte, wie Paulus es bietet - Abraham als Vater der Glaubensgerechtigkeit - ist nicht das des Alten Testamentes. Paulus liest in die Abrahams-Geschichte das Evangelium und den rechtfertigenden Glauben hinein. Damit gibt er der alttestamentlichen Darstellung in schöpferischer Umdeutung aus dem Geiste des Evangeliums einen Sinn, der in ihr nicht liegt, jedenfalls nicht den Ton hat.

Paulus stellt in seiner Auslegung von 1. Mose 15, 6 (Röm. 4, 3; Gal. 3, 5. 6) bei der Rechtfertigung Abrahams Glauben und Werke als die beiden einander ausschließenden Wege gegenüber. Davon ist im Text nicht die Rede. Für das Alte Testament und das Judentum gilt dieses Entweder-Oder nicht: Glaube und Werk gehören zusammen als der eine und selbe Gehorsam gegen Gott. Das Gleiche gilt von dem Verhältnis von Verheißung und Gesetz im Alten Testament und bei Paulus: für das Alte Testament bilden sie nicht einen Gegensatz wie bei Paulus, sondern eine Einheit. Paulus legt Gewicht darauf, daß in der Folge der alttestamentlichen Erzählung die Rechtfertigung Abrahams seiner Beschneidung voraufgeht - auch in dieser zeitlichen Priorität erscheint der sachliche Vorrang der Rechtfertigung vor dem Gesetz. Aber es ist erst Paulus, der diesen Akzent setzt, die Erzählung ist hieran offenbar nicht interessiert.

Der Apostel knüpft gewiß an das Abraham-Bild des Alten Testaments und des Judentums an. Der elohistische Erzähler von 1. Mose 15 hebt den Glauben Abrahams und seine Bedeutung stark, im Alten Testament einzigartig, hervor. Insofern hat es guten Grund, wenn Paulus jenen Vers heranzieht. Aber der Glaube Abrahams, mit dem er das Wohlgefallen Gottes hat, weil er die rechte Haltung Gott gegenüber ist, unterscheidet sich doch noch wesentlich von dem rechtfertigenden Glauben an das Evangelium, den Paulus hier findet, dem Glauben, der von jeder menschlichen Verfassung und eigenen Leistung absieht und sich zu dem Gott bekennt, der „den Gottlosen gerechtspricht". So bedeutsam Abrahams Glaube ist, er steht im Alten Testament noch nicht unter der paulinischen Alternative „Glaube oder Werk". Der rechtfertigende Glaube bekommt seine Bestimmtheit im Sinne des Evangeliums erst angesichts des Kreuzes Christi. So ist der Glaube Abrahams, wie das Alte Testament ihn sieht, noch nicht die Vorgestalt des Glaubens an Jesus Christus, wie der Apostel ihn versteht. So hat auch die „Anrechnung" von Abrahams Glauben „zur Gerechtigkeit" in der Erzählung 1. Mose 15, also die Anerkennung durch Gott, nicht den totalen Charakter wie im Evangelium. Paulus datiert den Glauben im Sinne des Evangeliums und die in ihm gemeinte Gerechtigkeit aus dem Glauben in die Abrahams-Geschichte zurück. Abraham wird Urbild des rechtfertigenden Glaubens. Dieses Bild ist eine aus dem Glauben an das Evangelium geborene theologische Neuschöpfung des Apostels.

Wenn Paulus das Evangelium und die Rechtfertigung schon vor dem Gesetz in der Geschichte Abrahams findet, so drückt er damit eine Erkenntnis aus, die für alle wahrhaft christliche Theologie unerläßlich ist: das Evangelium samt dem Glauben ist nicht erst ein zweiter, ein Notweg, den Gott mit der unter dem Gesetz stehenden Menschheit gehen muß, weil sie am Gesetz scheitert; vielmehr: das Evangelium, der Weg des Glaubens ist Gottes erster und ursprünglicher Wille. Am Anfang steht nicht das Gesetz, sondern das Evangelium. Es ist früher, ursprünglicher als das Gesetz.

Der Glaube. Der „Schriftbeweis" aus der Geschichte Abrahams dient Paulus dazu, das Wesen des Glaubens in seinen entscheidenden Zügen darzustellen; Röm. 4 ist die klassische Belegstelle für sein Verständnis des Glaubens. Evangelium und Glaube, Gnade und Glaube, „Verheißung" und Glaube gehören bei Paulus unlöslich zusammen. Der Gnade Gottes entspricht auf seiten des Menschen der Glaube, nur der Glaube. Glaube ist die Haltung des Menschen, in der er vor Gott leben will, nicht mehr im Vertrauen auf sein eigenes Sein, Tun, Haben, sondern allein im Vertrauen auf Gottes in Christi Geschichte gewirkte, im Evangelium bezeugte gnädige Heilstat. Unser Kapitel hebt am Wesen des Glaubens besonders hervor: 1. Glauben heißt, sich wider allen Augenschein an das Wort der *Verheißung* Gottes halten (V. 17 ff.). 2. Glauben heißt: da wo der Mensch, menschlich angesehen, vor dem Nichts, vor dem Tode steht, Gott in seiner Gottheit, als den Schöpfer aus dem Nichts, aus dem Tode ernst nehmen (V. 17; 20 f.). 3. Der Glaube, obgleich menschlicher Gehorsams- und Vertrauensakt, ist doch kein „Werk", keine Leistung, sondern gerade der Verzicht darauf, eine solche - etwa auch sich selbst als eine solche - vor Gott geltend zu machen; er ist die Haltung des rein empfangenden, rein erleidenden Ja zu Gottes Handeln mit dem Menschen (V. 3 ff.). - Niemand in der Kirche hat dieses Wesen des Glaubens, wie Paulus es zeigt, wieder so tief verstanden, so hell zur Geltung gebracht wie Luther. Was Luther und das lutherische Bekenntnis lehren über das Wesen des Evangeliums als „Verheißung" im Gegensatz zum Gesetze, über die Zusammengehörigkeit und Wechselbeziehung von Verheißung und Glaube (Apologie des Augsburgischen Bekenntnisses, IV § 50), über den Glauben als die einzig wahre Ehrung Gottes, ist aus Röm. 4, vor allem aus V. 16 und V. 20 geschöpft.

2. Die Glaubensgerechtigkeit als Heil 5,1-21

a) Die Gerechtfertigten haben Gewißheit des endlichen Heils 5,1-11

**1 Sind wir nun auf Grund des Glaubens gerechtfertigt, so haben wir Frieden mit Gott
durch unsern Herrn Jesus Christus, 2 durch den wir ja den Zugang im Glauben zu unserem
jetzigen Gnadenstande erlangt haben, - und rühmen uns der Hoffnung auf die Herrlichkeit
Gottes. 3 Und nicht das allein, sondern wir rühmen uns auch der Bedrängnisse, in der
Gewißheit, daß die Bedrängnis Geduld wirkt, 4 die Geduld Bewährung, die Bewährung
Hoffnung; 5 die Hoffnung aber läßt nicht zuschanden werden, denn die Liebe Gottes ist
(schon) ausgegossen in unsere Herzen durch den Heiligen Geist, der uns gegeben ist. 6 Ist
doch Christus, als wir noch schwach waren, für uns damals noch Gottlose gestorben. 7 Denn
(sonst) wird kaum einer für einen Gerechten sterben - doch, für den Guten zu sterben mag
sich vielleicht einer entschließen. 8 Gott aber beweist seine Liebe zu uns dadurch, daß, als
wir noch Sünder waren, Christus für uns starb. 9 Um wieviel mehr werden wir, wo wir**

jetzt durch sein Blut gerechtfertigt sind, durch ihn dann gerettet werden vor dem Zorn! 10
Denn wenn wir als Feinde Gottes, mit Gott versöhnt wurden durch den Tod seines Sohnes,
um wieviel mehr werden wir, als nunmehr Versöhnte, gerettet werden durch sein (Christi)
Leben – 11 nein, nicht nur (als Versöhnte), sondern als solche, die sich Gottes rühmen durch
unseren Herrn Jesus Christus, durch den wir jetzt die Versöhnung empfangen haben.

Mit 5,1 beginnt ein neuer Abschnitt (s. die Zusammenfassung des Bisherigen in der 1. Vershälfte). Das Thema 1,16f. ist soweit entfaltet, daß Paulus in 3,21-4,25 gezeigt hat: durch das Evangelium wird dem Glauben Gerechtigkeit zuteil. Jetzt gilt es, auch den zweiten Gedanken des Themas auszuführen: daß diese Gerechtigkeit *Heil* (Rettung) und *Leben* bedeutet, daß das Evangelium also wirklich „Kraft zur Rettung" (1,16) ist.

1 V. 1 schließt unmittelbar an 4,25 an. Gerechtfertigt sein bedeutet: Frieden haben
mit Gott. Ohne Christus herrscht zwischen Gott und den Menschen Feindschaft (V. 10),
Kampf. Der Mensch steht wider Gott und der heilige Gott ist wider den Sünder. Nun
aber hat der Kampf ein Ende. Denn wir sind durch den Glauben gerecht und darum,
als die Gerechten, im Frieden mit Gott. (Die Lesart: „Laßt uns Frieden halten mit
Gott" ist zwar gut bezeugt, kann aber angesichts des ganzen Zusammenhanges nur
als eine Entstellung des Paulinischen Gedankens beurteilt werden; ihr Entstehen
ist aus der damaligen griechischen Aussprache leicht erklärbar.) Der Friede mit Gott
ist mehr als eine Stimmung der Seele, er ist wie der Kampf und die Feindschaft ein
Verhältnis, das dann freilich auch das Lebensgefühl und die Stimmung des
2a Menschen bestimmt. Der Mittler des Friedens ist Christus; er hat uns den Zugang
zu dem Gnadenstande, in dem wir jetzt stehen, im Glauben eröffnet (schwerlich fügt
Paulus mit V. 2a zu V. 1 etwas Neues hinzu, zu Christi Vermittlung der Gerechtig-
keit etwa die Hinzuleitung zu ihr durch die Mission; das „auch" des Ur-Textes hat
den Sinn eines begründenden „ja"). Mit dem Frieden ist dann aber die Bürgschaft
2b gegeben, daß uns einst die jetzt noch entbehrte Herrlichkeit, die Gott eignet (2,7ff.;
3,23), d. h. der Anteil an seinem ewigen Leben, zuteil wird. Um der Sünde willen
fehlt den Menschen die Herrlichkeit; wo Gerechtigkeit ist, da kann auch die Herrlichkeit
nicht ausbleiben. Noch haben wir sie nicht, noch ist sie nur Gegenstand der Hoffnung,
aber wir können ihrer mit Gewißheit harren – dessen rühmen wir uns, das ist unser
Stolz, unsere Ehre und Freude. (Von der kommenden Herrlichkeit handelt Paulus
3 weiter in Kap. 8.) Die Zukunft liegt im frohen Lichte der Hoffnung. Aber bleibt nicht
die Gegenwart dunkel? Sie ist voller Bedrängnisse, derer, die die Christen mit allen
Menschen teilen, und derer, die der Christenstand besonders mit sich bringt. Lähmen
diese Leiden nicht die Freudigkeit? Im Gegenteil: sie sind selber paradox Gegenstand
freudigen Rühmens für den Christen, denn sie führen ja auf sicherem Wege der
4 kommenden Herrlichkeit entgegen. Sie befestigen also die Hoffnung. Je mehr Druck,
desto mehr Tragkraft; je mehr Tragkraft, desto mehr Bewährung; je mehr Bewäh-
rung, desto mehr Hoffnung – denn jede Bewährung bedeutet ein Vorzeichen des
endlichen, völligen Sieges –, Hoffnung, die nicht zuschanden werden läßt, der die
Herrlichkeit gewiß zuteil wird. Eine wundervolle, festgeschlossene Kette (vgl. 8,29),
die von den Leiden zur Herrlichkeit führt! Paulus spricht im Glauben und allein
von dem Glaubenden – denn gälte sonst so einfach, daß Bedrängnis Tragkraft,

Geduld wirkt? Bei dem Glaubenden aber stehen Glaube bzw. Hoffnung und Leben
in Wechselwirkung: Glaube und Hoffnung bestimmen das Leben, und wiederum:
Glaube und Hoffnung wachsen im Leben, durch das Leben. Das letzte Glied der 5
Kette („Hoffnung läßt nicht zuschanden werden") ist fest verankert in dem Pfeiler
der Erfahrung: wir haben die göttliche Liebe überwältigend erfahren in dem
Geschenk des Heiligen Geistes: da hat die Liebe Gottes zu uns sich in uns aus-
geschüttet. Seit wir gläubig sind, so will Paulus sagen, ist uns ein neues Fühlen,
Erkennen, Wollen geworden. An die Stelle sündlich-menschlicher Bestimmtheit ist die
Bestimmtheit durch Gottes Geist getreten, die Erstlingsgabe der kommenden Welt
(8,23). Solches Wunder des Heiligen Geistes in unseren menschlichen Herzen ist die
greifbar gewordene Liebe Gottes. Paulus sagt nicht nur, daß die Gewißheit der
Liebe Gottes in das Herz gegeben ist durch den Heiligen Geist, sondern: die Liebe
selbst ist in die Herzen geflossen. Der Geist wirkt nicht nur die Gewißheit der Liebe,
sondern er als Gabe ist die unmittelbar gewisse Wirklichkeit der Liebe Gottes.
Sie wird nicht nur durch ihn gewiß, sondern an ihm erlebt. Diese Liebe wird uns
auch vollenden, das Geschenk des Heiligen Geistes ist das Pfand dafür. Die katholi-
sche Auslegung seit Augustin läßt Paulus hier von der Liebe zu Gott reden. Aber
der Zusammenhang, vor allem V. 8, in dem Paulus ja die Größe der Liebe Gottes
preist, verbietet diese Deutung. Sachlich hat sie nur insoweit recht, als Paulus durch
Gottes Liebe im Menschen die Liebe zu Gott entzündet weiß. „Die Liebe ist für
Paulus nicht ein Strahl, der von einem Punkte zu einem anderen gelangt, sondern
einer, der im stetigen Zurückgeworfenwerden hin und her geht." (A. Schweitzer.)

Paulus zeigt noch in anderer Weise, inwiefern es Liebe Gottes ist, was wir 6
erfahren haben. Christus starb für uns, als wir noch Schwache, zum Guten ohn-
mächtig, ja Gottlose waren (der Satz ist umständlich gebaut, Paulus ringt mit der
Sprache; er hebt die Liebes-Unwürdigkeit derer, für die Christus starb, doppelt her-
vor.) Sterben für Gottlose, das ist unerhört. Man vergleiche es nur mit dem, was 7
unter Menschen geschieht. Unter Menschen läßt man kaum für einen Gerechten sein
Leben. Oder vielleicht - Paulus verbessert sich in V. 7b - mag ein solcher Tod für
einen Guten (der Gute, der Gütige steht höher als der Gerechte) wohl vorkommen.
Paulus mißt die Möglichkeiten unseres Menschseins ehrlich aus. Er denkt nicht
daran, das Menschliche zur höheren Ehre Christi zu verkürzen und zu verkleinern. Es
gibt unter uns Menschen relativ „Gute", die Dank und Liebe zu wecken vermögen
bis zur Hingabe des Lebens für sie. Es gibt, wenn auch selten, Menschen, die bereit
sind, für solche sich zu opfern. Das ist gewiß nichts Geringes - und doch nicht zu
vergleichen mit dem, was Christi Sterben bedeutet. Wo ein Mensch sich für den
anderen opfert, da ist dieser, menschlich genommen, der Liebe und des Opfers wert.
Aber vor Gott sind auch die „Gerechten" und „Guten" „Sünder", der Liebe und
des Opfers nicht würdig. Für solche hat Christus sich geopfert: Gott ließ Christus 8
sterben für uns, als wir noch Sünder waren - was ist das anderes als das Wunder
seiner göttlichen Liebe, das alle Menschenmöglichkeiten übersteigt? Hat seine Liebe 9
sich der Gottlosen angenommen, wie wird sie dann erst recht den nunmehr durch
Christi Blut gerecht, also gottwohlgefällig Gewordenen gelten und sie im Endgerichte
vor dem drohenden Zorne retten, wieder durch Christus! Jenes erste ist doch das
Größere, Unbegreifliche! Oder, mit anderen Worten (V. 10 ist mit V. 9 parallel): 10

hat der Tod des Sohnes Gottes so viel gewirkt, daß er aus Feinden Gottes, die
wider ihn sind und wider die er ist, Versöhnte gemacht hat, – wieviel mehr wird das
Leben des von den Toten auferweckten (4,25) Sohnes die nunmehr schon Versöhnten
11 im Endgerichte retten und sie damit zur Herrlichkeit (V. 2) führen! Sie haben ja schon
jetzt nicht nur die Versöhnung empfangen, ihr Verhältnis zu Gott ist nicht nur eben
wiederhergestellt, sondern es ist ihnen durch die Erfahrung der Liebe Gottes in
Jesus Christus Freude und Ruhm ihres Lebens geworden. Was Gott in alledem
schon jetzt an ihnen getan hat, ist doch wahrhaftig mehr als was noch aussteht, die
Wende von der Feindschaft zur Versöhnung wahrlich schwerer und größer als der
Schritt von dem jetzigen Versöhntsein zur endgültigen Errettung! Haben die Christen
das Wunder der Feindesliebe Gottes erfahren, so ist ihnen jetzt, da sie Gottes
9 Freunde geworden sind, seine vollendende Liebe ganz gewiß. Wie sollten sie sich
dann fürchten vor der Zukunft? Freilich, auch sie gehen wie alle anderen Menschen
dem „kommenden Zorn" (1. Thess. 1,10), von dem schon die Propheten und Johannes
der Täufer (Mt. 3,7) sprachen, dem Endgerichte entgegen mit seinem schweren, auch
sie bedrohenden Ernste. Aber in Gottes Gerichte steht der gleiche Christus, durch
den sie versöhnt sind, als der Lebendige für sie ein. Er ist der Mittler ihres Heils
in der Gegenwart und Zukunft.

Paulus hat so die Gegenwart und die Zukunft des Christen ins Verhältnis zueinander gesetzt. Die Zukunft stellt noch eine besondere Frage, denn es kommt der Tag des Zornes Gottes. Aber die Frage findet ihre Antwort aus dem, was die Gegenwart schon von Gottes Liebestat an den Christen zeigt, durch einen Schluß vom Schwereren auf das Leichtere.

Rechtfertigung und Versöhnung. In V. 1 und 9 nennt Paulus die schon geschehene Heilstat Gottes Rechtfertigung, in V. 10 Versöhnung. Die beiden Begriffe entsprechen einander und bezeichnen zuletzt das gleiche Geschehen. Vom Evangelium wird das eine Mal gesagt, daß es die Gerechtigkeit Gottes offenbart (1,16 f.), das andere Mal, daß es das „Wort der Versöhnung" ist (2. Kor. 5,19). Christi Werk wird das eine Mal als Rechtfertigung (3,24), das andere Mal als Versöhnung bezeichnet (5,11). Der Begriff Rechtfertigung stammt aus der Sphäre des Rechts, der Begriff Versöhnung aus dem Gebiete persönlicher Verhältnisse. Wie sie sachlich einander gleichstehen, wird daran deutlich, daß Paulus das eine Mal (2. Kor. 5,14–21) von der Versöhnung zur Rechtfertigung, das andere Mal (hier) von der Rechtfertigung zur Versöhnung übergehen kann. Die Versöhnung verwirklicht sich als Rechtfertigung, die Rechtfertigung bedeutet Versöhnung.

b) Christi allumfassende Heilsbedeutung; Adam und Christus 5,12–21

12 Darum (gilt): gleichwie durch e i n e n Menschen die Sünde in die Welt hineinkam und durch die Sünde der Tod und auf diese Weise der Tod zu allen Menschen hindurchdrang, weil sie alle sündigten – nämlich: 13 (schon) vor dem Gesetz war Sünde da in der Welt, Sünde aber wird nicht angerechnet, wenn kein Gesetz da ist; 14 aber (dennoch) hat der Tod seine Herrschaft ausgeübt von Adam bis Mose auch über die, die nicht gleich der Übertretung Adams gesündigt hatten – der das Vorbild des zukünftigen (Adam) ist. 15 Aber (nun gilt) nicht (einfach): wie der Fall, so auch die Gnadengabe. Denn wenn durch des einen Fall die vielen starben, so ist erst recht die Gnade Gottes und das Gnaden-Geschenk

des einen Menschen Jesus Christus über die vielen reichlich gekommen. 16 Und ebenso-
wenig (kommt) die Gabe entsprechend dem, was durch des einen Sünde geschah. Denn das
Gericht kam von dem einen (oder: von dem einen Fall) her und führte zur Verurteilung; die
Gnadengabe aber kommt von vielfachem Fall her und führt zur Rechtfertigung. 17 Denn
wenn durch den Fall des einen der Tod zur Herrschaft kam von jenem einen her, so werden
erst recht die, welche den Reichtum der Gnade und des Geschenkes der Gerechtigkeit emp-
fangen, im Leben herrschen durch den einen, Jesus Christus! 19 Also: wie es durch *einen*
Fall für alle Menschen zur Verurteilung kam, so wird es auch durch *eine* Rechttat für alle
Menschen zu lebenwirkender Gerechtsprechung kommen. Denn wie durch den Ungehorsam
des einen Menschen die vielen zu Sündern gemacht wurden, so werden auch durch den
Gehorsam des einen die vielen zu Gerechten gemacht werden. 20 Das Gesetz aber ist
daneben hineingekommen, damit der Fall ganz groß werde. 21 Wo aber die Sünde ganz
groß wurde, da ist die Gnade überschwenglich reich geworden; damit, wie die Sünde geherrscht
hat durch den Tod, so auch die Gnade herrsche durch die Gerechtigkeit zum ewigen Leben
durch Jesus Christus unseren Herrn.

Paulus ist auf der Höhe des Gedankenganges angelangt und schaut nun zurück. Alles, was er über die Rechtfertigung und Gewähr des Lebens für alle in Christus gesagt hat, faßt er noch einmal zusammen in Form der großen Gegenüberstellung: Adam und Christus. Christus das Gegenbild Adams: von Adam her kommt Sünde und Tod über die ganze aus ihm geborene Menschheit, von Christus her Gerechtigkeit und Leben über die ganze, ihm im Glauben angegliederte Menschheit. Allumfassende Wirkung der Sünde und des Todes, allumfassende Wirkung der Gnade und des Lebens! Adam und Christus - das ist die große Polarität und doch zugleich Parallelität der Weltgeschichte in ihrem Doppelcharakter als Unheils- und Heilsgeschichte.

Der Hinweis auf die Entsprechung von Christus und Adam will aber nicht nur zusammenfassender Ausdruck für die bisher verkündigte Bedeutung Christi, Lobpreis seiner überragenden Lebensmacht sein, sondern er soll im Sinne des Paulus zugleich das Bisherige, das Zeugnis von der umfassenden Heilswirkung Christi, noch gewisser machen. Das Gesetz der neuen Weltzeit muß dem der alten Weltzeit entsprechen; Christus muß für die ganze Menschheit Heil und Leben bedeuten - *denn er ist ja der zweite Adam*. Dieser letztere, von Paulus ohne jede Begründung V. 14 in einem angehängten Nebensatz eingeführte Gedanke ist für ihn offenbar ein selbstverständlicher, einer Begründung nicht bedürftiger, sondern selber begründender Satz. (Vgl. die Ausführung S. 57 f.) Sachlich freilich hat er seinen Grund wiederum in dem, was seit 3,21 von Christus ausgesagt ist. So stützt das Ganze sich gegenseitig.

Der Gedankengang des Abschnittes ist nicht einfach. Paulus beginnt in V. 12 mit dem entscheidenden Gedanken der Entsprechung von Christus und Adam, führt ihn hier aber noch nicht durch, sondern, bedrängt von der Notwendigkeit, das in V. 12 Gesagte zu begründen, unterbricht er sich: der Nachsatz zu dem Vordersatze 12 fehlt, dem Sinne nach kommt er in V. 18 f. Nach Erledigung der begründenden Zwischenbemerkung V. 13 f. nimmt Paulus nicht sogleich das V. 12 Begonnene wieder auf, sondern hebt, ehe er die Entsprechung zwischen Adam und Christus nun wirklich darlegt, den großen Unterschied, die Unangemessenheit in der Entsprechung hervor.

Der Hauptgedanke, in dem Paulus in V.12 ansetzt, wird also erst in V.18 und 19 ausgeführt.

12 „Darum", d.h. weil nach allem Vorigen, besonders 5,1-11, der Eine, Christus, Gerechtigkeit und ewiges Heil für alle bedeutet, steht Christus zu Adam in der Entsprechung des völligen Gegensatzes. Des einen Menschen Adam Tat hat umfassende, die ganze Menschenwelt bestimmende Wirkung: mit ihr kommt die Sündenmacht in die Welt. (Paulus knüpft hier an die jüdische Theologie an, aber er leitet die Sünde nicht wie diese vielfach von etwas Vorgegebenem außerhalb des Menschen oder in seiner Natur ab, weder vom Satan noch von dem „bösen Trieb" - das Sündigen ist vielmehr ein unableitbares Geschehen: daß Adam sündigt, das trägt die Sünde in die Welt). Im Gefolge der Sünde kommt entsprechend Gottes Androhung 1.Mose 2,17, die Strafe des Sterbeloses über die Menschheit. Es ergreift alle Menschen, weil - da die Sünde „in die Welt" gekommen ist - alle sündigen (3,9.19). Auf welche Weise dieses Sündigen aller durch Adams Sündigen bedingt, mit ihm gesetzt ist, sagt Paulus nicht. Er denkt wohl, wie zum Teil das Spätjudentum und später die kirchliche Lehre von der Erbsünde, daß das Sündigen von dem ersten Menschen her durch den Erbgang seine Nachkommen erfaßt, als ein Verhängnis, das doch den Charakter personhafter, schuldhafter Tat für das Sündigen nicht aufhebt, sondern einschließt. Einige Ausleger haben die griechische Wendung am Schlusse von V.13, die in der Übersetzung mit „weil" wiedergegeben ist, anders verstanden, als „worauf(hin)" und auf den Tod, von dem unmittelbar vorher die Rede ist, bezogen: auf Grund des verhängten Todesschicksals, das ja den Verlust des wahren Lebens, Geschiedenheit von Gott bedeutet, sündigen die Menschen alle. Aber dieser Gedanke widerspricht dem, was der Apostel sonst über den Zusammenhang von Sünde und Tod lehrt: der Tod kommt aus der Sünde, nicht die Sünde aus dem Todeslose.

13 Der Zusammenhang von Sünde und Tod ist ein unmittelbarer und universaler, er betrifft die gesamte Menschheit. Er gilt nicht etwa nur unter der Herrschaft des Mose-Gesetzes. Das sieht man an der Zeit zwischen Adam und dem Erlaß des Mose-Gesetzes. Auch damals sündigten die Menschen schon; das weiß Paulus aus der Schrift, aus dem Zeugnis des Alten Testamentes über die älteste Geschichte der Menschheit. Aber das ausdrückliche, bestimmte Gottes-Gebot des Mose-Gesetzes war noch nie gegeben (freilich wissen alle Menschen, auch die Nicht-Juden, um die sittliche Norm 1,18ff.; 2,12ff.). Daher konnte für diese Zeit die Sünde auch nicht, wie unter dem Mose-Gesetz, als ausdrückliche Übertretung angerechnet und - nach
14 jüdischer Vorstellung - gebucht werden. Und doch ist nicht nur Adam, der ein ausdrückliches Gebot Gottes übertreten hatte, und sind nicht nur später die Juden, die sich gegen das Mose-Gesetz vergingen, gestorben, sondern auch die Menschen zwischen Adam und Mose, die nicht, wie Adam, ein klares Gebot übertraten, sind alle der Herrschaft des Todes verfallen - weil sie, obgleich nicht „Übertreter" (vgl. 4,15), so doch von Adam her alle Sünder waren, gesündigt haben. Adams Sünde ist - obgleich ihre Gestalt als Übertretung sich nicht sogleich wiederholte - aller Sünde, Adams Tod aller Tod geworden. Paulus zeigt schon hier, wie hernach in V.20, daß das Mose-Gesetz keine entscheidende Epoche in Gottes Geschichte mit der Menschheit setzt. Das Mose-Gesetz führt ihr Verhängnis nicht erst herauf. Die Not der Mensch-

heit ist früher und allgemeiner als die Israels unter dem Gesetz. (Die beiden Verse
13 und 14 sind schwierig zu verstehen; das Vorstehende ist ein Versuch.)

In losem Anschluß fügt Paulus kurz bei, daß Adam den zweiten, von ihm her
gesehen zukünftigen Adam im voraus darstellt: er ist Weissagung auf Christus,
Christus Adams Gegenbild. Damit kehrt Paulus zu dem in V. 12 begonnenen Ver=
gleiche von Adam und Christus zurück. Christi Wirkung ist genau so allgemein und
umfassend, wie die Adams. Aber ehe Paulus diese Entsprechung näher ausführt, 15
hebt er einschränkend die Ungleichheit zwischen Adams und Christi Wirkung hervor,
in drei Sätzen, zweimal in Form eines Schlusses (V. 15. 17), einmal in einfach
behauptender Gegenüberstellung (V. 16). Christi Wirkung überbietet die Adams. Sie
ist viel gewisser, sicherer. Warum? Paulus spricht ein Urteil des Glaubens aus. Der
Glaube weiß, daß mächtiger als menschlicher Fall Gottes und Christi Gnade ist.
Wurde des einen Fall Fluch für die Unzähligen, wieviel mehr muß von dem einen
Menschen Jesus Christus, in dem Gottes Gnade wirklich ist, Segen auf Unzählige
kommen! Noch anders läßt sich die Ungleichheit der Wirkung, die Adam überbietende 16
Macht Christi bezeichnen. Das Gericht Gottes, das alle Menschen unter das Ver=
hängnis Adams stellt, wird durch eine Sünde hervorgerufen und wirkt doch nichts
als Verdammnis. Die Gnadengabe aber hat es mit vielen Übertretungen zu tun
und wirkt doch überall Rechtfertigung. Endlich: Hat des einen, Adams Fall die könig= 17
liche Herrschaft des Todes heraufgeführt, so muß noch viel gewisser der eine, Jesus
Christus, der nicht Urheber der Sünde, sondern Vermittler reicher göttlicher Gnade,
des Geschenkes der Gerechtigkeit ist, für alle, die diese Gabe empfangen, königliche
Herrschaft im ewigen Leben heraufführen. Die Logik des Glaubens, die diesen Ur=
teilen zugrunde liegt, lautet: Gnade ist größer und stärker als Sünde (V. 15), stärker
als das Gericht (V. 16), die Macht des Lebens gewisser als die des Todes (V. 17).
Im zeitgenössischen Judentum, bei den Rabbinen, finden sich ähnliche Schlüsse, auf
Grund des Axioms: das Gute und die Güte überbieten mit ihrer Wirkungskraft die
Sünde und die Strafe. Der Satz V. 17 ist nicht streng parallel gebaut. Man erwartet
als Nachsatz zunächst: „wieviel mehr wird das Leben herrschen". Aber Paulus drückt
durch seine Wendung in 17b fein aus, daß man nicht ebenso wie von einer Herrschaft
des Todes so auch von einer Herrschaft des Lebens über die Menschen reden kann.
Der Tod ist Macht über sie, das Leben Macht in ihnen. Herrscht das Leben, so
herrschen sie selber königlich als die Lebendigen (vgl. 1. Kor. 4,8). So dient die Preis=
gabe des logischen Parallelismus hier der Vertiefung des Gedankens. - Das „Leben"
muß man bei Paulus genau so realistisch verstehen wie den leiblichen Tod, zu dem
es im Gegensatze steht. Nicht nur inneres Leben ist gemeint, sondern mit ihm zu=
sammen eine neue Natur des Menschen, Ganzheit, also auch Leiblichkeit jenseits des
Todes.

Nachdem so die Ungleichheit zwischen Adams und Christi Wirkung dargelegt ist, 18-19
kann Paulus zu dem V. 12 Begonnenen zurückkehren und in den beiden zusammen=
gehörigen V. 18 u. 19 die Entsprechung aufzeigen. Einheit ist der Ursprung der
Wirkung hier wie dort, ein Mensch hier und dort (V. 19), ein Akt hier und dort
(V. 18); Vielheit (V. 19), Allheit (V. 18) ist die Wirkung hier wie dort: Viele,
alle werden in ihrer Existenz entscheidend bestimmt hier wie dort - aber dort ist der
Ursprung Fall (V. 18), Ungehorsam (V. 19), hier Rechttat (V. 18), Gehorsam (V. 19)

Darum ist die Wirkung dort: die ganze Menschheit verfällt der Verurteilung Gottes, weil sie als ganze sündig wird hier: alle werden der Rechtfertigung teilhaftig, die Leben bedeutet, weil sie alle Gerechte werden. Es ist ein Gerichts-Urteil Gottes, durch das Adams Ungehorsam und Christi Gehorsam auf alle übertragen wird; durch das die Menschen als Sünder und als Gerechte „zu stehen kommen", „dastehen". Aber dieses Urteil ist nicht bloße „Anrechnung", schafft kein „Als ob", sondern begründet echte Wirklichkeit: Gott macht die Menschen um Adams willen zu wirklichen Sündern (s. V. 12b), um Christi willen zu wirklich Gerechten. Der Wechsel von „Viele" und „Alle" bezeichnet keinen Unterschied des Sinnes: im semitischen Sprachgebrauch ist „Viele" gleich „Alle" (vgl. schon Jes. 53, 6 u. 12). Die Entsprechung in V. 18 fordert, die Worte „alle Menschen" in 18b bei Christi Wirkung genauso ernst zu nehmen wie in 18a, bei Adams Wirkung. Aber Paulus denkt zunächst an alle Glaubenden (V. 17: „welche den Reichtum der Gnade ... empfangen"). Hier hat die Entsprechung zwischen Adams und Christi Wirkung eine Grenze: die Abkunft von Adam ist eine naturhafte, daher sein Fall unentrinnbares Schicksal für alle; die Herkunft von Christus ist eine geistliche, im Glauben - der Segen, der von Christus ausgeht, kommt zu den Glaubenden. Ob die Gesamtheit der Glaubenden je die gesamte Menschheit einschließlich der Gestorbenen umfassen wird, darüber hat Paulus nicht gesprochen. - Die Zeitform der Zukunft in V. 19b bedeutet nicht ohne weiteres, daß Paulus die Gerechtigkeit nur als künftige denkt, eschatologisch; die Zeitform der Zukunft hat den Sinn einer logischen Folgerung. Wann Gott die vielen rechtfertigt, sagt der Satz nicht. Zur Sache vgl. die A. über die Rechtfertigung am Ende von Kap. 3.

20 Adam und Christus, die Entsprechung und die Ungleichheit ihrer miteinander kämpfenden Wirkungen bis hin zum Siege der Macht Christi - mit dieser Gegenüberstellung will Paulus die ganze Menschheitsgeschichte umfassen. Adam und Christus sind die wesentlichen Epochen; von diesen Polen gehen die entscheidenden Mächte, der Tod und das Leben, auf alle aus. Und das Gesetz? Hat es keine Epoche gemacht? Kommt ihm keine entscheidende Bedeutung zu? Nein, keine, die der Adams und Christi zu vergleichen wäre. Es ist nur von untergeordneter, dienender Bedeutung. Es dient nach Gottes Willen und Absicht (von ihr spricht das „Damit" des Textes) dazu - nicht etwa, wie der Jude wähnte, von der Sünde frei zu machen und zum Leben zu führen, sondern - die von Adam ausgehende Wirkung der Sünde und damit des Todesgerichtes zu steigern (weiteres s. Kap. 7, 7ff.; vgl. Gal. 3, 19) und so die große Krisis, die Überwältigung der zum Vollmaß gesteigerten Sünde durch die noch größere und stärkere Gnade vorzubereiten. Obgleich zunächst offenbar im Dienste der Sünde, damit des Zornes Gottes und des Todes (ein für den Juden und jeden Gesetzesmenschen wahrhaft gotteslästerlicher Satz!) steht das Gesetz zuletzt doch im Dienste der Gnade insofern, als diese sich gerade an der durch das Gesetz mächtig gesteigerten Sünde in ihrer Übermacht erweisen will. So kommt es denn
21 - wie Paulus, den Abschnitt V. 12-19 noch einmal zusammenfassend, schließt -, zu Gottes Ziele, nämlich daß die Herrschaft der Sünde und des Todes (bei der Herrschaft des Todes ist die Sünde die eigentliche Gewalthaberin) abgelöst werde von der in Christus hereinbrechenden Herrschaft der Gnade, die darin besteht, daß dem

Menschen Gerechtigkeit zuteil wird und damit ewiges Leben. Das Reich der Sünde und des Todes geht unter im Reiche der Gnade, der Gerechtigkeit, des Lebens.

Adam und Christus; die Geschichte bei Paulus. Die Entsprechung und das Gegenüber von Adam und Christus ist ein wichtiger Gedanke der Theologie des Paulus (vgl. außer unserer Stelle 1. Kor. 15, 22. 45 ff.); Adam der „erste", „irdische", „seelische" Mensch, Christus der „zweite", „geistliche", „himmlische". Adam ist „Vorbild" Christi, er weist über sich hinaus auf ihn. Paulus nimmt damit ein Thema der zeitgenössischen jüdischen Theologie auf, wandelt es aber zu einer eigenen Gestalt ab. Im zeitgenössischen Judentum findet sich unter iranischem Einfluß die Idee des Ur-Menschen und das Schema des ersten und zweiten Menschen, vor allem bei Philo; die Schöpfung des ersten Menschen las man 1. Mose 1, 27, die des zweiten 1. Mose 2, 7. Aber hier ist der erste Mensch der Idealmensch, die Idee des Menschen im platonischen Sinne; oder auch - die Idee des Menschen verschmilzt mit dem Messiasgedanken - der „erste Mensch" ist der himmlische Menschensohn-Messias; der zweite ist der geschichtliche Adam, der Mensch der ersten Sünde, der Stammvater der Menschheit. Genau umgekehrt bei Paulus: der erste Mensch ist der irdische, der zweite der himmlische, Christus. Paulus bezieht sich auch nicht auf jene beiden Mose-Stellen, sondern deutet nur 1. Mose 2, 7 in rabbinischer Art aus (1. Kor. 15, 45 ff.). Paulus weiß nicht von einem im Himmel vor seiner irdischen Geschichte lebenden Idealmenschen - nie ist Christus ihm der Idealmensch -; himmlischer Mensch heißt Christus (1. Kor. 15, 47 f.), weil der Sohn, der im Himmel bei dem Vater war, in ihm Mensch geworden ist. So steht der Gedanke, wie Paulus ihn vertritt, weitab von der spätjüdischen Spekulation.

Paulus stellt Christus mit Adam zusammen, um seine Bedeutung auszusagen. Die Geistesgeschichte kann Jesus in die Reihe der sittlichen Denker rücken, die Religionsgeschichte vergleicht ihn mit anderen Propheten und Religionsstiftern. Aber die Wirklichkeit Christi, um die der Glaube weiß, wird damit nicht erreicht. Er ist etwas anderes als Denker, Prophet und Religionsstifter. Aber auch Mose und Christus ist nicht der entscheidende Vergleich und das entscheidende Gegenüber. Adam und Christus muß es heißen. Adam allein ist „Typus" Christi. Adam ist der einzige Mensch, dem er gegenübergestellt werden kann, will man seine wahre Bedeutung für die Menschheit aussagen. Adam ist Stammvater der Menschheit, Christus in eben dieser Menschheit Anfänger einer neuen Menschheit. Beide, Christus wie Adam, sind nach Gottes Ordnung durch ihr Sein und Tun Schicksal für die ganze Menschheit. Durch beide werden allbestimmende, über alle einzelnen übergreifende Mächte in der Menschheit wirksam, freilich ganz gegensätzliche, dort Sünde und Tod, hier Gerechtigkeit und Leben. Christus hat eine Weltbedeutung, wie sie nur Adam hatte. Nicht auf die Geistes- oder Religionsgeschichte, aber auch nicht nur auf die Geschichte Israels darf man Christus beziehen, um zu verstehen, was er wahrhaft ist - auf die ganze Menschheit, auf ihre durch Adam entscheidend bestimmte Geschichte mit Gott ist „der zweite Adam" bezogen. So drückt Paulus aus, was jedem, den Christus überwunden hat, gewiß ist: Jesus Christus betrifft mich nicht erst in dem und um deswillen, was ich im Unterschiede von anderen Gliedern der Menschheit Besonderes bin, etwa Jude oder gerade umgekehrt Nicht-Jude (so daß er nur für den Heiden, aber nicht für den Juden da wäre), oder Abendländer im Unterschiede von den Menschen des Ostens, oder in einer besonderen Krise des Daseins, von der andere nicht wissen - sondern Christus betrifft mich in dem, worin ich mit allen Menschen eins bin, in meinem Menschsein vor Gott schlechthin. Darum ist er für jeden, für die Menschheit da ohne Unterschied.

Christus steht Adam und der ganzen von ihm bestimmten Menschheit gegenüber. Durch ihn wird offenbar, von ihm her erkannt, was Adam und Adams=Menschheit heißt: „Fleisch", Fall, Empörung wider Gott, Tod. Alles vor Christus, alles außer ihm ist eben „Adam", verloren ohne ihn. Von Christus her wird Adam verstanden, und Christus will von Adam her gesehen werden. Um Adams und seiner Wirkung willen ist Christus gesandt. Für alle, die von Adam herkommen, also für die ganze Menschheit ist er nötig und bestimmt: er hebt den ganzen Schaden, den Adams Fall gebracht, auf mit der Schöpfermacht der Gnade Gottes für alle, die es auf seine Wirklichkeit wagen und in solchem Glauben gleichsam von ihm herstammen. So wird er, der zweite Mensch, der Anfänger einer neuen Menschheit der Gerechtigkeit, des Geistes, des Lebens. Niemand hört auf, Adams Kind zu sein, der Sünde und dem Tode verfallen. Die Christus=Menschheit ist und bleibt bis zum Tode und bis zum Tage Christi auch Adams=Menschheit (1. Kor. 15, 48 f.) - aber sie hat aufgehört, nichts als Adams Geschlecht, alte Menschheit zu sein, sie ist von Christus her neue Menschheit geworden, und dieser ihr neuer Charakter wird den alten so gewiß tilgen und abtun, wie die Gnade und das Leben mächtiger ist als die Sünde und der Tod (Röm. 5, 20).

So ist die Menschheitsgeschichte, in ihrer Tiefe als Geschichte der Menschheit mit Gott, ein Ganzes; ihre entscheidenden Mächte die Gewalten Sünde und Gerechtigkeit, Tod und Leben; ihr Rhythmus das große Gegenüber und Widereinander dieser Mächte, Bewegung und sieghaft überwältigende Gegenbewegung. Aber Christus ist mehr als nur Gegenbewegung. Die Beziehung Christi auf Adam bedeutet nicht: Christi Werk geht darin auf, wiederzubringen, was durch Adam verloren war. Die Stelle 1. Kor. 15, 45 ff. zeigt, daß für Paulus die Schöpfung des Menschen in Adam von vornherein über sich hinauswies auf die Schöpfung des zweiten Menschen, Christi. Der erste Mensch, „von der Erde" und nur „lebendige Seele", wartet von Anfang an auf den zweiten Menschen, der „vom Himmel" und „lebenspendender Geist" ist. Der erste ist in Gottes Plan hin auf den zweiten. Also bedeutet Christus für Paulus nicht nur Erlösung von dem Falle, sondern auch Vollendung der Schöpfung; nicht nur Wiederherstellung, sondern auch Überhöhung des ersten Menschen. - Mit diesen tiefen, gewaltigen, einfachen Gedanken ist Paulus der Begründer christlicher Geschichtstheologie geworden: er hat ihr für immer die entscheidenden Linien gezogen.

Die Gnade. Kein anderer Begriff ist neben „Gerechtigkeit Gottes" so bezeichnend für die Botschaft des Apostels Paulus wie „die Gnade" (zusammen mit dem ihm entsprechenden Begriffe des Glaubens). Die Stellen, an denen das Neue Testament von „Gnade" spricht, entfallen ganz überwiegend auf die Paulus=Briefe und die von ihnen abhängige Literatur. Das griechische Wort Charis kommt bei Paulus (den Epheserbrief mitgerechnet, die Pastoralbriefe abgerechnet) über 70mal, ohne den Epheserbrief gut 60mal vor, davon allein in unserem Römerbriefe 15mal. Paulus ist wirklich „der Apostel der Gnade" - schon die Häufigkeit des Wortes zeigt es.

Die Gnade im Sinne des Apostels ist die Erweisung der freien Huld, mit der Gott bzw. Jesus Christus (beide zusammen s. Röm. 5,15) sich dem Menschen in seiner Schuld und Not erlösend und schenkend zuwendet. Die Gnade ist ein Zug der Liebe Gottes oder Christi, von der Paulus im Römerbriefe auch oft spricht. „Gnade" betont den Charakter der Liebe als freier Zuwendung zu den Geringen und Sündern, „von oben nach unten". Es handelt sich bei ihr zunächst um einen Akt Gottes oder Christi. Aber dann kann das Wort auch die Gabe bezeichnen, die er für die Menschen bedeutet und ihnen verleiht, das Geschenk des Heils (bisweilen wird aber die Gabe von der sie schenkenden Gnade unterschieden, Röm. 5,15), den „Stand der Gnade" (Röm. 5,2), aus dem man herausfallen kann (Gal. 5,4), das neue Leben, das wächst, indem es vielen zuteil wird (2. Kor. 4,15). Das Wort Gnade hat also personalen und sachlichen Sinn zugleich. Beides ist nicht zu trennen. Vom Gnadenstand kann man nur in dem Sinne reden, daß Gott in seiner Treue dem Menschen auch weiterhin gnädig ist. So hat der personale Sinn des Wortes das entscheidende Gewicht. Das kommt in der römisch-katholischen Theologie zu kurz.

Die Gnade erweist sich in dem Heilsgeschehen, das Gott in Christus gewirkt hat und an den einzelnen wirksam macht. Gnade ist die Sendung Christi, das Kreuz der Versöhnung und Erlösung (Röm. 3,24); Gnade der Gehorsam Christi (5,15ff.), sein Kommen aus dem Reichtum bei dem Vater in die Armut unseres Menschseins (2. Kor. 8,9), seine Liebeshingabe an die Menschen (Gal. 2,20f.). Gnade ist die Berufung zum Heil durch das Wort der Apostel (2. Kor. 6,1). Gnade hat aus Israel einen „Rest" erwählt und zum Glauben geführt (Röm. 11,5f.).

Das Wesen der Gnade tritt am klarsten darin heraus, daß sie den Sünder gerechtspricht (Röm. 4,5). Als Akt der Gnade wird die Rechtfertigung dem sündigen, schuldigen Menschen „geschenkweise", „umsonst" zuteil (3,24). Damit durchbricht die Gnade die Herrschaft des Gesetzes. Unter dem Gesetze stehen und: unter der Gnade stehen, das ist ein durchfahrender Gegensatz (6,14). Wo das Gesetz herrscht, da gilt die Vergeltung, die Entsprechung von Leistung und Lohn (4,4). Die Gnade aber vergilt nicht, sondern sie ist freies schöpferisches Handeln Gottes, nicht Reaktion, sondern originales Begründen eines neuen Verhältnisses, Setzung eines neuen Tatbestandes zwischen Gott und Mensch. Weil sie dem Menschen „umsonst" gilt, weil sie ihn annimmt, wie er ist, darum kann der Mensch angesichts ihrer nichts anderes tun als sie einfach empfangen, im Akte des Glaubens (s. die A. S. 49). Der bedingungslosen Freiheit der Gnade entspricht auf seiten des Menschen die Alleinigkeit des Glaubens. Jeder Versuch, anders vor Gott zu kommen denn als Sünder, ihm mit einem „Werk" zu begegnen statt allein mit dem glaubenden Empfangen verkennt und verleugnet das Wesen und die Wirklichkeit der Gnade (4,16; 11,6; Gal. 5,4). Entweder „das Werk" regelt unser Verhältnis zu Gott, oder die Gnade. Das eine schließt das andere aus.

Die Gnade, die sich in der Versöhnung und Rechtfertigung erweist, ist dabei zugleich Macht, Gottesmacht, welche die Herrschaft der Sünde zerbricht und da, wo bisher der Tod mächtig war, neues, ewiges Leben wirkt (Röm. 5,20f.). Gnade ist also Übermacht über die Macht der Sünde. Das Maß der Gnade überbietet weit die Maße der Sünde, des Gerichtes, des Todes. Sie ist Fülle, Überfluß (5,17).

Werk der Gnade ist nicht nur der Christenstand als solcher, sondern auch die besondere Berufung und Begabung einzelner. Die Gnade hat Paulus in das Apostelamt berufen, hat ihm die Vollmacht, die Kraft der Arbeit und die Frucht seines Wirkens verliehen (1. Kor. 15,10; Röm. 1,5; 12,3; 1. Kor. 3,10; Gal. 2,9). Gnade ist die Berufung und Ermächtigung zum Bewähren des Christenstandes im Zeugnis, im Liebeswerke, im Leiden für Christus (Phil. 1,7.29; 2. Kor. 8,1). Die Gnade verleiht der Gemeinde die Fülle der Charismen (1. Kor. 1,4 f.; Röm. 12,6).

In alledem ist die Gnade ein immer neues und vielfältiges Geben und Wirken Gottes zum Heil. Daher wird sie, obgleich den Christen in ihrem Christenstande einmal und für immer zuteil geworden, für sie doch immer neu erbeten und ihnen zugewünscht (s. die Anfänge und Schlüsse der Briefe).

3. Die Glaubensgerechtigkeit als Erneuerung des Lebens 6,1-8,17

Paulus hat bisher entfaltet, daß das Evangelium von Jesus Christus Gerechtigkeit vor Gott und damit die Gewißheit des ewigen Heiles gewährt. Wie die Menschheit durch Adam unter dem Tode steht, so wird sie durch Christus in das ewige Leben geführt werden. Aber damit ist das Evangelium noch nicht erschöpft. Gottes Gerechtsprechen ist ja ein schöpferisches Wort, dessen Wirkung auch in neuer *Gerechtigkeit des Lebens*, in Freiheit von der Sünde erscheinen muß. Die Gemeinschaft mit Christus, in die der Glaubende versetzt ist, bedeutet nicht nur Frieden mit Gott, Rettung vor dem kommenden Zorn, sondern auch Erneuerung des Lebens, Sieg über die Sünde. Der Glaubende weiß, daß Christus *für ihn* starb und auferstand. Aber er ist eben darin zugleich *mit Christus* gestorben und auferstanden. Paulus vollzieht den Übergang zu der zweiten Gedankenreihe, indem er libertinistische Folgerungen aus dem Evangelium der Rechtfertigung und Heilsgewißheit zu Worte kommen läßt. Aber er würde von dem Gegenstand der Kap. 6-8 geredet haben auch ohne daß ihm solche Folgerungen den äußeren Anlaß gaben. Die Ausführungen der Kap. 6-8 richten sich denn auch keineswegs einfach gegen libertinistische, gesetzesfeindliche Einwände und Mißverständnisse. Z. B. Kap. 7 läßt sich diesem Gesichtspunkt nicht unterordnen.

a) Die Gerechtfertigten sind frei von der Sünde, denn sie sind in der Taufe mit Christus gestorben 6,1-14

1 Was heißt das nun? Sollen wir bei der Sünde bleiben, damit die Gnade sich mehre?
2 Nimmermehr. Die wir der Sünde gestorben sind, wie sollten wir noch in ihr leben? 3 Oder
wißt ihr nicht, daß wir alle, die wir auf Christus Jesus getauft sind, auf seinen Tod getauft
sind? 4 Wir sind also mit ihm begraben durch die Taufe in seinen Tod, damit, gleich wie
Christus von den Toten auferweckt wurde durch die Herrlichkeit des Vaters, so auch wir in
einem neuen Leben wandeln. 5 Denn wenn wir mit dem Bilde seines Todes verwachsen
sind, so werden wir es auch mit dem seiner Auferstehung sein. 6 Wir wissen ja: unser alter
Mensch ist mitgekreuzigt, damit der Leib der Sünde vernichtet würde, daß wir nicht mehr
der Sünde als Knechte dienten. 7 Denn wer gestorben ist, der ist dadurch freigeworden
von der Sünde. 8 Sind wir aber mit Christus gestorben, so werden wir - das ist unser
Glaube - auch mit ihm leben. 9 Wir wissen doch, daß Christus, nachdem er von den Toten
auferweckt ist, nicht mehr stirbt; der Tod ist nicht mehr über ihn Herr. 10 Denn mit seinem

Sterben ist er der Sünde gestorben, ein für allemal, sein Leben aber lebt er Gott. 11 Ebenso müßt auch ihr euch selber ansehen: als tot für die Sünde und lebendig für Gott in Christus Jesus. 12 Darum soll die Sünde nicht herrschen in eurem sterblichen Leibe, daß ihr seinen Begierden gehorchtet; 13 und stellt eure Glieder nicht der Sünde zur Verfügung als Waffen der Ungerechtigkeit, sondern stellt euch Gott zur Verfügung, als solche, die aus dem Tode zum Leben erstanden sind, und eure Glieder als Waffen der Gerechtigkeit für Gott. 14 Denn die Sünde wird über euch nicht mehr herrschen. Ihr steht ja nicht unter dem Gesetz, sondern unter der Gnade!

Paulus knüpft an eine Folgerung an, die aus dem Grundgedanken seiner Ver- 1
kündigung, insbesondere aus dem Satze 5,20 von gewissen Leuten gezogen wird. Wenn die Gnade dort, wo die Sünde groß ist, desto größer wird, wenn Gott das Gesetz geradezu gab, um die Sünde zu mehren - was soll dann noch die Furcht vor der Sünde, der Kampf gegen sie? Ist es nicht der einzig richtige Standpunkt, allen Widerstand gegen die Sünde aufzugeben, damit Gottes Gnade Gelegenheit habe, sich in ihrer ganzen Größe zu zeigen? Bedeutet nicht der Kampf mit der Sünde einen Zweifel an der Gnade? Wäre nicht der Verzicht auf sittliche Anspannung die wahre religiöse Haltung? (Vgl. schon 3,5-8.) Solche Folgerung scheint von manchen Heidenchristen gezogen zu sein. Sie verstanden die Gnadenlehre des Apostels als Freibrief für sittliche Gleichgültigkeit und Zuchtlosigkeit. Juden und Judenchristen werden das wiederum dem Apostel als die echte Frucht seiner Lehre vorgehalten haben. Aber es kann im einzelnen unsicher bleiben, ob Paulus wirklich auf bestimmte Strömungen sich bezieht. Denn tatsächlich kennt der an Christus Glaubende den Gedanken von V. 1 als Versuchung bei sich selbst. Bei kraftvoller Verkündigung der Rechtfertigung kann er immer wieder entstehen. Bedeutet nicht der Glaube an die Gnade, daß dem Menschen seine Sünde unwichtig wird - unwichtig für die Frage der Gemeinschaft mit Gott, und darum überhaupt unwichtig? Gibt es eine starke Verkündigung des Evangeliums von der Rechtfertigung allein durch den Glauben ohne Werke, die nicht in die Nähe des Antinomismus führte? Dieser Zusammenhang gibt der Abwehr des Paulus ihren Ernst.

Das starke Nein des Apostels gründet sich auf eben das, woraus die Folgerung gezogen wurde, auf die in Kap. 3-5 bezeugte Wirklichkeit der Rechtfertigung, von der er hier in neuen Worten redet. Die Christen haben einen Wandel ihrer Existenz erfahren. Sie sind in Beziehung auf die Sünde gestorben, ihre Beziehung zur Sünde ist durch ein Sterben gelöst. Damit ist die Möglichkeit, noch in der Sünde zu leben, ausgeschlossen. Paulus bekämpft also den religiösen Verzicht auf die Sittlichkeit nicht mit sittlicher Ermahnung, sondern mit religiöser Erinnerung; nicht mit einem „du sollst", sondern mit einem „du bist". Die sittliche Frage ist gelöst durch das, was mit den Christen schon geschehen ist. Die Lösung ist nicht erst vom Fortgange, von der fortschreitenden Entwicklung ihres Christenstandes zu erwarten, sondern sie steht
wesentlich schon am Anfange. - Aber inwiefern sind die Christen der Sünde ge- 3
storben? Sie sind getauft, und zwar auf Jesus Christus. Das heißt aber: auf seinen Tod. Denn durch sein Sterben ist Jesus Herr und Heiland geworden. Die Christen sind also durch die Taufe in Beziehung gesetzt zu Jesu Tod: sie sind von ihm betroffen, umfaßt, in ihn hineingezogen, an ihm beteiligt. So ist die Taufe selber ein
Sterben. Dieses Verständnis der Taufe als Tod - es ist offenbar in der Gemeinde 4

schon vor Paulus lebendig gewesen (V. 3: „Oder wißt ihr nicht") - hatte eine Stütze
an dem Brauche, den Täufling mit dem ganzen Leibe ins Wasser einzutauchen (s.
Jesu Vergleich seines Todesleidens mit einer Taufe, Mk. 10,38 f.; Lk. 12,50). Dieser
Ritus stellt sinnbildlich ein Begrabenwerden (im Wasser) dar, ein Abbild des Be-
gräbnisses Jesu. Aber er ist eben mehr als Sinnbild, nämlich wirkliche Beteiligung
an Christi Tod, Übertragung des Todes. Der Anteil an Christi Tod kommt also nicht
erst, wie in der Mystik, durch eine seelische Leistung des Menschen, durch Askese und
Versenkung zustande, sondern er ist in der Taufe, am Anfang des Christenlebens
Wirklichkeit. Er ist nicht Tat, sondern Widerfahrnis. Der Anteil am Tode bedeutet
aber zugleich Anteil an der durch Gottes Glorie, seine Macht gewirkten Auferweckung
Christi. Das Ziel des Sterbens ist Leben, ebenso freilich das Sterben auch die not-
wendige Voraussetzung des Lebens. Der Schluß von V. 4 ist überraschend. Man
erwartet zunächst, daß Paulus fortfahren wird: wie Christus erweckt wurde, so sind
auch wir jetzt zu neuem Leben erweckt, oder: so werden auch wir erweckt werden
(am jüngsten Tage). Aber Paulus redet gar nicht erst von der durch die Taufe ver-
mittelten Erweckung zu neuer Lebendigkeit, sondern sogleich von dem Wandel
im neuen Leben, als Ziel und Forderung der Taufe. Das entspricht dem ganzen
Zusammenhange: es kommt darin alles auf die sittliche Haltung der Christen an.
5 V. 5 bringt das Vermißte nach: zum neuen Wandel sind die Getauften ermächtigt
und gefordert, weil ihre Taufe sie ebenso wirklich wie an Christi Tode offenbar auch
an seiner Auferstehung beteiligt. Unter dem „Bild" (oder, wie das griechische Wort
hier besser wiederzugeben ist: „der Gestalt", „Gleichgestalt") „seines Todes und
seiner Auferstehung" ist nicht die äußere Taufhandlung in ihrer Sinnbildlichkeit zu
verstehen, sondern das persönliche Taufgeschehen selbst, das Sterben, das an dem
Täufling geschieht: es gleicht Christi Tode; das Lebendigwerden des Getauften: es
gleicht Christi Auferstehung. „Wir sind verwachsen" mit der Gestalt des Sterbens
Christi, das heißt: wir sind ganz davon betroffen, ganz und bleibend hineingezogen,
es bestimmt unser persönliches Sein. Das Gleiche muß dann aber - schließt Paulus -
auch von dem Lebendigwerden gleich Christo gelten: auch dieses wird uns ganz er-
greifen, unser eigenes Wesen werden. Damit wird der neue Wandel möglich, not-
6 wendig, wirklich. Das Ziel des in der Taufe geschehenen Sterbens - Paulus be-
zeichnet es hier, mit einem auch Gal. 2,19 (vgl. 5,24) verwandten Ausdrucke, als
Mitgekreuzigtwerden des alten Menschen, d. h. des ganzen Menschen, sofern er von
Adam herstammt, nach Seele und Leib - ist die Vernichtung des Sündenleibes, d. h.
des Leibes, sofern er Werkzeug der Sünde ist: dieser Leib ist in der Taufe abgetan,
in Christi Tod gegeben; das bedeutet aber, daß die Untertänigkeit des Menschen
7 unter die Sünde aufhört. Denn der Tod hebt - das ist ein rabbinischer, allgemein
anerkannter Rechtssatz - alle Verpflichtungen auf. So ist der Getaufte von der
Sünde - sie erscheint als persönliche Macht - frei. Denn was sie von ihm verlangen
8 konnte, daß er stürbe, ist geschehen. Als Gestorbener ist er frei. Da dieses Sterben
9 nun ein Sterben mit Christus ist, sind die Christen gewiß, auch mit Christus zu leben,
und zwar ewig zu leben, denn Christus der Auferstandene steht nicht mehr unter der
10 Botmäßigkeit des Todes und kann nicht wieder sterben. Auch er stand während seines
Erdenlebens in Beziehung zur Sünde: weil er in den Zusammenhang der sündigen
Menschheit eingetreten war (8,3), hatte die Sünde ein Recht auf ihn, obgleich er

persönlich von keiner Sünde wußte (2. Kor. 5, 21). Er schuldete ihr seinen Tod. Diese Schuld hat er mit seinem Sterben ein für allemal abgelöst. Sein Leben gehört nun Gott allein.

Die Getauften haben mit ihm den Tod erlitten und sind mit ihm in das Leben für 11
Gott versetzt. Gottes Urteil ist in Christi Tod an ihnen allen vollzogen, seine Schöpfermacht hat sie alle mit Christus wieder ins Leben gerufen. In Christus Jesus, d. h. sofern sie in die Lebensgemeinschaft mit ihm versetzt, von ihm bestimmt sind, leben sie für Gott. Das ist eine unbezweifelbare Wirklichkeit von Gott her, aber gerade darum keine „Tatsache" unserer offenkundigen, gegebenen Wirklichkeit. Das Sterben und Auferstehen mit Christus ist nicht zu vergleichen einem Naturereignis oder einer geschichtlichen „Tatsache", die ohne unsere Beteiligung für uns wirklich ist; aber auch nicht einem starken inneren Erlebnis wie in der Mystik. Es handelt sich für Paulus bei der Taufe weder um ein magisches noch ein geschichtliches noch ein mystisches Ereignis, um keine „Erfahrung", um kein „Tauferlebnis". Die Bedeutung der Taufe ist eine Wirklichkeit der Art, wie der lebendige Gott und sein Wirken überhaupt für den Menschen wirklich sein kann. Gott handelt so *an* dem Menschen, daß er *mit* ihm handelt. Alle Wirklichkeit zwischen Gott und Mensch im Erlösungswerke ist personhaft, d. h. sie ist wirklich für uns nur, indem wir sie mit dem Urteil des Glaubens als solche ergreifen. Daher sagt Paulus: Haltet euch für tot und für lebendig. Dieses „halten" bezeichnet keine Einbildung, kein „als ob". Es heißt vielmehr: eine Wirklichkeit von Gott her, die an der natürlich gegebenen Wirklichkeit unseres Lebens nicht abzulesen ist, vielmehr zu ihr im Widerspruch steht, als solche anerkennen. Die Wirklichkeit von Gott her ist erst in diesem „halten" wirklich für uns. So entspricht es dem Wesen der Sache, daß die „sakramentalen" Sätze von 6, 3 ff. in den Imperativ
„Haltet euch ..." ausgehen. Dieses „halten", die Anerkennung der Wirklichkeit von 12
Gott her, ist ein geistiger Akt, der über alle gegebene Wirklichkeit des Menschen hinausgreift. Aber er greift eben damit in diese Wirklichkeit zugleich hinein. Er ist nicht eine theoretische Überzeugung, die neben der konkreten Aufgabe des Lebens stehen könnte, sondern er ist wirklich nur in der praktischen Haltung, in der Tat, d. h. aber in der Leiblichkeit. Daher geht die Besinnung auf die Wirklichkeit der Taufe notwendig in sittliche Aufrufe über. Weil die Getauften von der Sünde frei *sind* (V. 7), weil der Leib der Sünde tot *ist* (V. 6), *sollen* sie die Sündenmacht nicht mehr herrschen lassen in ihrem Leibe dadurch, daß sie - was immer noch Möglichkeit und Gefahr ist - seinen sündlichen Begierden, die mit seiner Todverfallenheit zu-
sammenhängen, nachgeben. Daß sie als die Getauften tot für die Sünde, lebendig 13
für Gott sind, will darin anerkannt sein, daß sie sich in dem Kampfe zwischen Gott und der Sünde nicht mehr auf der Sünde, sondern auf Gottes Seite stellen, ihre Glieder also nicht mehr, wie vorher, der Sündenmacht in die Hand geben als Waffen zugunsten des Bösen, sondern Gott zur Verfügung stellen als Waffen zugunsten der
Gerechtigkeit. Diese immer neue Tat der Hingabe trägt die Zuversicht des Gelingens 14
in sich. Denn die Herrschaft der Sünde über die Getauften wird nie wiederkehren. Sie führen den täglichen Kampf auf dem Boden des Sieges. Sie stehen ja nicht mehr unter dem Gesetz, sondern unter der Gnade. Das heißt: Das Gesetz kann nur fordern und richten, es läßt den Menschen mit seiner eigenen Ohnmacht allein. Aber in der Gnade handelt Gott, sie verleiht seine Kraft zum Überwinden der Sünde.

So ist unter der Gnade der Gehorsam nicht mehr eine Last, sondern er wird leicht und trägt die Freude in sich. Das Ende der Gesetzesordnung läßt nicht, wie die Gegner wähnen, der Sünde freie Bahn, sondern führt gerade zu ihrer wirklichen Überwindung. – Das Stehen unter dem Gesetz und das Stehen unter der Gnade bedeuten bei Paulus einen ausschließenden Gegensatz. Es gibt da keine Vermittlung. Man kann nicht im Ernste an Christus glauben und doch die Gesetzesordnung bejahen und in ihr weiterleben wollen. Das zweite hebt das erste auf.

Die Taufe bei Paulus und die Mysterien. Die Taufe, als Ritus der Aufnahme in die Gemeinde, fand Paulus in der Urgemeinde vor (vgl. die A. zu Apg. 2,38). Die Urgemeinde führte sie auf den Auftrag des auferstandenen Christus zurück (Mt. 28,19). In der Tat ist die urchristliche Taufe gegenüber ihren Vorstufen, der jüdischen Proselytentaufe und der Taufe des Johannes, vollends im Verhältnis zu anderen orientalischen Waschungsriten trotz manchen Entsprechungen etwas durchaus Neues und Eigenes, ganz und gar bestimmt von dem Osterglauben an Jesus Christus und sein Erlöserwerk. Die Taufe folgte der Predigt und wurde nur denen zuteil, die durch die Predigt von Christus zur Buße und zum Glauben gekommen waren. Man tauchte diese, wo möglich, in fließendem Wasser unter und sprach dabei den Namen Jesu über ihnen (Apg. 2,38; 1. Kor. 1,13.15), wodurch sie in den Bereich seiner Erlöser- und Lebensmacht aufgenommen wurden. Als Christi Gaben verlieh die Taufe die Vergebung der Sünden (so auch nach Paulus, 1. Kor. 6,11: „Ihr seid abgewaschen") und den Heiligen Geist, damit das ganze Heil.

Paulus übernimmt Brauch und Verständnis, vertieft und bereichert dieses aber zugleich von dem Ganzen seiner Theologie aus. Die Taufe versetzt den Menschen in den „Leib Christi" (1. Kor. 12,13), läßt ihn „Christus anziehen" (Gal. 3,27), d. h. in Christi Leben eingehen. Diese Versetzung in das Leben Christi kommt aber nur so zustande, daß die Taufe den Menschen an Christi Kreuzestode und Auferstehen teilnehmen läßt (Röm. 6,3 ff.; Kol. 2,12). Dadurch wird sein Dasein ein Leben „in Christus" (Röm. 6,11). Paulus setzt also die Taufe in die engste Beziehung zu den entscheidenden Heilstatsachen des Kreuzes und der Auferstehung Christi – das ist das Besondere seiner Tauflehre. Die Voraussetzung für dieses Verständnis der Taufe ist die Gewißheit, daß Christi Tod und Auferstehen Tatsachen von umfassender, die ganze Menschheit betreffender Wirklichkeit sind. Christi Tod setzt alles Menschentum in den Tod, über alle ergeht in seinem Tode Gottes Todesurteil mit wirksamer Macht; alle sind mit Christi Auferstehung aus dem Tode in das wahre Leben versetzt (2. Kor. 5,14-17; Gal. 2,19-21; Kol. 2,11-14.20; 3,3). Diese umfassende Bedeutung des Todes und der Auferstehung Christi ist für Paulus mit dem Amte Christi, mit seiner Stellung, die Gott ihm verlieh, als Vertreter und Haupt der Menschheit, gegeben. In der Taufe tritt nun Christi Tod und Auferstehung mit ihrer alle betreffenden Wirklichkeit in das Leben des einzelnen ein, wird an ihm bezeugt und vollzogen. Die Taufe hat also keineswegs nur die Bedeutung eines vergewissernden Symbols für ein von ihr unabhängiges Geschehen. Sie bildet die Heilstatsache für den einzelnen nicht nur ab, sondern sie wirkt sie. Nicht um ein inneres Erleben beim Taufakte handelt es sich dabei, sondern um die Mächtigkeit des Aktes als solchen von Gott her, vor und unabhängig von der Haltung und dem Erleben des Menschen. Aber diese Mächtigkeit hat mit magischer Wirkung der Taufe nichts zu tun. Gottes

Akt in der Taufe hat die personhafte Art alles seines Erlöserhandelns mit dem Menschen. Ist dieses auch vor dem Glauben und unabhängig von ihm da, so doch zugleich nur für ihn. Die Gnade der Taufe kann nach Paulus nicht anders als im Glauben an Gottes Macht wirksam empfangen werden (Kol. 2, 12). So versteht Paulus die Taufe weder nur symbolisch noch andererseits magisch. Diese Theologie der Taufe ist - das darf man nicht außer acht lassen - zunächst auf die Taufe von Erwachsenen bezogen, in welcher Bekehrung und Taufe, Glaube und Taufe beieinander sind. Wieweit Paulus von der Taufe unmündiger Kinder, die zu seiner Zeit vielleicht schon geübt wurde, das gleiche gelehrt hat oder hätte, sagen seine Briefe nicht.

Die Eigenart der paulinischen und damit der urchristlichen Tauflehre überhaupt erkennen wir am schärfsten bei einem Vergleiche mit den Weihehandlungen in den damaligen Mysterienreligionen. (Zu diesen s. R. Reitzenstein, Die hellenist. Mysterienreligionen, 1910, 3. Aufl. 1927.) Die Begriffe, in denen Paulus Röm. 6 die Bedeutung der Taufe ausdrückt - Sterben und Auferstehen mit Christus - haben Entsprechungen in den Mysterien: auch hier handelt es sich z. T. um Sterben und Auferstehen mit der Gottheit, wird das Heil an die Rettung des Gottes aus dem Tode geknüpft, treten Tod und Taufe in Beziehung. Die Frage liegt nahe, ob die Taufgedanken des Paulus nicht auch inhaltlich ein Stück hellenistischen Glaubens darstellen, einen Einbruch der Mysterienfrömmigkeit, inmitten derer Paulus und seine Gemeinden lebten, in das Urchristentum.

In Wirklichkeit sind beide durchfahrend voneinander unterschieden. Die Gegensätze treten bei der Entsprechung der Begriffe nur desto eindrücklicher heraus. Man kann das Entscheidende dahin zusammenfassen: Die Mysterienkulte sind durch und durch ungeschichtlich, die Taufe bei Paulus ist streng geschichtlich bezogen und gedacht. 1. Der Mysterienritus bildet das Schicksal einer Naturgottheit nach, einen Naturvorgang, der sich wiederholt. In der Taufe handelt es sich um das Schicksal einer geschichtlichen Gestalt, Jesu Christi, um die einmaligen erlebten und bezeugten Geschehnisse seines Todes und seiner Auferstehung. Das sind zwei Welten: Naturmythus und Geschichtsmythus. 2. Gewiß kann man von „Realismus" hier und dort sprechen. Aber der Realismus ist hier und dort ganz verschieden. In den Mysterien ist das Sterben und Auferstehen des Mysten ein einmaliger Vorgang, ein Einweihungserlebnis, dessen Wirkung nach Art eines Naturprozesses gedacht wird. Unter Umständen ist sie durch neue Weihen aufzufrischen. Auf die Frage, ob das neue Leben nicht verlierbar sei, auf das sittliche Problem, geht man nicht ernstlich ein. Hier ist der Realismus also Naturalismus. Bei Paulus kann von naturhafter Wirkung der Taufe keine Rede sein. Der Christ lebt allerdings von seinem Sterben und Auferstehen mit Christus, das einmal grundsätzlich geschah; aber er lebt nur so von ihm, daß er es nun sein ganzes Leben hindurch lebt. Das Sakrament begründet Ethik. Die Taufe eröffnet eine Geschichte der ständigen Hingabe in Christi Tod und Auferstehung, die dem Menschen aufgegeben ist. Ohne das wird die Taufe hinfällig. Durch Leichtsinn und Zuchtlosigkeit kann die Wirklichkeit der Taufe entmächtigt werden. Paulus kennt ein falsches Vertrauen des Menschen auf sein Getauftsein und hält ihm entgegen, daß die Taufe das Eingehen in Gottes Reich durchaus nicht unbedingt sichert (1. Kor. 10, 1 ff.). Die Besinnung auf das Sakrament führt zum sittlichen Aufruf. Hier ist der „Realismus" also, im Gegensatze zu den Mysterien, durchaus geschichtlich-personhaft bestimmt. 3. In den Mysterienreligionen, z.B. bei der Bluttaufe der Attismysterien, hängt alles an dem Ritus, an der sinnvollen Handlung, in der das Schicksal der Gottheit nachgebildet wird. Der Ritus als solcher kann durch seine sinnvolle Symbolik für andächtiges Erleben die entsprechende Wirklichkeit schaffen. „Der Ritus wirkt, was er darstellt, das Symbol steigert sich zur Wirklichkeit" (A. Schweitzer). Der bestimmte sakramentale Brauch setzt durch sich selbst ins Verhältnis zu der Gottheit. Die Nachbildung ihres Schicksals beteiligt an ihrem Schicksal. Bei Paulus handelt es sich nicht darum, daß der Mensch sich durch symbolische Nachbildung des Schicksals Christi in es hineinziehen lasse, sondern umgekehrt: in Christi Kreuz und Auferstehung ist von vornherein die ganze Menschheit mitbetroffen. Sie ist von Gott her auf Golgatha mitgestorben, zu Ostern mit Christus ins Leben gerufen - ein Gedanke, der der hellenistischen Mystik ganz fern liegt. In der Taufe wird dieses Einbegriffensein des Menschen in Christi Schicksal an ihm bezeugt und vollstreckt. So liegt es nicht an dem Ritus als einer vom Menschen vollzogenen Weihehandlung, sondern an Gottes Tun in Christi Geschichte. Gewiß knüpft Paulus lehrhaft an die Symbolik des Vorganges an, aber dessen Wirkungsmacht hängt nicht an seiner Symbolkräftigkeit und an der Versenkung in diese, sondern an Gottes heilsgeschichtlichem Tun. Wie schlicht ist das Taufsymbol im Verhältnis zu den Mysterienriten! Sicher ist für Paulus die Teilnahme an Christi Sterben und Auferstehen in der Regel an die Taufe gebunden. Aber er kann davon reden, auch ohne sich auf die Taufe zu beziehen (Gal. 2, 16. 19 ff.; 2. Kor. 5, 14) - wie ja auch in der Apostelgeschichte die Verleihung des Heiligen Geistes nicht unbedingt erst mit dem menschlichen Taufakte eintritt, sondern ihm zuvorkommen kann (Apg. 9, 17 f.; 10, 44. 47 f.). Wie wenig es sich bei Paulus um die magische oder mystische Wirkung eines symbolischen Ritus handelt, erkennt man auch daraus, daß er heilsgeschichtliche Ereignisse wie den Durchzug durch das Rote Meer und das Wandern unter der Wolke als Vorbilder der Taufe auffassen kann (1. Kor. 10, 1 ff.). 4. Die Mysterien gehören in die Welt des hellenistischen Dualismus, die Taufe im Sinne des Urchristentums gehört mit der jüdisch-biblischen Enderwartung, mit dem Gedanken der zwei Äonen, der jetzigen und der kommenden Weltzeit zusammen. Die Weihehandlung versetzt den Mysten in die Überwelt, die Taufe versetzt den Christen hier und jetzt in die hereinbrechende Zukunft. Sie ist eine eschatologische Handlung, d.h. sie macht zu Gliedern der von Christi Geist erfüllten, auf seine Wiederkunft wartenden Endgemeinde. - 5. Der Geweihte der Mysterienreligion geht so in das Leben des Gottes ein, daß er selber gleichsam Gott wird; in den Mithras- und Isismysterien betet man ihn als Gott an. Eine solche Gleichsetzung des Geweihten mit der Gottheit ist für Paulus undenkbar; sie wird ihm verwehrt durch das alttestamentliche Erbe des Kreatur- und Abstandsbewußtseins gegenüber der Majestät Gottes. Der Getaufte ist wohl in die Gemeinschaft mit Christus versetzt, Christus lebt in ihm (8, 10; Gal. 2, 20), aber er ist nicht Christus geworden, er steht immer noch als der Sünder vor Gott und w a r t e t auf seine völlige Erlösung. 6. Damit hängt ein Letztes zusammen: der Geweihte der Mysterienreligion ist dieser unserer Welt entnommen und gibt sie ihrer Vergänglichkeit preis. Der Getaufte ist in den kommenden Aeon versetzt, aber damit ist er dem Kosmos nicht entfremdet, sondern bleibt mit ihm in Schicksalsgemeinschaft. Seine Erneuerung ist Anbruch der Welterneuerung, und erst mit der Welt wird auch er ganz erlöst (s. zu 8,19ff.). So harrt er mit der Welt und für sie der Zukunft Christi entgegen.

Diese tiefen Unterschiede verbieten es, Paulus in seiner Tauflehre abhängig von der Gedankenwelt der Mysterienreligionen zu denken.

Das neue Leben als Wirklichkeit und Aufgabe (Indikative und Imperative).

In dem Abschnitte 6,3–14 geht Paulus von Indikativen, die beschreiben, was in der Taufe geschah, mit einem Male zu Imperativen über, die zur Erfüllung des Sinnes zur Taufe rufen. Ebenso stehen Kol. 3,1 ff. die Aussagen über einen vollzogenen Tatbestand und die Aufrufe, eine Tat zu vollziehen, hart nebeneinander: „Ihr seid gestorben" (V. 3), „so tötet denn die Glieder, die auf der Erde sind" (V. 5). Das eine und selbe, z. B. das „Anziehen" Christi, erscheint das eine Mal als mit der Taufe schon vollzogener grundlegender Akt (Gal. 3,27), das andere Mal als ständige sittliche Aufgabe des Christenlebens (Röm. 13,14). Überall in Röm. 6–8 lösen theologische Sätze von der geschehenen Erlösung und sittliche Mahnungen einander unvermittelt ab. Wie ist dieser Übergang zu verstehen? Was heißt es, daß das gleiche, das Sterben mit Christus, das Anziehen Christi einmal als Gabe, dann wieder als Aufgabe erscheint, das neue Leben einmal als Gegebenheit und fraglose Gegenwart, das andere Mal als Aufgabe, Ziel, Zukunft? Welchen Sinn hat angesichts der paulinischen Lehre, daß die Erlösung und Wiedergeburt geschehen sei, seine Ethik?

Man hat gemeint, daß bei Paulus zwei Linien unausgeglichen nebeneinander herlaufen: die hochfliegende dogmatische „sakramentale" Theorie von der schon vollzogenen Neuschöpfung, mit der das Fleisch getötet, die Sünde abgetan ist – und der nüchterne Blick für die sittliche Wirklichkeit des Christenlebens als Verbleiben in Schwachheit, Versuchlichkeit und Sünde. Der Theorie mit ihrem absoluten Gegensatze von Einst und Jetzt, Adams-Menschheit und Christus-Menschheit entspräche an sich der Satz, daß die Christen jetzt schon sündlos sind. Aber der Blick in die Wirklichkeit führt zu dem Aufrufe, wider die Sünde zu kämpfen. Dort ist der Mensch ganz neu; hier wird er angehalten, sich zu erneuern. Paulus quäle sich, beides zueinander ins Verhältnis zu setzen – von seiner Verlegenheit zeuge Kap. 6 mit seinen vielen Worten und seinem unklaren Fortschritte der Gedanken. Die „absoluten" Sätze, von denen er nicht lassen könne, hinderten ihn, das lösende Wort zu finden, die Erinnerung daran, daß das Christenleben unter dem Gesetze der Entwicklung stehe, daß der Christ daher das alte Wesen allmählich fortschreitend überwinden werde und solle. Statt für die Übergänge und relativen Unterschiede Sinn zu haben, halte Paulus in dogmatischer Starrheit an dem unbedingten Gegensatz von einst und jetzt fest. Aber er sei dann doch Wirklichkeitsmensch genug, um diese Linie nicht ganz folgerichtig durchzuziehen. So werde die Theorie angesichts der Wirklichkeit begrenzt durch die sittlichen Ermahnungen. Die Sündlosigkeit liegt dann erst in der Zukunft, als Ziel des Ringens. Das Ganze sei unausgeglichen, widerspruchsvoll und gequält.

Zweifel an dieser Auffassung muß schon die Tatsache erwecken, daß Paulus die beiden Linien, die unbedingten religiösen Aussagen und die sittlichen Ermahnungen, *gar nicht unverbunden* nebeneinander herlaufen läßt, sondern in *lebendige Beziehung* setzt. Begrenzt die zweite Linie die erste, so wird sie zugleich doch von ihr getragen. Die Ethik ruht gerade auf den absoluten vor-ethischen Sätzen. Erlösungslehre und Ethik gehören wesentlich zusammen. Paulus springt nicht von einer

Betrachtung in die andere, schwankt auch nicht zwischen beiden, fällt nicht aus dem „Idealismus" des Wiedergeburtglaubens herab auf den nüchternen Wirklichkeitsstandpunkt - sondern er verknüpft beide Gedanken ausdrücklich miteinander und begründet die Imperative mit den Indikativen: „So haltet euch für tot..." (6,11). Jede der beiden Linien wird also nur im Zusammenhange mit der anderen richtig verstanden. Die Erlösung wird mißverstanden, wenn sie nicht als Begründung von Imperativen, als Ermächtigung zur sittlichen Tat erkannt wird; die Mahnungen, wenn nicht ihre Begründung in der schon geschehenen Erneuerung deutlich ist. Die Aufrufe sind nicht ein Anhang zum Glauben an die geschehene Erneuerung, sondern ein Ausdruck desselben - eine einzigartige Einheit von Erlösungslehre und Ethik.

Durch Christi Tod und Auferstehen sind die Seinen schon in den neuen Äon versetzt (Kol. 1,13) und dem jetzigen bösen Äon (Gal. 1,4) gestorben. Daher gelten die großen Aussagen von ihnen. Aber diese neue Wirklichkeit der Christen ist eine verborgene. Denn die neue Weltzeit ist unter der alten noch verhüllt. Die alte Welt ist grundsätzlich abgetan, aber tatsächlich noch vorhanden. Die Christen, in die neue Welt versetzt, hören nicht auf, zugleich in dieser alten Welt zu stehen. Der neue Äon ersetzt den alten noch nicht. Aber er zeigt seine Wirklichkeit als ein ständiges Nein des Kampfes zu dem alten. Das heißt: eben weil der Christ mit Christus in den neuen Äon versetzt ist, kämpft er in dem alten mit diesem. Weil er neu ist, erneuert er sich. Weil er als alter Mensch grundsätzlich getötet ist, tötet er das, was an ihm dem alten Äon angehört. Nur so ist sein Totsein hier und jetzt wirklich. Er kämpft auf dem Boden des Sieges, aber der Sieg ist auch nur in seinem Kämpfen wirklich. Der Sieg will im Glauben ergriffen sein, in der Tat glaubenden Kampfes. Die Sittlichkeit der Christen ist also nichts anderes als das Bekenntnis zu der geschehenen Erlösung, die tathafte Anerkennung des neuen Seins. Als solche ist die Sittlichkeit auf das Ende hin gespannt. Das Handeln streckt sich der Stunde entgegen, da die neue Wirklichkeit des Christen in Christus aus der Verborgenheit herausbricht und in Herrlichkeit offenbar wird (Kol. 3,4).

b) Nicht mehr Knechte der Sünde, sondern der Gerechtigkeit! 6,15-23

15 Was heißt das nun? Etwa: „laßt uns sündigen, weil wir nicht unter dem Gesetze stehen,
sondern unter der Gnade?" Nimmermehr! 16 Ihr wißt doch: in wessen Dienst ihr euch als
Knechte zum Gehorsam begebt, dessen Knechte seid ihr dann auch und habt (nur) ihm zu
gehorchen, entweder (Knechte) der Sünde - das führt zum Tode - oder des Gehorsams - das
führt zur Gerechtigkeit. 17 Aber Gott sei Dank, ihr waret Knechte der Sünde und seid von
Herzen gehorsam geworden der Norm der Lehre, der ihr übergeben wurdet. 18 Befreit von
der Sünde seid ihr Knechte geworden der Gerechtigkeit - 19 ich brauche da ein menschliches
Bild mit Rücksicht auf die Schwachheit eures Fleisches. Also: wie ihr einst eure Glieder in
den Dienst der Gemeinheit und der Zuchtlosigkeit gestellt habt und dadurch der Zuchtlosigkeit
verfielet, so stellet nun eure Glieder in den Dienst der Gerechtigkeit, womit ihr zur Heiligung
gelangt. 20 Denn als ihr Knechte der Sünde waret, da wart ihr freie Leute gegenüber der
Gerechtigkeit. 21 Welche Frucht hattet ihr nun damals? Dinge, deren ihr euch jetzt schämt,
denn ihr Ende ist der Tod. 22 Jetzt aber, wo ihr frei von der Sünde und Knechte bei
Gott geworden seid, habt ihr als eure Frucht, daß ihr heilig werdet, und das Ende davon ist
ewiges Leben. 23 Denn der Sold, den die Sünde zahlt, ist der Tod, Gottes Gnadengabe
aber ist das ewige Leben in Christus Jesus, unserem Herrn.

Noch einmal kommt das libertinistische, sittlich-leichtfertige Verständnis des Evan- 15
geliums von der Rechtfertigung und das ihm entsprechende jüdisch-judenchristliche
Bedenken zu Worte. Ist dieses Verständnis zu vermeiden? „Nicht mehr unter dem
Gesetz, sondern unter der Gnade" - fällt damit nicht notwendig der sittliche Ernst
dahin? Muß nicht die Losung von Vers 1 in anderer Form wiederkehren? Das Gesetz
steht ernst und streng wider die Sünde, bedroht und straft sie; was wird aus dem
Menschen, wenn er diesem Herrn entlaufen darf? Kommt er nicht aus der Bindung
in eine sehr bedenkliche Freiheit? Heißt Gesetzesfreiheit nicht - Gesetzlosigkeit? Kann
Gnade eine Ethik tragen? Paulus kann diese Bedenken abweisen. Es ist bezeichnend 16
für seine Theologie, daß er jener Folgerung nicht mit Ermahnungen an die Christen
zu sittlichem Ernste, sondern zunächst mit einer Feststellung antwortet. Er erinnert
an ein unleugbares Gesetz des menschlichen Lebens, aber nicht ein psychologisches (so
A. Schlatter: Paulus verweise die Christen auf ihre Erfahrung, einst im Sündigen,
jetzt im Gehorchen: „damals und jetzt entstand aus ihrem Entschluß Entschlossenheit"),
sondern ein ethisch-juristisches, nämlich an das für alle Dienstverhältnisse gültige
Gesetz: Ist jemand eines Herrn Sklave geworden, so ist er an ihn gebunden zu unbe-
dingtem und ausschließlichem Gehorsam. Man kann nicht zwei Herren zugleich dienen.
Es gilt ein Entweder-Oder. Und zwar handelt es sich für den Menschen um die
Wahl zwischen dem Dienstverhältnis zur Sünde und dem Dienstverhältnis zum -
Gehorsam. Daß Paulus hier als Herrn, dem Gehorsam zu leisten ist, den Gehorsam
nennt statt Gottes und so das Wort Gehorsam innerhalb eines Satzes in zwiefacher
Bedeutung gebraucht, ist stilistisch hart. Das zweite Mal bezeichnet Gehorsam nicht
formal die Hingabe überhaupt, sondern inhaltlich die Hingabe an Gottes Willen
im Gegensatz zu dem Ungehorsam, der formell auch Hingabe, aber an die Sünde ist
(vgl. Röm. 5, 19). Der Dienst der Sünde führt zum Tode, der Dienst des Gottes-
Gehorsams zur Gerechtigkeit, d. h. zur Geltung vor Gott. Die Christen haben ge- 17
wählt. Sie waren früher, wie alle Menschen von Natur, Knechte der Sünde. Aber
das liegt nun als Vergangenheit hinter ihnen: sie haben sich willig und freudig der
in der christtlichen Lehre an sie herantretenden Norm untergeben, zu der Gott sie
durch sein Wirken hingeführt hat. So haben sie den Herrn gewechselt. Nun kann man 18
seinen bestimmten Dienst wohl wechseln, aber nicht die Dienstbarkeit überhaupt ab-
werfen. Mit dem Dienste wechselt man auch die Freiheit. Denn dem bestimmten
Dienstverhältnis entspricht je bestimmte Freiheit. Jedes Dienstverhältnis bedeutet
nach der anderen Seite hin Freiheit, jede Freiheit stellt nach der anderen Seite in
Dienst. Die Befreiung von der Sünde bedeutet also notwendig den Eintritt in das
Dienstverhältnis zu der Gerechtigkeit. Das alles ist freilich nur im Gleichnis geredet, 19a
in dem Bilde menschlicher Verhältnisse, das zuletzt der Sache doch unangemessen ist.
Für Paulus bedeutet der Christenstand ja den Stand der wahren Freiheit im heiligen
Geiste! Aber der natürliche Mensch in seiner fleischlichen Art neigt immer wieder dazu,
die christliche Freiheit als Herrenlosigkeit mißzuverstehen. Er verwechselt gerne die
Freiheit von der Gesetzlichkeit des Lebens mit Selbstherrlichkeit: man gibt sich wohl
grundsätzlich Gott hin, macht aber die Vorbehalte, die „das Fleisch" braucht. Um
dieser allzumenschlichen Verkennung willen muß Paulus die Freiheit in der Bindung
an Gott als neue Dienstbarkeit beschreiben, so fremd ihm das auch an sich ist. Die
Christen sollen wissen: sie sind jetzt genauso ausschließlich gebunden wie bisher im

Sündenstand, und nur dadurch, daß sie ganz an Gott gebunden, sind sie von der
19b Sünde frei. Sind also – um im Bilde zu bleiben – die Christen in Rom durch ihre Bekehrung unzweifelhaft Knechte der Gerechtigkeit geworden, so gilt es, das auch anzuerkennen durch Bejahung des neuen Dienstverhältnisses im Handeln. Wieder geht der Indikativ in einen Imperativ über: Ihr seid dienstbar geworden – so gebt eure Glieder hin zur Dienstbarkeit! Eure Glieder – wieder heißt das: es geht nicht um Gesinnung allein, sondern um Tat, um die immer leibliche Wirklichkeit des Lebens in der Welt. Die Mahnung von V. 13 kehrt in neuer, durch das Bild der Dienstbarkeit bestimmter Form wieder. Früher standen eure Glieder im Dienste der geschlechtlichen Gemeinheit und der Zuchtlosigkeit, dabei kam nichts als eben immer neue Zuchtlosigkeit heraus. (Diese Wendung beweist, daß die römischen Christen in der Mehrzahl aus dem Heidentum herkommen.) Entsprechend müssen eure Glieder jetzt in den Dienst der Gerechtigkeit treten – damit werdet ihr heilig, ganz Gott eigen. Die Heiligung geschieht also durch konkrete Akte der Hingabe an die Gerechtigkeit, durch die Tat; Paulus denkt sie offenbar als ein fortschreitendes Geschehen, als einen
20 Prozeß. Sieht man auf den Ertrag jedes der beiden Dienstverhältnisse, dann kann die Hingabe an die Gerechtigkeit nicht schwerfallen, dann kann man sich nach der Freiheit gegenüber der Gerechtigkeit wahrlich nicht zurücksehnen. Einst hattet ihr
21 diese Freiheit, solange ihr im Dienste der Sünde standet. Was bei diesem Dienste herauskam, daran könnt ihr heute nur mit tiefer Scham denken. Zuletzt wartete euer in dem alten Dienstverhältnis der Tod, Entleerung und Zerstörung des Lebens.
22 Wie anders jetzt, wo ihr den Herrn gewechselt habt – nun ist euer Ertrag Heiligung für Gott und am Ende ewiges Leben. Welch ein Gegensatz! Es kann nicht anders
23 sein. Die Sünde zahlt ihren Knechten nie anderen Lohn als den Tod, Gott aber lohnt – nein er lohnt nicht, denn bei ihm hat man nie etwas verdient, sondern er schenkt aus Gnaden um Christi, unseres Herrn willen und durch ihn, ewiges Leben. Tod oder ewiges Leben – wie könnte es zweifelhaft sein, wem wir dienen wollen!

Die Ausführung des Paulus über die Dienstbarkeit darf nicht als ethische Psychologie mißverstanden werden. Nicht das will Paulus sagen, daß jeder Akt grundsätzlicher Entscheidung in der Seele nachwirkt, den Menschen festlegt und zu einer Bindung führt, die er nicht nach Belieben wieder aufheben kann. Nicht eine psychologische, sondern eine Rechts-Wirklichkeit deckt Paulus auf. Wer sich in Dienst begibt, ist rechtlich gebunden. Die rechtliche Bindung ist freilich zugleich eine seinshafte, aber dabei denkt Paulus nicht zunächst an eine psychologische, sondern an die „theologische" Wirklichkeit unserer ein für allemal geschehenen Zueignung an Christus. Nur von hier aus kann die Aufforderung von V. 19 verstanden werden. Sie ruft zur handelnden Anerkennung einer Bindung, die mit der Bekehrung zu Christus da ist.

Mit dem ganzen Kap. 6 hat Paulus zeigen wollen: Der Glaube an Gottes Gnade, die sich gerade gegenüber der Sünde herrlich erweist, und das Ende der Gesetzesordnung zwischen Gott und Mensch bedeutet durchaus nicht sittliche Gleichgültigkeit. Im Gegenteil: die Wirklichkeit, die für den Christen seine Taufe darstellt, ist Aufruf zu völliger Absage an die Sünde, zu schlechthinniger Hingabe des ganzen Menschen an den Willen Gottes. Die recht verstandene Gnadenlehre ist nicht Gefährdung, sondern wahre Begründung ernster Sittlichkeit. Paulus hat mit diesen Gedanken Entscheidendes geleistet: er führt den Christen mit Sicherheit auf dem schmalen Grat zwischen

Gesetzlichkeit und Gesetzlosigkeit, zwischen Moralismus und sittlichem Nihilismus. Er hat gezeigt, was er am Schlusse von Kap. 3 schon ankündigte, daß Christus das Ende und zugleich der Anfang der Sittlichkeit ist. Erst Luther hat Paulus in diesem Doppelt-Einheitlichen wieder ganz verstanden und zu Gehör in der Kirche gebracht.

c) Die Christen sind rechtmäßig vom Gesetze frei 7,1-6

1 Ihr wißt doch, Brüder – ich rede ja zu Leuten, die das Gesetz kennen –, daß das Gesetz über den Menschen Gewalt hat nur so lange als er lebt. 2 Zum Beispiel: die verheiratete Frau ist an ihren Mann nur für seine Lebenszeit durch das Gesetz gebunden; stirbt der Mann, so ist sie von dem Gesetze, das sie an den Mann bindet, los. 3 Also wird sie nur bei Lebzeiten ihres Mannes Ehebrecherin heißen, wenn sie sich einem anderen Manne zu eigen gibt. Stirbt aber ihr Mann, so ist sie frei von dem Gesetze und somit keine Ehebrecherin, wenn sie sich einem fremden Manne zu eigen gibt. 4 Also, meine Brüder, seid auch ihr für das Gesetz zu Toten geworden durch den Leib Christi, um nunmehr einem anderen zu eigen zu werden, dem, der von den Toten auferweckt ward, damit wir für Gott Frucht tragen. 5 Denn solange wir im Fleische waren, wirkten die sündhaften Leidenschaften, die durch das Gesetz erregt werden, in unseren Gliedern dahin, daß wir dem Tode Frucht trugen. 6 Jetzt aber sind wir losgemacht vom Gesetz, gestorben dem, was uns gefangen hielt, und dienen nun im neuen Wesen des Geistes, nicht im alten Wesen der (bloß) geschriebenen Satzung.

In 6,14 f. hatte Paulus gesagt: „Ihr seid nicht mehr unter dem Gesetze, sondern
unter der Gnade." Er hat mit diesem Satze schon einen anderen begründet (6,14a)
und falsche Folgerungen aus ihm abgewiesen (6,15 ff.). Aber ist der Satz selber, das
„nicht mehr unter dem Gesetze", schon ausreichend begründet? 5,20 hat eine An-
deutung über die nur vorübergehende Bedeutung des Gesetzes gegeben. Sie reicht
aber nicht aus gegenüber der ernsten Frage: Kann das Gesetz, der Wille Gottes, für
den Christen wirklich abgetan sein? Die Freiheit vom Gesetze verkündigen, heißt das
nicht: sich wider Gott empören? Paulus muß gegenüber dieser jüdischen Wertung des
Gesetzes jetzt zeigen, daß die Christen rechtmäßig, durch Gottes Willen und Tat vom
Gesetze frei sind. Nicht Paulus schafft das Gesetz ab, Gott hat es abgeschafft. Paulus 1
redet die Gemeinde in Rom auf ihre Kenntnis des Mose-Gesetzes an – daraus folgt
nicht etwa, daß die römische Gemeinde überwiegend judenchristlich war (so Th. Zahn);
auch in den heidenchristlichen Gemeinden wurde der alttestamentliche Kanon im
Gottesdienste gelesen – und beruft sich auf den ihnen bekannten jüdischen Rechtssatz,
daß das Gesetz für einen Menschen immer nur bei seinen Lebzeiten gilt. Das Ehe- 2
recht dient als Beispiel für den Satz. Das Gesetz bindet die Ehefrau an ihren Mann,
solange er lebt. Mit seinem Tode löst sich diese Bindung, die Frau ist frei. Welche 3
entscheidende rechtliche Bedeutung der Tod des Mannes hat, wird daran klar: bei
Lebzeiten ihres Mannes bedeutet die Hingabe an einen anderen Mann Ehebruch,
nach dem Tode ihres Mannes dagegen kann die Frau eine neue Ehe eingehen. Den 4a
dabei bestimmenden Rechts-Grundsatz wendet Paulus auf das Verhältnis der
Christen zum Gesetze an – auch der Heidenchristen: mit der ganzen vorchristlichen
Menschheit waren auch sie von Gott aus dem Gesetze unterstellt (Gal. 4,4 f.). Auch
hier ist ein Todesfall eingetreten: die Christen sind in dem Tode Christi, der stell-
vertretend seinen Leib hingegeben hat, als Getaufte mitgestorben (6,5 f.). Dadurch
sind sie rechtmäßig von dem Gesetze los und Christus, dem aus dem Tode Leben-

digen, zu eigen geworden. An das Gesetz gebunden sein und: Christus gehören, das ist ein ausschließender Gegensatz. Hier gibt es für Paulus keine Vermittlung, kein Sowohl-Als-auch. Zwischen dem einen und dem anderen steht der Tod, Christi Tod, die Todestaufe. - Das Beispiel aus dem Eherecht bietet einige Schwierigkeit. Es paßt nicht zu dem Grundsatze von V. 1: dieser besagt, daß ein Mensch nur bis zu *seinem* Tode unter dem Gesetze steht, in dem Ehebeispiel wird das Rechtsverhältnis durch den Tod des *anderen* gelöst. Auf der anderen Seite stimmt die Anwendung auf die Christen nicht zu dem Beispiel: ihm entsprechend müßte das Gesetz sterben, statt dessen sterben die Menschen dem Gesetze weg und sind doch frei zu einem neuen Verhältnis! Oder wäre der Vergleichspunkt zwischen dem Ehe-Fall und der Lage der Christen nur der allgemeine Satz: der Tod löst ein Rechtsverhältnis auf? Aber in der Anwendung (V. 4) kehrt die Wendung aus dem Ehebeispiel „einem anderen zu eigen werden" wieder; deutlich bezeichnet Paulus das Verhältnis zwischen Christus und der Gemeinde mit dem Bilde der Ehe (vgl. Ephes. 5,25 ff.). Das Beispiel will also Allegorie sein, stimmt als solche aber nicht. Diese Unstimmigkeit zwischen V. 1 und dem Beispiel des Eherechtes, dann wieder zwischen dem Beispiel und der Lage der Christen, bedeutet nun kein Versagen des Paulus, sondern ist in der Sache begründet: es gibt für die Geschichte der Gemeinde mit dem Gesetz überhaupt kein ohne Bruch brauchbares irdisches Gleichnis. Denn die Christen sind - in der Taufe (6,3 ff.) mit Christus - gestorben und eben darum durch Gottes Wunder lebendig geworden, sie sind also, in ihrer „Ehe" mit dem Gesetze, der sterbende, aber zugleich der überlebende Teil und als solcher frei. Sie überleben das Gesetz, aber nur indem sie gleichsam auch sich selbst überleben. Diese paradoxe Wirklichkeit des Christenlebens sprengt jedes Gleichnis, spottet jeder Entsprechung. So kommt es, daß die Lage der Christen teils dem in V. 4a wieder aufgenommenen Grundsatz V. 1, teils dem zu ihm nicht stimmenden Beispiel V. 2 f. entspricht, aber keinem von beiden ganz.

4b Was Paulus zunächst wollte, hat er getan: die Freiheit des Christen vom Gesetz
als rechtmäßig erwiesen. Nunmehr nimmt er die Grundgedanken von Kap. 6 wieder
auf. Die Freiheit vom Gesetz, die Zueignung an Christus, den Auferstandenen, hat
5 den Zweck und die Bedeutung, die Christen fruchtbar zu machen für Gott. Von solcher
Fruchtbarkeit war in ihrem früheren Leben keine Rede. Damals waren ihre Glieder
das Werkzeug sündiger Leidenschaften - nicht *trotz* des Gesetzes, sondern gerade
durch das Gesetz, denn das Gesetz weckte und reizte die schlimme Sucht (s. weiter
V. 7 ff.). Der Ertrag war des Todes. Aber davon darf Paulus mit der Kühnheit
des Glaubens reden als von einer Vergangenheit, die hinter ihm und allen Getauften
liegt: „so lange wir im Fleische *waren*". Die Bestimmtheit des Lebens durch die
6 Herrschaftsmacht des Fleisches hat aufgehört. Durch die Teilnahme an Christi Tod
sind die Christen los von dem zur Sünde reizenden Gesetze und ihrem Gefängnis,
der Knechtung unter das Fleisch und seine Süchte entnommen. Jetzt können und
sollen sie Gott wahrhaft dienen (s. 6,16 ff.), in neuer Weise, nämlich im Geiste. Unter
dem Gesetze war der Dienst Gottes durch die „Schrift" bestimmt, die bloß geschriebene
Satzung, die nur von außen an den sündigen Menschen fordernd herantritt, ihn aber
nicht von innen bewegt, die Sünde nicht überwindet, sondern gerade mehrt. Aber
dieses Schrift-Wesen ist jetzt überholt und veraltet, dadurch, daß die Christen Gottes
Geist empfangen haben (5,5). Nun ist der Dienst Gottes ganz neu geworden: der

Geist bewegt den Menschen inwendig, ist der Sünde mächtig, unterwirft das Herz Gott. Unter dem Gesetze und unter der Gnade stehen - das verhält sich wie Herrschaft des nur Geschriebenen, der bloßen Vorschrift und Herrschaft des Geistes (vgl. 2. Kor. 3,3 ff.).

d) Das Gesetz und die Sünde 7,7-25.

d[1]) Das Gesetz als Mittel der Sünde 7,7-13

7 **Was heißt das? Ist etwa das Gesetz selber Sünde? Nimmermehr. Sondern: ich hätte die**
Sünde nicht kennengelernt außer durch das Gesetz. Nämlich die Begierde hätte ich nicht er-
fahren, wenn das Gesetz nicht sagte: „Du sollst nicht begehren!" 8 **Die Sünde erhielt den**
Anstoß durch das Gebot und bewirkte nun in mir jedwedes Begehren; denn ohne das Gesetz
ist die Sünde tot. 9 **Ich aber war einst lebendig, als kein Gesetz da war. Da kam das Gebot:**
nun lebte die Sünde auf und 10 **ich starb. So erwies sich mir eben das Gebot, das zum**
Leben da war, als Mittel zum Tode. 11 **Denn die Sünde erhielt den Anstoß durch das**
Gebot und täuschte mich und tötete mich durch eben dieses Gebot. 12 **Also: das Gesetz als**
solches ist heilig, und das Gebot ist heilig, gerecht und gut. - 13 **So wäre denn das Gute**
mein Tod geworden? Nimmermehr! Vielmehr war es die Sünde. Die sollte als Sünde offen-
bar werden, indem sie mittels des Guten mir den Tod wirkte; die Sünde sollte sich zu maß-
loser Sündigkeit steigern mittels des Gebotes.

In V. 5 hieß es: das Gesetz weckt die sündigen Leidenschaften. Nach V. 4 und 6 7a
hängt die Freiheit zum rechten fruchtbaren Gottesdienste an der Befreiung vom geschriebenen Gesetze durch Christi Tod, wie in Kap. 6 an der Befreiung von der Sünde. Auch 6,14 hatte schon gesagt: Freiheit vom Gesetze ist Freiheit von der Sünde. Kommen hier Gesetz und Sünde nicht geradezu gleich zu stehen? Ist das Gesetz am Ende selber Sünde, nicht von Gott gegeben, sondern im Widerspruche zu seinem Willen? So scheint es aus den Gedanken des Apostels zu folgen, so haben vielleicht manche Heidenchristen (vgl. 6,1.15), die Predigt des Paulus mißverstehend, gefolgert, und die Judenchristen haben es dem Apostel vorgerückt. Ist das Gesetz Sünde? Nein! antwortet Paulus. Gesetz und Sünde sind zweierlei. Und doch steckt eine Wahrheit in der Frage. Es besteht ein verhängnisvoller Zusammenhang zwischen Gesetz und Sünde. Das Gesetz ist nicht selber Sünde, auch nicht die Quelle der Sünde, aber doch Anlaß und Mittel der Sünde. Paulus führt nun den Gedanken von 5,20 f. näher 7b
aus, in einer Psychologie der Sünde. Erst durch das Gesetz ist er mit der Sünde bekannt geworden. Nicht das Unterscheiden von Gut und Böse meint er damit, sondern das praktische Kennenlernen des Bösen: ich „erkenne" die Sünde, indem sie bei mir zur Tat wird (vgl. 2. Kor. 5,21). Wieso geschieht das durch das Gesetz? Die Wurzel 7c
der sündigen Tat ist die Begierde. Und auch von seinem Begehren „weiß" der Mensch erst dadurch, daß das Gesetz an ihn herantritt als bestimmtes Verbot „du sollst nicht begehren" (2. Mose 20,17). Triebe der Zuchtlosigkeit und Lieblosigkeit leben in dem Menschen von jeher. Aber ein Trieb ist noch nicht bewußter begehrender Wille. Zwischen beiden steht die Entscheidung, und zu dieser führt erst die Begegnung mit dem Gesetze oder Gebote. Sie macht Epoche. Ehe das Gebot kommt, ist der Trieb naiv, daher auch unbetont. Wenn aber das Gebot in das Leben eintritt, als Verbot des Begehrens, dann erst verstärkt sich der Trieb zur bewußten Begierde. Das Nein des Verbotes reizt den Trieb auf und macht ihn bewußt. Der Mensch entscheidet sich für ihn, der natürliche, zunächst unbewußte und unschuldige Trieb wird persönlicher

8a Wille, bewußter Widerspruch gegen Gott. Die – geradezu als Person gedachte –
Sündenmacht, die in der Welt wohl schon da, aber des Menschen noch nicht mächtig
ist, benutzt also wirklich das Gebot. Sie findet an ihm einen Stützpunkt, eine Operations-
basis wider den Menschen. Das Gebot wird ihr zum Mittel, jegliche Begierde
in dem Menschen aufzureizen. Der Mensch trotzt dem Verbote des Begehrens. Eben
weil ihm die Schranke gesetzt ist, richten sich nun alle seine Begierden auf. Er läßt
sie nicht fahren um des Verbotes willen, sondern erzeugt und bejaht sie jetzt erst recht.
8b Solange der Mensch dem Gebote noch nicht begegnet, ist die Sünde „tot", d.h. ohne
9a Lebenskraft, ohnmächtig, unfähig, den Menschen zu verderben. Solange „lebt" der
Mensch, d.h. er steht in ganzer, ungebrochener Lebendigkeit, noch ist er „unschuldig",
noch hat er Gottes Zorn nicht wider sich, weil er sich noch nicht wider Gott entschieden
9b hat. Aber dieser Zustand der Lebendigkeit des Menschen ist unwiederbringliche Ver-
gangenheit. Denn das Gebot ist in sein Leben eingetreten und hat nun die furchtbare
Umkehrung gebracht: die bisher tote Sünde ist aufgelebt, d.h. für den Menschen
10a wirklich und über ihn mächtig geworden – damit aber ist der Mensch dem Tode ver-
fallen, sein Leben hat die Unschuld, Einheit und Ungebrochenheit verloren und steht
10b unter Gottes zerstörendem Zorne. Furchtbare Verkehrung: Gottes Gebot sollte dem
Menschen Wegweiser und Mittel zum Leben sein (s. 1. Mose 2,16.17; 3,3; 3. Mose
11 18,5) – und ist ihm Mittel zum Tode geworden, Mittel in der Hand der hinterlistigen
Sündenmacht, die nun ihr Werk an dem Menschen tun kann: Täuschung und Tod.
Sie täuscht den Menschen, gaukelt ihm Glück, Freiheit, Leben vor und bringt doch
nur den Tod, und zwar wieder mittels des Gesetzes, das über den Sünder den Tod
verhängt. Wie ganz anders urteilt Paulus über die Begegnung des Menschen mit
12 dem Gebote als der sittliche Idealismus, etwa bei Kant! So ist das Ergebnis, die
positive Antwort auf die Frage von V. 7: das Gesetz ist nicht Sünde, sondern ist
heilig, jedes Gebot – wie Paulus mit eindringlicher Häufung der Worte gegenüber
13a allem Antinomismus betont – heilig, gerecht und gut, wie Gott selber. Aber der
Gegner, der in V. 7 aus den Sätzen des Paulus die blasphemische Folgerung ge-
zogen hatte, das Gesetz müsse dann offenbar Sünde sein, meldet sich wieder: das
Gebot „gut"? Dieses „Gute" hat aber nach der vorangehenden Darlegung des
Paulus die Menschen doch zum Tode geführt! Kann man es ehrlicherweise dann noch
„gut" nennen? Paulus lehnt die Einrede ab. Nicht das Gute ist unser Tod, sondern
die Sünde, die dabei freilich das Gute, das Gebot, als Mittel benutzt, wie V. 7 ff.
13b gezeigt haben. Das ist gewiß Mißbrauch des Gebotes. Aber die Sünde hat damit
Gottes Gedanken doch nicht durchkreuzt und zunichte gemacht. Im Gegenteil, in
diesem Mißbrauche des Gebotes durch die Sünde setzt sich eine Absicht Gottes durch.
Die Sünde soll als Sünde ans Licht kommen. Solange sie noch nicht zum Tode führt,
kann sie als harmlos erscheinen. Nun aber, wo sie das zum Leben gegebene „gute"
13c Gebot benutzt, um die Menschen in den Tod zu bringen, kommt ihr wahres Wesen
heraus: daß sie nichts als Betrug und Tod ist. Nun wird sie, wie Paulus in dem
parallelen Satze sagt, „überaus sündig", sie entfaltet alle Furchtbarkeit ihres Wesens
mit Hilfe des Gebotes. Nun erst, wo sie offene Sünde geworden ist, ist sie reif zum
Gerichte und kann überwunden werden von der Macht der Gnade.

Das „Ich" in 7,7 ff. Paulus erzählt die traurige Geschichte der Sünde im Menschen als seine eigene Geschichte, aber nicht biographisch, sondern theologisch; d.h. er berichtet nicht ein Erlebnis, sondern stellt seine vorchristliche Geschichte nach ihrem wesentlichen, das Gottesverhältnis betreffenden Gehalte dar, wie er sich ihm von hintennach im Glauben an Jesus Christus erschlossen hat. Das Selbstbekenntnis ist nichts anderes als das Selbstverständnis des Christen Paulus in bezug auf sein vorchristliches Sein. Als solches gilt es nicht nur für ihn: seine eigene Geschichte mit dem Gesetze und der Sünde ist nicht seine besondere Geschichte, sondern zugleich die Geschichte des Juden überhaupt - durch die Betonung des Gesetzes betrifft der Abschnitt in erster Linie den Juden -, darüber hinaus zugleich die Geschichte jedes Menschen. Das „Ich" ist also nicht individuell gemeint, sondern schließt jeden Menschen ein. Das Bekenntnis ist in und trotz der Ich-Form allgemeingültig. Unverkennbar sind die Verse 7 ff. voll von Beziehungen auf 1. Mose 3, die Erzählung vom Fall Adams. Der Ausdruck „Gebot", neben dem Gesetz, der Weg von der Begierde zur Sünde, die Auffassung der Sünde als persönlicher Macht (= die Schlange), die Täuschung durch die Sünde (vgl. 2. Kor. 11,3), der Zusammenhang von sündiger Tat und Tod - das alles erinnert an die Paradiesesgeschichte. Aber es ist keinesfalls die Ur-Geschichte, der erste Fall der Menschheit, was Paulus hier beschreibt. Von dem Urstande hätte er nie gesagt: „die Sünde ist tot". Der Ausdruck paßt nur auf eine Welt, in welche die Sünde schon „hineingekommen" ist (5,12), auf Menschen, die schon durch Adams Fall bestimmt, „fleischlich" (7,14) geworden sind. Paulus nimmt also wohl Züge aus der Ur-Geschichte, aber er beschreibt damit die Geschichte jedes Menschen nach Adam. - Epoche macht in dieser Geschichte der Eintritt des Gebotes in das Leben des einzelnen. Wann und wie das Gebot zum ersten Male an den Menschen kommt, sagt Paulus nicht und läßt sich nicht allgemeingültig sagen.

Die Geschichte des einzelnen und die Geschichte der Menschheit entsprechen einander insofern, als Paulus in beiden eine Zeit vor dem Kommen des Gesetzes oder Gebotes kennt. In der Geschichte der Menschheit hat das Mose-Gesetz Epoche gemacht, im Leben des einzelnen die Begegnung mit dem Gebote. Für die Zeit vorher gilt in beiden Fällen: „Ich war lebendig." Das ist relativ gemeint, gemessen an der Verurteilung zum Tode, die das Gesetz mit sich bringt. Daß die Menschheit und jeder Mensch schon vor und abgesehen von der Begegnung mit dem Gesetze dem Tode verfallen ist (5,12 f.), bleibt hier außer Betracht.

d²) Die Ohnmacht des Gesetzes gegenüber der Sünde 7,14-25

14 Das Gesetz - wir wissen es doch - hat das Wesen des Geistes; ich aber bin von Fleischesart, daher verkauft unter die Gewalt der Sünde. 15 Was ich vollbringe, verstehe ich nicht; denn nicht was ich will, tue ich, sondern gerade was ich hasse, das treibe ich. 16 Wenn mein Ich aber das, was ich tue, gerade nicht will (wörtlich: wenn ich aber das tue, was ich nicht will), so stimmt dieses mein Ich ebendamit dem Gesetze zu und erkennt an, daß es gut ist. 17 Dann aber vollbringt gar nicht mehr mein Ich, was ich tue, sondern die in mir wohnende Sünde. 18 Ich weiß ja wohl: in mir, das heißt in meinem Fleische, wohnt nichts Gutes. Das Wollen des Guten bringe ich wohl fertig, das Vollbringen aber nicht. 19 Denn ich tue nicht, was ich will, Gutes, sondern gerade was ich nicht will, Schlechtes. 20 Wenn ich aber das tue, was mein Ich gerade nicht will, dann vollbringt es gar nicht mehr mein Ich, sondern die in mir wohnende Sünde. 21 So finde ich mich dem „Gesetze" verfallen, daß, während ich das Gute tun will, nur das Schlechte zustande kommt. 22 Denn ich habe Freude am

**Gesetze Gottes nach meinem inwendigen Menschen, 23 ich sehe aber ein anderes Gesetz in
meinen Gliedern, das im Streite liegt mit dem Gesetze meiner Vernunft und mich gefangen
nimmt unter das Gesetz der Sünde in meinen Gliedern. Ich unglückseliger Mensch! 24 Wer
wird mich erlösen aus dem Leibe dieses Todes? 25 Dank sei Gott durch Jesus Christus,
unseren Herrn. - So ist nun mein eigenes Ich mit der Vernunft dem Gesetze Gottes dienstbar,
mit dem Fleische aber dem Gesetze der Sünde.**

14a Nicht an dem Gesetze also liegt es, daß die Menschheit durch das Gesetz den Tod
findet. Das Gesetz kommt von Gott, es trägt Gottes Art, ist „geistlich", also an sich,
wie der Geist immer, lebenspendend - Paulus denkt dabei an den Inhalt des
Gesetzes; die Form, als „Buchstabe" (V. 6), erscheint wohl als Gegensatz zum Geiste,
ändert aber nichts an dem „geistlichen" Charakter des Gesetzes. Das Gesetz ist von
14b der Art des Geistes - warum macht es dann nicht lebendig? Weil der Mensch nicht
des Geistes, sondern des Fleisches Art hat. Ist er auch nicht nur Fleisch, wie Paulus
im folgenden zeigt, so ist doch das Fleisch die bestimmende Macht seines Daseins (s.
schon V. 5). Fleisch und Sünde hängen aber auf das engste zusammen. Daher ist der
Mensch als „fleischlich" notwendig der Sündenmacht „verkauft" zum Sklavendienste,
ihr leibeigen. Was das in seinem Leben bedeutet, wird im folgenden entfaltet. „Ich
15 bin unter die Sünde verkauft", sagt V. 14. Und doch ist der Mensch als solcher nicht
ganz Sünde. Daher wird nun sein Leben ein furchtbarer Zwiespalt. Er begreift sein
eigenes Tun nicht, er ist sich in seinem Tun ein Rätsel. Es ist ihm fremd und fern,
er findet darin sich selbst nicht wieder. Es ist nicht Ausdruck seines Willens, sondern
dessen gerades Gegenteil. Das Ich ist also gespalten: das Subjekt des Handelns und
16 das des Wollens treten auseinander, stehen widereinander. Er, das wollende Ich,
haßt sein eigenes Tun. Mit diesem Widerwillen steht er also auf seiten des Gesetzes.
Sein Protest gegen sein Tun bedeutet inneres Einssein mit dem Gesetz, Anerken-
17 nung dessen, daß es recht hat. Also ist der Mensch, dessen Wille in eben diesem
Proteste zum Ausdruck kommt, gar nicht mehr der Täter seiner Taten, sondern die
Sünde, die fremde Macht, die doch Wohnung in ihm genommen hat. (Das „nicht
mehr" des Textes ist nicht zeitlich, sondern logisch zu verstehen; es grenzt ab nicht
gegen eine frühere Zeit, in der Paulus selber der wahre Täter gewesen wäre, sondern
gegen den nächsten Eindruck.) Der Mensch kann sich von seiner Sünde unterscheiden,
kann Gott recht geben gegen sie - das ist seine Würde, die gerade in seiner Not sichtbar
wird. Und doch, eben diese Würde macht ja seine Not erst furchtbar: er, dessen Wille
mit dem Gesetze eins ist und die Sünde haßt, ist ihr doch verfallen; denn sie ist
nicht eine Macht, die ihn von außen hie und da überfiele, sie hat sich in seinem
Personleben eingenistet. Mit allem seinem Proteste gegen die Sünde ist er ihr doch
18a ohnmächtig preisgegeben. Nichts Gutes wohnt in ihm, das heißt genauer (da in
ihm nach V. 15f. doch auch die Zustimmung zum Gesetze lebendig ist) „in seinem
Fleische". Er ist nicht ganz Fleisch, darum kann er sich von seiner Sünde unterscheiden,
sich über sie erheben. Und er kommt doch nie los von seinem Fleische und damit von
18b der Herrschaft der Sünde. Und nun stellt Paulus noch einmal wie in V. 15ff. den
Zwiespalt zwischen Wollen und Tun dar. Der Mensch bringt es nur zum Wollen des
19 Guten, das Tun ist ihm versagt. Wollen und Tun fallen auseinander. 15b kehrt mit
20 stärkeren Akzenten („das Gute", „das Schlechte") wieder. Und mit ihm 16f.: nicht
21 das Ich des Menschen, sondern die Sünde selber ist der Täter in uns. Unentrinnbar

ist dieser Zwiespalt: ein „Gesetz" hält den Menschen gefangen, mit gesetzlicher Notwendigkeit fahren sein Wollen und sein Tun auseinander, muß er Böses tun, obgleich
er Gutes will. Der Mensch ist eben in seinem Sein gespalten. Er ist einmal der „in- 22
wendige Mensch" (das „Ich" von 14-17), „Vernunft" - Luther übersetzt „Gemüt" - (V. 23a. 25b), „Herz", dem das Werk des Gesetzes eingeschrieben ist, „Gewissen" (2,15). Als solcher hat er seine Lust am Gesetze Gottes. Das ist das Größte, was Paulus von dem unerlösten Menschen sagen kann: er ist der Mensch, dem Gott das
Ohr und Herz für seinen Willen gab. Aber der Höhe dieser Würde entspricht die 23
Tiefe der Not des Menschen: er kann eben dieses Gebot, an dem er sich freut, nicht verwirklichen. Denn er ist nicht nur „inwendiger Mensch", sondern ebensosehr „Glieder", d.h. Leib, Fleisch, und zwischen dem „inwendigen Menschen" und den „Gliedern" gibt es nur Kampf. Denn beide sind je durch ein genau entgegengesetztes Gesetz beherrscht (Paulus gebraucht in V. 21-23 den Begriff des Gesetzes in doppeltem Sinne: in 22 ist vom Gesetze Gottes die Rede, in 21 und 23 vom Gesetze im Sinne einer Ordnung, Regel des Geschehens, Gesetzmäßigkeit, „Prinzip"): das „Gesetz der Vernunft" und das „Gesetz in den Gliedern" liegen im Kampfe miteinander. Und dabei hat das letztere die Oberhand: es zwingt den ganzen Menschen unter das Gesetz der Sünde, von dem es selber bestimmt ist. Daher ist er nun doch
als Ganzer „fleischlich" (14). Was hilft dem Menschen sein Wissen um Gottes Gesetz 24
und seine Freude an ihm? Was hilft es, daß er das Gesetz erfüllen „will" - dieses Wollen bringt es ja nicht zur Tat. So ist er mit alledem doch nur „unglückseliger Mensch". Und weil er Gott und sein Gesetz kennt, weiß er um sein Elend. Was bleibt ihm anderes als der Schrei nach dem Befreier, der ihn rettet aus dem Leibe, in dem „dieser Tod", nämlich die unentrinnbare Sünde mächtig ist? Die Verfallenheit an die Sünde ist „Tod", Zerstörung des Lebens (vgl. V. 10).

Ohne Vermittlung wird der Schrei der Verzweiflung aufgehoben in den Dank 25a
des Erlösten. Mit tiefem Aufatmen dankt Paulus dem Gotte, der ihn durch Jesus Christus gerettet hat. Der Schrei hat ja Erhörung, die Frage hat Antwort gefunden. Nur weil die Antwort da ist, konnte die Frage so wahrhaftig gestellt, kann
sie so tief und schmerzlich durchlebt werden. Aber ehe Paulus nun die Freiheit vom 25b
Gesetze der Sünde, die Gott geschenkt hat, entfaltet, ehe er überhaupt nur den Grund des Dankens ausspricht, unterbricht er sich wie auch sonst gelegentlich, z. B. 10,15ff., und faßt noch einmal das Ergebnis der schmerzlichen Selbstschau V. 14ff. in scharfer Zuspitzung zusammen. Der Mensch steht in doppelter Dienstbarkeit: sofern er „Vernunft" ist, dient er Gottes Gesetze, sofern er „Fleisch" ist, dem Gesetze der Sünde. Dieser Satz setzt mit seiner besonderen Gestaltung alles Vorige noch einmal in das rechte Licht. Vorher unterschied Paulus sein Ich von dem Fleische (18), von der in ihm wohnenden Sünde (17). Wollte er damit eine fremde Macht, die uns ihr Gesetz aufzwingt, für das, was er tat, verantwortlich machen? Nein. Eben das zeigt 25b. Jetzt spricht Paulus von einer doppelten Dienstbarkeit seines *Ich*. Wohl hat er unterschieden zwischen seiner „Vernunft" und seinen „Gliedern", in denen das Gesetz der Sünde herrscht. Aber er faßt die Leiblichkeit doch nicht wie eine Naturbestimmtheit und die Sünde nicht wie eine fremde Macht auf, für deren Herrschaft er nicht verantwortlich wäre. Sondern: *er* ist Vernunft, aber auch *er* ist „Glieder", „Leib" und daher Fleisch. *Er* in seinem eigenen *Ich* ist gespalten. Und er ist vor Gott für sich

ganz verantwortlich und daher persönlich schuldig. Paulus nimmt damit nicht zurück, daß der Mensch einer fremden Macht verfällt. Er ist nicht der Ursprung der Sünde. Er ist sündig nicht aus seinem Willen, sondern wider seinen Willen und doch mit seinem Willen - er ist zwiespältig.

Mit der Schwierigkeit, die der Text durch die auffallende Anordnung der Versfolge 7,24 f. -8,1, vor allem das Dazwischentreten von V. 25 b zu bieten scheint, hat man neuerdings entweder durch Umstellen der Verse fertig zu werden versucht oder so, daß man V. 25 b und z.T. auch 8,1 als Glosse versteht und im Paulus-Text auf 7,25 a unmittelbar 8,2 folgen läßt. Unsere Auslegung hält diese Eingriffe nicht für nötig und versucht die Folge der Verse aus einer auch sonst erkennbaren stilistischen Eigenart des Paulus, daß er sich unterbricht und etwas nachträgt, zu verstehen.

Einige Ausleger heute (vor allem R. Bultmann) verstehen den in 7,14 ff. beschriebenen Zwiespalt anders als es im vorigen geschah. Paulus soll nicht von einem Zwiespalt innerhalb des Ich, zwischen Wollen und Vollbringen des Guten sprechen, sondern von einem transsubjektiven Konflikt, zwischen dem Verlangen jedes Menschen nach Leben einerseits (das soll mit dem „Wollen", 7,15 ff., gemeint sein - darin ist der Mensch mit der Absicht des Gesetzes eins, 7,10.16), dem was als tatsächliches Ergebnis dieses Trachtens nach Leben für den Menschen herauskommt andererseits. Das Trachten nach Leben führt auf dem Wege des Gesetzesdienstes dazu, daß der Mensch das Gesetz als Heilsweg versteht, die „eigene Gerechtigkeit aufrichten" (10,3) will - damit fällt er in die Grundsünde und in den Tod, im Widerspruch zu seinem Trachten nach Leben (das soll der Sinn der Worte sein: ich tue das Böse, das ich nicht will, 7,19). Das „Gute" von 7,18 f. ist also nicht die Erfüllung der Gebote, sondern das Leben; das „Böse", 7,19.21, nicht entscheidend die Übertretung des Gesetzes, sondern der Tod. Das „Vollbringen", 7,15 ff., soll nicht das Tun des Menschen bedeuten, sondern das, was sein Tun für ihn bewirkt. Paulus sieht dann also die Not des Menschen unter dem Gesetz, seine eigentliche Verfallenheit zuletzt nicht in seinen Übertretungen und Verfehlungen, sondern vielmehr in seinem ich-betonten Erfüllen-Wollen des Gesetzes. Der Apostel halte dem Juden gerade vor, daß er das Gesetz zum Mittel des Selbstrühmens macht und damit dem Tode verfällt.

Indessen diese Auslegung widerspricht dem klaren Sinn, den die Begriffe dieser Verse bei Paulus sonst immer haben („wollen", „tun", „vollbringen", das „Gute", das „Böse"). Sie geht von der falschen Voraussetzung aus, Paulus habe es überall da, wo er auf das Scheitern des Menschen unter dem Gesetz zu sprechen kommt, immer nur mit der Ursünde des Juden zu tun, mit seinem ich-betonten Trachten nach Gesetzeserfüllung, nach dem Rühmen. Davon spricht Paulus in der Tat 10,3, aber nicht an unserer Stelle. Hier sieht er die Not, das Scheitern des Menschen unter dem Gesetz, wie 2,17 ff., im Nicht-Erfüllen, in der Übertretung der Gebote. Es ist also innerhalb des Römerbriefes zweierlei, dessen der Apostel den Juden anklagt. Diese Zweiheit muß man stehenlassen: man darf nicht auch da, wo Paulus den Juden auf das Nicht-Erfüllen, auf die Übertretung des Gesetzes anredet, die Sünde in seinem Erfüllen des Gesetzes finden. Paulus spricht ja in Röm. 7 zwar auch von dem Juden, aber durchaus nicht speziell und betont gerade von ihm, sondern von jedem Menschen, der unter dem Gesetz Gottes steht - da ist das Trachten nach der Gerechtigkeit, die Sünde des Pharisäers, nicht notwendig im Blick.

Das „Ich" in 7,14ff. Wer ist das Ich, das hier, in V.14-25, redet? Schildert Paulus seine Vergangenheit oder seine Gegenwart? Die Reformatoren antworten: das Ich ist der Christ Paulus und mit ihm jeder Christ. Gerade er ist in den Zwiespalt gesetzt bis zum Tode. Er erst hat „Freude am Gesetze Gottes". Der „inwendige" Mensch ist der geistliche Mensch. Nur der Heilige Geist gibt Freude am Gesetze Gottes. Der Christ ist aber als ein und derselbe Mensch geistlich und fleischlich. Daher gelten Röm.7 und 8 von ihm gleichzeitig, miteinander. Die Zeitform der Gegenwart in 7,14ff. hat guten Sinn (vgl. Luthers Römerbrief-Vorlesung, Weimarer Ausgabe, Bd.56, S.340ff.; deutsch von E.Ellwein, 1957, S.235ff.). Der Pietismus, dem die Bekehrung und Wiedergeburt das Leben des Menschen scharf in die zwei Stadien des alten und neuen Seins zerlegt, betont das Nacheinander von Kap.7 und 8. Röm.8 hebt 7 auf. In 7,14ff. redet der unerlöste Mensch, dem Gottes Geist noch nicht gegeben ist. Nur wo der Mensch Gottes Geist noch nicht empfangen hat, ist die Klage von Kap.7 möglich. Die Reformatoren und die Pietisten finden also je ihr eigenes theologisches Verständnis des Menschen und des Christen bei Paulus wieder. Wir heute müssen aber, in klarer Unterscheidung der „biblischen Theologie" und der Dogmatik, zunächst rein geschichtlich fragen und feststellen, wen Paulus in unserem Abschnitt gemeint hat.

Da ist nun sicher: 7,14ff. ist trotz der Zeitform der Gegenwart, die Paulus verwendet, eine Ausführung von V.5: „Solange wir im Fleische waren." Das ist offenbar Vergangenheit. Jetzt gilt V.6: der Geist ist gegeben; s. 8,2: freigemacht vom Gesetze der Sünde und des Todes. V.14ff. führt hinter V.6 zurück und entfaltet die Lage von V.5. Paulus redet also von dem Menschen ohne Jesus Christus, vor der Taufe, noch ohne den Geist Gottes, in erster Linie von dem Juden und seiner Lage unter dem Gesetz. Der „inwendige Mensch" von 7,22 und der von 2.Kor.4,16 sind zu unterscheiden. Nur der letztere ist erst durch das Sterben und Auferstehen mit Christus, durch die Verleihung des Geistes entstanden - freilich, der innere Mensch im ersteren Sinne wird in ihn aufgenommen, in ihm aufgegangen sein. Der Zwiespalt, der auch im Leben des Christen bleibt (s. 8,10), ist doch ein anderer als der von Kap.7.

Aber gibt dieses Bild des Menschen ohne Christus die Wirklichkeit treu wieder? Kann der Mensch sich hierin wiedererkennen? Durchlebt der Mensch ohne Christus, durchlebte der Jude Paulus den Zwiespalt von 7,14ff.? Geht die Klage 7,24, der Schrei nach Erlösung aus dem Zwiespalte von Sollen und Sein wirklich durch die vor- und außerchristliche Menschheit?

Paulus selbst kann es so nicht gemeint haben. Sein Bild des Heidentums in Kap.1, des Judentums in Kap.2 wußte nichts von der erschütternden Erfahrung des Zwiespaltes von Kap.7. Wir haben auch nicht den Eindruck, daß die Missionspredigt des Paulus bei den Menschen die Lage und Stimmung von Röm.7 voraussetzte. Für Paulus ging der Weg des Menschen zu Christus nicht von der Erfahrung in Röm.7 aus. Auch er selber ist diesen Weg nicht gegangen. So gewiß Röm.7 confessio ist - schwerlich will das Kapitel die innere Geschichte und Stimmung des Paulus vor seiner Bekehrung wiedergeben. Wir dürfen uns die innere Entwicklung des Paulus vor seiner Erkenntnis Christi nicht nach dem Muster der inneren Geschichte Luthers denken. Nicht das Scheitern am Gesetze, nicht das Leiden unter der Sündenmacht hat Paulus zu Jesus geführt. „Untadelig nach der Gerechtigkeit des Gesetzes" (Phil. 3,6) – das wird eher die Stimmung und das Selbstbewußtsein des Pharisäers Paulus gewesen sein. In 2,17 ff. sind wir ihm in seiner vorchristlichen Zeit näher als in Kap. 7.

7,14 ff. ist das Bild des Menschen unter dem Gesetze, wie der Glaube es sieht. Nur von Christus her kann man es so sehen. Das heißt nicht, daß es nachträgliche Umdeutung, Übermalung, daß es Dichtung wäre, die einen dunklen Hintergrund für das lichte Bild von Röm. 8 liefern soll. Genau umgekehrt: der Glaube an Christus allein sieht die echte Wirklichkeit der Lage des Menschen ohne Christus; die psychologische Wirklichkeit der Zufriedenheit, der Ungebrochenheit, des Wohlbefindens des Menschen ohne Christus gehört ihm zu der Lüge, in die die Sünde uns fesselt. Sähe der Mensch seine Lage, wie sie wirklich ist, die Wahrheit über sich und sein Verhältnis zu Gottes Willen, so müßte er in die bittere Klage von Röm. 7 ausbrechen. Der Glaube versteht den Menschen ohne Christus besser, als er selbst sich versteht.

Es kommt also nicht darauf an, wieweit die wirkliche Lage des Menschen ohne Christus unter dem Gesetze ihm zum Bewußtsein kommt. Aber Paulus schließt auch nicht aus, daß sie ihm zum Bewußtsein kommen kann. Und jedenfalls dürfen wir aus den Worten, daß der Mensch Freude habe am Gesetze Gottes (7,22), daß er „mit der Vernunft dem Gesetze Gottes dienstbar" ist (7,25), entnehmen, was Paulus dem natürlichen Menschen ohne Christus zutraut. (Vgl. die Äußerungen der Gesetzesfreude in der jüdischen [z. B. Psalm 19,18 ff.; 119], bes. der pharisäischen Frömmigkeit.) Das ist kein Widerspruch zu dem dunklen Bilde von 1,18–3,20, nicht einmal eine Ergänzung, denn 2,1 und 2,14 f. setzen das gleiche voraus, ja auch 1,32: das ist ja des Menschen heillose Zerrissenheit, daß er beides zugleich in sich trägt, die Freude am Gebote und die Freude an dem Bösen. Er steht im Widerstreit mit sich selbst (7,23). Luther hat das Bild des Menschen ohne Christus, unter dem Gesetze, zu sehr vereinfacht.

Der Mensch ohne Christus ist nach Paulus zwiespältig, Mensch im Widerspruch. Wie unterscheidet er sich von dem Menschen „in Christus" (8,1)? Auch der Christ steht noch im Kampfe. Das Kennzeichen des Christenstandes ist gerade der Widerstreit gegen das Fleisch (Gal. 5,16–24). Aber ein Entscheidendes hat sich gewandelt gegenüber dem Leben ohne Christus. In dem Menschen ohne Christus kämpfen „Vernunft" (7,23) und „Fleisch", im Christenmenschen „Geist" und „Fleisch". Jener Kampf ist daher hoffnungslos, denn das Fleisch ist immer stärker als die Vernunft. Dieser Kampf ist, obgleich der Widerstreit noch schärfer als der von Vernunft und Fleisch, im voraus entschieden, denn der Geist ist der Geist dessen, der Jesus von den Toten auferweckt hat (8,11). Leben die Christen aus diesem Geiste, dann sind sie frei von der Sünde. Wohl kennt Paulus keine sündlose Christenheit. In den Gemeinden ist die Sünde immer wieder nicht nur Möglichkeit, sondern Wirklichkeit. Aber das müßte nicht sein. Die sündige Tat ist nicht, wie bei dem Menschen ohne Christus, unvermeidbar. In dem Kampf mit dem Fleische können die Christen ständig siegen.

Die Auslegung von Kap. 7 durch die Reformatoren, als Bild des Christenmenschen, der den Geist schon empfangen hat, gibt dem Texte also einen anderen Sinn, als er bei Paulus hat. Sie deutet ihn um. Wir können verstehen, wie die Reformatoren in der Nachfolge Augustins zu dieser Deutung kamen. Im Unterschiede von Paulus vertreten sie die Erkenntnis, daß der Christ, obgleich durch den Heiligen Geist wiedergeboren und erneuert, bis zum Tode ein Sünder bleibt, der täglich sündigt. Diese Verschiedenheit in der Beurteilung des Christenlebens hat ihren Grund vor allem in dem Unterschied der missionarischen Lage bei Paulus, der innerchristlichen bei Luther. Für Paulus liegt aller Ton auf dem einmaligen Übergange aus dem Sündenstand in den Christenstand durch die Bekehrungstaufe. Sie scheidet das Einst und Jetzt klar. Der Sündenstand liegt zurück. Die Wende ist so durchfahrend, die Neuheit des Lebens so offenkundig, daß die Nachwirkungen des früheren Sündenstandes dagegen nicht in Betracht kommen und kein Problem für die theologische Besinnung bedeuten. Paulus kämpft gegen diese Rückstände als Seelsorger, aber er reflektiert nicht als Theologe über ihre Unentrinnbarkeit. Demgegenüber ist die reformatorische Theologie Ausdruck der innerkirchlichen Lage, das heißt, der Lage von Christen, die als Kinder getauft sind und in der Regel keine aktuelle Bekehrung erfahren haben. Hier fehlt die große Wende von der Sünde zu Christus, der Gegensatz von Einst und Jetzt. Hier ist die Sünde nicht wesentlich Vergangenheit, sondern wird als gegenwärtig erfahren, auch in und trotz dem Christenstande bleibend. Die Verschiedenheit der Lage wirkt sich noch stärker aus dadurch, daß die Besinnung auf die Sünde bei den Reformatoren eine Eindringlichkeit bekommen hat, die bei Paulus noch fehlt: das Unwillkürliche des inneren Lebens, die heimlichen Regungen und Begierden werden nicht erst dadurch zur Sünde, daß der Wille sie bewußt bejaht und aufnimmt; sie sind schon an sich Sünde und Schuld. Daher ist auch der Christ unentrinnbar und täglich sündig bis zum Tode, weil er (wie ja auch Paulus voraussetzt) von den „Begierden" nie loskommt. Damit verdient er immer aufs neue Gottes Zorn und bedarf täglicher Vergebung. In dieser Beurteilung der auch nach Paulus bis zur „Erlösung des Leibes" (8,23) unentrinnbaren Begierden ist der Satz der Reformatoren von der bleibenden Sündhaftigkeit der Christen begründet, also nicht in einem geringeren Maße des Vertrauens zu der erneuernden Macht Christi. Die Reformatoren haben ihre Erkenntnis des Christenlebens als bleibend sündig in Röm. 7 wiederfinden wollen. Damit tun sie dem Paulus-Text Gewalt an. Sie sind durch ihr Inanspruchnehmen von Röm. 7 für den Christenstand gehindert worden. auf das Wort des Apostels über den Menschen ohne Christus als Menschen des Widerspruches in sich selbst zu hören und es in ihrer Theologie zur Geltung zu bringen. Aber im Verständnis des Christenstandes haben sie recht, wenn sie sich dafür auch nicht auf Röm. 7 berufen können.

Gesetz und Evangelium bei Paulus. (Vgl. im vorigen die A. zu 1,17 „Gerechtigkeit Gottes"; 2,11 „Gerecht nach den Werken"; 3,31; 4,25 „Das Alte Tastament"; außerdem die A. am Schluß von Gal. 3: „Die Stellung des Paulus zum Gesetz.)

Paulus meint, wenn er von dem Gesetze spricht, allermeist das dem jüdischen Volke gegebene Gesetz und zwar nach seinem ganzen, auch dem kultischen Inhalte, aber mit besonderem Tone auf der Mitte, der sittlichen Forderung. Es ist nur Israel gegeben und gehört zu seinem Vorzug vor allen anderen Völkern (2,17 ff.; 9,4). Aber es gilt für alle und spricht daher auch alle schuldig. Die Heiden haben in dem Wissen um unbedingte Forderungen (1,32; 2,14 ff.) eine Entsprechung zu dem jüdischen Gesetze.

Paulus versteht das Gesetz anders als das Alte Testament. Für Israel ist das Gesetz Ausdruck des Bundes Gottes mit seinem Volk, umfassende Bundes-Ordnung,

Weisung für das Leben im Heil, daher zunächst nicht Last, sondern Gegenstand der Gesetzes-Freude, grundsätzlich erfüllbar, wenn auch immer wieder übertreten. Paulus dagegen nimmt das sittliche Gesetz der Gebote für sich, wie es mit dem Tiefgang seiner Forderungen im ganzen von dem sündigen Menschen nicht erfüllt werden kann und wie es dennoch legalistisch verkehrt wird zum Mittel einer menschlichen Leistungsreligion, für das Erlangen des Heils.

Wesen, Sinn, Giltigkeit des Gesetzes wird nach Paulus nur von Christus her recht erkannt. Seine Lehre vom Gesetze ist daher in jedem Zuge Lehre von dem Verhältnis zwischen Gesetz und Evangelium. Dieses Verhältnis aber läßt sich nur als dreifache Beziehung erschöpfend darstellen: als Einheit, als Abstand, als Gegensatz. Der *Einheit* entspricht die *Hoheit* des Gesetzes: das Evangelium ist seine *Erfüllung*. Dem *Abstand* entspricht die *Schwäche* des Gesetzes: das Evangelium ist seine *Ablösung*. Dem *Gegensatz* entspricht die *Todesmacht* des Gesetzes: das Evangelium ist seine *Aufhebung*. Die Einheit kommt in dem Begriffe „*Gerechtigkeit*" zum Ausdrucke, der Abstand in dem Verhältnis der Begriffe „*Schrift*" und „*Geist*"; der Gegensatz in dem Verhältnis der Begriffe „*Tod*" und „*Leben*", „*Zorn*" und „*Gnade*".

1. Das Gesetz ist Ausprägung des ewigen heiligen *Willens Gottes* an den Menschen und als solches heilig (7,12), nie zu überholen oder zu überbieten. Dieser Anspruch Gottes an den Menschen muß in unbedingtem Gehorsam erfüllt werden. In dieser Hinsicht kann das Evangelium nichts anderes sein als Erfüllung des Gesetzes, das Werke fordert. Christus steht mit gleichem Ernst gegen das Böse wie das Gesetz. Das „Gesetz Christi" (Gal. 6,2), die Liebe, ist die Zusammenfassung und Erfüllung aller Gesetzesforderungen (Röm. 13,8-10; Gal. 5,14). Gottes Heilstat in Christus hat den Sinn, daß die Forderung des Gesetzes erfüllt werde (Röm. 8,4; 1. Kor. 7,19). Der Sinn des Evangeliums ist „Gerechtigkeit", Gehorsam gegen Gott. Auch der Christ geht dem Richter, dem Gericht nach den Werken entgegen. Daran wird die Einheit von Gesetz und Evangelium deutlich. Im Begriff der „Erfüllung" ist das Evangelium positiv auf das Gesetz bezogen.

2. Aber erfüllt werden kann das Gesetz nur, indem es nicht mehr „Gesetz" ist, sondern „Geist". Das jüdische Gesetz ist „Schrift" (Röm. 2,27; 7,6; 2. Kor. 3,6), in schriftlicher Satzung verfaßter Gotteswille. Das ist seine Stärke (Röm. 2,20) - das Gesetz ist Form und als solche aller Formlosigkeit überlegen -, aber auch seine Schwäche (8,3). Als „Schrift" steht es dem Menschen von außen gegenüber als fremde, drohende und verheißende Forderung, mit der sein eigener innerer Trieb nicht eins ist. Weil der Mensch „Fleisch" ist, kann ihm Gottes Wille nur als „Schrift" begegnen. Die Eigenart des Gesetzes, bloße Vorschrift zu sein, bezeugt den Abstand zwischen Gottes heiligem und des Menschen sündigem Willen, die Fremdheit des Gotteswillens für den Menschen. Daher bedeutet die Herrschaft des Schrift-Gesetzes *Knechtschaft* des Menschen. Er lebt nicht wie der Sohn des Hauses unmittelbar mit seinem Vater, sondern gleichsam unter der Gewalt von Angestellten, gleich einem Knechte des Hauses (Gal. 3,23 ff.; 4,1-3). Paulus sieht den Menschen unter dem Gesetze geradezu in der Knechtschaft von Engelmächten, die zwischen Gott und dem Menschen stehen (Gal. 3,19; 4,3.9; Kol. 2,8.20). In dieser Hinsicht ist das Evangelium des Gesetzes *Ende*, als Ablösung: die „Schrift" wird, wie das „Fleisch",

mit dem sie zusammengehört, abgelöst durch den „Geist", der Schatten (Kol. 2, 17) - Paulus denkt dabei vor allem auch an das Kultus- und Zeremonialgesetz - durch das Wesen, damit die Knechtschaft durch die Freiheit. Nämlich: in der Gemeinschaft Christi bewegt der Wille Gottes den Menschen von innen her, als „Gesetz des Geistes" (Röm. 8, 2). Der Geist ist auch „Gesetz", aber er ist Überwindung der Schwäche des bloß geschriebenen Gesetzes, wie und weil er Überwindung des Fleisches ist, durch welches das Gesetz ohnmächtig wird (8, 3). Die Werke werden nicht mehr von außen erzwungen, sie wachsen als „Frucht des Geistes" (Gal. 5, 22).

3. Aber das Gesetz - und zwar gerade als sittliches Gebot - ist nicht nur knechtende, sondern zugleich tötende „Schrift" (2. Kor. 3, 6). Seine Schwäche ist zugleich Todesmacht. Denn der Mensch, an den es ergeht, ist Fleisch. Ihm gegenüber versagt das Gesetz nicht nur, ihn dem Willen Gottes zu unterwerfen (Röm. 7, 14 ff.), sondern es wandelt sich aus einem Mittel des Lebens zur verderbenden Todesmacht. Es wird der Sünde des Menschen nicht nur nicht Herr, sondern es muß, als Buchstabe von der Sündenmacht benützt, die Sünde geradezu aufreizen, steigern, zur Übertretung machen und den Menschen dem in ihm angedrohten Zorn und Tode überliefern (4, 15; 5, 13; 7, 7 ff.; Gal. 3, 13). Dieser unentrinnbaren, von Gott herkommenden Zornes- und Todesmacht des Gesetzes begegnet das Evangelium als das Wunder der vergebenden Gnade, der bedingungslosen Rechtfertigung. Das Evangelium ist des Gesetzes Ende (Röm. 10, 4) als Durchbruch durch seine Macht, Aufhebung seines Spruches, Abtun seiner Todesgewalt durch die Lebensgewalt des erstandenen Christus, der der Geist ist (2. Kor. 3, 6 ff.).

4. Angesichts dieser für den fleischlichen Menschen furchtbaren Wirklichkeit des Gesetzes erweist sich der Versuch des Menschen, das Gesetz zu benutzen zur Begründung oder auch nur Behauptung seines Verhältnisses zu Gott, als unmöglich, als heilloses Verkennen der Lage. Der Mensch, wie er ist, kann das Gesetz nicht erfüllen - es bleibt beim bloßen Wollen (7, 18) - und kann daher nicht durch Gesetzeserfüllung seine Geltung vor Gott sichern. Er kann es nicht - und soll es auch gar nicht. Jener Versuch des gesetzlichen Menschen bedeutet ein großes Mißverständnis, einen schlimmen Mißbrauch des Gesetzes, dem der Mensch verfällt, weil er seiner fleischlichen Art nach von sich aus sein Leben haben, von seiner „eigenen Gerechtigkeit" leben möchte (10, 3). Gott hatte mit dem Gesetz etwas ganz anderes im Sinne. Es ist als „Schrift" weder sein erster noch sein letzter Wille, sondern ein Interim. Wie und unter welcher Bedingung der Mensch Gemeinschaft mit Gott haben, vor ihm leben soll, das sagt nicht das Gesetz, sondern die Verheißung, die viel früher kam als das Gesetz (Gal. 3, 15 ff.). Diese Gnadenordnung Gottes, nach der der Mensch rein im Glauben an Gottes Verheißung vor ihm leben soll (Abraham! Röm. 4), ist niemals durch eine Gesetzesordnung abgelöst worden. Die Gnadenordnung gilt von Anfang an und unbedingt, nicht nur und nicht erst, weil der Mensch das Gesetz nicht erfüllen kann, sondern weil Gott, eben als Gott und um Gott zu sein (4, 17. 20), keinen anderen Weg mit dem Menschen gehen will, als den des reinen göttlichen Schenkens und Schaffens. Man darf also das Evangelium nicht vom Gesetze her verstehen, als „Ausnahme"; sondern man muß das Gesetz vom Evangelium her verstehen, als Mittel, als Vorbereitung für das Evangelium. Das Gesetz hat seinen Sinn und sein Ziel in der Tat an der Gemeinschaft des Menschen mit Gott, aber ganz

anders als der gesetzliche Mensch es sich denkt; nicht unmittelbar, sondern mittelbar: die Todesmacht des Gesetzes, die Sünde zu mehren, ist nämlich ein gewolltes Mittel in der Hand Gottes, um den fleischlichen Menschen in seinem Wahn, von sich selbst und seinen Leistungen her vor Gott leben zu können, durch das Scheitern reif zu machen für die Gnade; das Mittel, um die Krise der sündigen Menschheit heraufzuführen - dem überwältigenden Erbarmen Gottes entgegen (Röm. 5,20; Gal. 3,19). Steht es so, dann gibt es zwischen dem gesetzlichen Wahne des Menschen und dem Glauben an das Evangelium keine Vermittlung, kein Teils-Teils, sondern nur das Entweder-Oder. Die Gesetzlichkeit verkennt nicht nur das Evangelium, sondern auch das Gesetz in seinem Gottessinne. Jedes noch so leise und noch so begrenzte Ja zur Gesetzlichkeit verneint das Evangelium g a n z und mit ihm Gottes ganzen einheitlichen heilsgeschichtlichen Willen.

Christus des Gesetzes Ziel (Gal. 3,24), des Gesetzes Ende, des Gesetzes Erfüllung - in diesen drei Sätzen ist die ganze Lehre des Paulus vom Gesetze beschlossen. Diese drei Sätze regeln zugleich, was die Freiheit des Christen vom Gesetze bedeutet und was sie nicht bedeutet: der Christ nicht „u n t e r dem Gesetz", aber auch nicht „l o s vom Gesetz", sondern als „in Christi Gesetz G e b u n d e n e r" f r e i vom Gesetz (1. Kor. 9,20 f.).

e) Die Freiheit von Sünde und Tod durch den Geist Christi 8,1-11

**1 Also gibt es nun keine Verurteilung für die, die in Christus Jesus sind. 2 Denn das
Gesetz des Lebensgeistes in Christus Jesus hat dich freigemacht von dem Gesetz der Sünde
und des Todes. 3 Denn was das Gesetz nicht vermochte, worin es ohnmächtig war wegen
des Fleisches, (das hat) Gott (vollbracht): er hat seinen Sohn gesandt in der leibhaften Gestalt
von Sündenfleisch und um der Sünde willen, und über die Sünde im Fleische das Urteil
gesprochen, 4 damit die Forderung des Gesetzes erfüllt würde in uns, die wir nicht nach
dem Fleische wandeln, sondern nach dem Geiste. 5 Denn die Fleisches-Menschen trachten nach
Fleisches-Wesen, die Geistes-Menschen aber nach Geistes-Wesen. 6 Denn das Trachten des
Fleisches ist Tod, das Trachten des Geistes aber Leben und Friede. 7 Denn das Trachten
des Fleisches ist Feindschaft wider Gott: das Fleisch unterwirft sich ja dem Gesetze Gottes nicht,
das kann es auch gar nicht; 8 und die ihr Sein im Fleische haben, können Gott nicht gefallen.
9 Ihr aber habt euer Sein nicht im Fleische, sondern im Geiste, wenn anders der Geist
Gottes in euch wohnt - und wer den Geist Christi nicht hat, der ist nicht sein eigen. 10 Ist
hingegen Christus in euch, so ist zwar der Leib tot um der Sünde willen, der Geist aber ist
Leben, wegen der Gerechtigkeit. 11 Und wenn der Geist dessen, der Jesus von den Toten
auferweckt hat, in euch wohnt, so wird er, der Christus Jesus von den Toten erweckt hat, auch
eure sterblichen Leiber lebendig machen durch seinen Geist, der in euch wohnt.**

1 Nun greift Paulus mit dem „also" über 7,25 b zurück und entfaltet, was die in 7,25 a vergegenwärtigte Tat Gottes in Christus bedeutet (vgl. schon 7,6).

Welche völlige Wendung im Schicksal des Menschen! Bisher steht er unter Gottes Todesurteil, weil er dem Gesetze der Sünde verfallen ist. Das gilt von ihm, solange er Mensch ohne Christus ist (7,25 b: „mein eigenes Ich"). Ganz anders aber, wenn er Mensch „in Christus Jesus" geworden ist, in seinem Bereich, in seiner Gemein-
2 schaft lebt, von ihm bestimmt. Als solcher ist er nunmehr aller Verurteilung entrückt.
Denn Christus hat ihn befreit von der Verfallenheit an die Sünde und den Tod. Eine neue Ordnung hat die alte abgelöst, überwunden, verschlungen: dem Gesetze des

Fleisches ist das Gesetz des Geistes entgegengetreten. Paulus meint in beiden Fällen, wie bei dem Gebrauche des Wortes Gesetz in 7,21.23, eine nicht nur gebietende, sondern wirksame Macht. Auch die erlösende Macht muß ein „Gesetz", eine Ordnung sein. Der Geist ist nicht nur ohnmächtiges Ideal, er ist auch nicht nur einzelner Impuls, er ist wirksames Geistes-Gesetz. Gesetz und Freiheit sind hier kein Gegensatz; im Gegenteil: nur ein „Gesetz" gibt die Freiheit. Freiheit von der Todesmacht der Sünde geben kann der Geist aber, weil er Geist des Lebens ist, d.h. er bedeutet und bringt das Leben. Sein ursprünglicher Träger ist Christus Jesus (1,4), der geschichtliche und nun erhöhte. Die in Christo Jesu sind (V.1), sind dieses seines Geistes teilhaftig und dadurch von der Gesetzlichkeit der Sünde und des Todes frei. Wie könnten
sie nun noch der Verurteilung unterliegen? Befreiung vom Gesetze der Sünde - damit 3
ist etwas geschehen, was dem Gesetze ganz unmöglich war. Auch das Gesetz steht zwar wider die Sünde, hat mit ihr nichts zu tun und will selber die Freiheit des Menschen von der Sünde. Aber die Fleischesnatur des Menschen machte das Gesetz ohnmächtig, die Sünde zu überwinden, die Sünde konnte vielmehr umgekehrt das Gesetz als Mittel für ihren Sieg, den Tod des Menschen gebrauchen (7,7ff.). So kam das Gesetz als Weg in die Freiheit nicht in Betracht. Gott mußte einen ganz anderen Weg gehen. Er sandte seinen Sohn (1,3; vgl. die A. hinter 1,7), der bei ihm lebte in ewiger Gerechtigkeit, fern aller Versuchlichkeit und Sünde, als Menschen in die Adams-Menschheit hinein. „In der leibhaften Gestalt (von Sündenfleisch)" - der griechische Ausdruck, den wir so wiedergeben, kann auch bedeuten: „Bild", „Abbild", „Gleichbild" (s. 1,23) - dann wäre hier gesagt: der Sohn trug einen Fleischesleib, der dem zur Sünde geneigten Fleischesleib aller Menschen nachgebildet war, ohne doch derselbe zu sein. Der Ausdruck würde also zugleich die Ähnlichkeit und den Unterschied von Christi und aller anderen Menschen Leiblichkeit ausdrücken. So hat man das Wort hier oft ausgelegt, um die Sündlosigkeit Christi nicht zu gefährden, ihn von der sündigen Menschheit abzurücken. Aber damit verfehlt man den ganzen Ernst, die Tiefe und Kühnheit des paulinischen Gedankens. Der griechische Ausdruck bedeutet hier wie Phil. 2,7 „Gestalt". Er bezeichnet nicht die Ähnlichkeit, sondern die Selbigkeit von Christi und aller Menschen Leibhaftigkeit. Nicht ein urständlicher Mensch erscheint in Christus, sondern unsereiner, die wir durch Adams Fall bestimmt sind. Wie alle Menschen, so ließ Gott auch den Sohn das Fleisch tragen, aus dem die Ohnmacht, die Versuchlichkeit, die widergöttlichen Triebe kommen, das „Sündenfleisch". Christus glich nicht nur einem Menschen mit Sündenfleisch, er war ein solcher Mensch. Mit der Leiblichkeit nahm er auch die Not menschlicher Versuchlichkeit und Kampfesaufgabe auf sich. Der Sohn, der als solcher „Geist" ist, geht in das Gegenteil des Geistes, das für die Sünde anfällige, sünde-trächtige Fleisch ein - sprengt dieser Satz nicht alle Begriffe und Gedanken? (Vgl. auch o. zu 1,3f.) Und doch durfte und konnte Paulus nicht weniger sagen. An der Völligkeit des Eingehens des Sohnes in die menschliche Fleischesnatur hängt ja die Erlösung von der aus dem Fleische kommenden Sünde. „Um der Sünde willen", d.h. um sie für die Menschen zu überwinden, ist Christus ins Fleisch gesandt. Wie geschah die Entmächtigung der Sünde? Die knappe Wendung an unserer Stelle dürfen wir von dem Ganzen der paulinischen Lehre her ausdeuten. Paulus denkt an Christi Tod. Gott sendet seinen Sohn nicht nur in unsere Fleischesnatur, sondern gibt ihn auch in den

Tod der Sünder hinein. Es ist der Tod der Sünder, den er stirbt. Aber *er* stirbt
ihn, und dadurch wird dieser Tod ein ganz anderer. Er stirbt ihn, der, obgleich im
Sündenfleische, die Sünde doch „nicht kennenlernte" (2. Kor. 5, 21); in Kraft des
Geistes überwand er die Reize zur Sünde, die auch ihm aus dem Fleische kamen.
Er stirbt den Tod der Sünder, der sein „Sündenfleisch" in dem Gehorsam seines
Lebens und vollends durch sein Sterben am Kreuz selber in den Tod gegeben hat.
Daher hat sein Tod eine ganz andere Bedeutung als der Tod der Sünder. Dieser
bedeutet Verurteilung der *Sünder* durch Gott. In Christi Tode aber vollzieht Gott
an der *Sünde*, die im Fleische wohnt, mit eben diesem Fleische sein Urteil. Christus
erleidet an sich die Verurteilung des Sünders. Aber indem er, der Sündlose, sie
erleidet, hört sie auf, Verurteilung des Sünders zu sein. Vielmehr: die Sünde ist
verurteilt, sie verliert ihr Recht und ihre Macht. Sie muß in den Tod, dem sie bisher
die Menschen überantwortet hat. So ist Gottes Urteil an Christi Kreuz wirksame
Entmächtigung der Sünde. Und zwar für alle, die in Christus sind. Sein Tod hat
umfassende Bedeutung. Denn die den Menschen versklavende Sündenmacht ist nur
eine, und das Fleisch ist nur eines, an dem alle teilhaben. Die Menschheit in ihrem
Trachten und Wollen wider Gott ist eine, jeder einzelne lebt in der alle bindenden
Gesetzlichkeit. Wird diese Gesetzlichkeit durchbrochen, so ist sie für alle durchbrochen.
Sind darum Sünde und Fleisch in Jesus Christus verurteilt und entmächtigt, so sind
4 sie überhaupt, für alle entmächtigt. Durch sein Sterben gewinnt Christus die Geistes-
macht, alle zu erneuern, die sich nicht mehr vom Fleische, sondern von ihm und dadurch
von dem Geiste Gottes bestimmen lassen. Nun kann Gottes Wille, der im Gesetze
verfaßt ist, erfüllt werden. Das ist das Ziel und der Ertrag der Sendung Christi.
Das Fleisch ließ das Gesetz scheitern, der Geist bringt es zur Erfüllung. So ist bei
Paulus der Geist nicht nur des Gesetzes *Widerspiel* (7, 6) und Ende, sondern eben
als solches des Gesetzes *Erfüllung*.

5 Im folgenden begründet Paulus zunächst (V. 5-8), warum nur der Wandel nach
dem Geiste, nicht der Wandel nach dem Fleische, zur Erfüllung des Willens Gottes
führt. Bestimmtheit des Wesens durch das Fleisch bindet den Menschen an fleischliche
6 Ziele, Bestimmtheit durch den Geist läßt ihn wollen, was der Geist will. Solches
Geistes-Wollen bedeutet Leben und Frieden in der Gemeinschaft mit Gott (vgl. auch
7 2, 7-10); wohin aber könnte das fleischliche Trachten führen, außer zum Tode? Denn
es ist ja nichts anderes als Feindschaft wider Gott, Widerspenstigkeit gegen sein
8 Gebot und zwar, wie Kap. 7 gezeigt hat, unentrinnbare Widerspenstigkeit - solches
Leben im Fleisches-Wesen kann unter keinen Umständen Gottes Wohlgefallen haben.
9 So wartet seiner notwendig der Tod. Das Leben im Fleisches-Wesen (oder: im
Machtbereich des Fleisches) und das Leben im Geistes-Wesen (oder: im Machtbereich
des Geistes) hat Paulus als ausschließenden Gegensatz einander gegenübergestellt.
Nicht als ob die Leser erst wählen sollten - sie haben ihr Sein ja „im Geiste", sind
Geistesmenschen. Das Bestimmtsein durch das Fleisch, seine Herrschaft, ist für sie Ver-
gangenheit geworden (vgl. 7, 5), so gewiß Gottes Geist durch die Taufe im Glauben
Wohnung bei ihnen genommen hat. Das ist mit ihrem Christenstande, damit, daß sie
10 Christi eigen sind, notwendig gegeben. Dieses Einwohnen des Geistes oder - was
dasselbe ist - Christi bedeutet dann aber *Leben*: der Leib freilich, sofern er „Fleisch"
ist, also Herd der Sünde (6, 6), ist zum Tode verurteilt, grundsätzlich tot; aber der

Christ ist nicht nur Leib, er ist, als Mensch „in Christus", Geist, und dieser Geist ist
eitel Lebendigkeit, weil von ihm nichts als Gerechtigkeit ausgeht. Die Lebensmacht
des Geistes wirkt schon in der Gegenwart, im neuen Leben der Erlösten: die Not des
Zwiespalts von Röm. 7 liegt hinter ihnen. Aber wie wird die Geistes-Macht sich erst
künftig entfalten! Sie wird sogar den Leib ergreifen, den Leib, der von Gott her 11
„gestorben" (V. 10) und, zum Zeichen dessen, „sterblich" ist, dem äußeren Tode ent-
gegengeht. Gott hat durch den Geist Jesus von den Toten auferweckt (vgl. 1,4; 8,2).
Dieser selbe gewaltige Schöpfergeist lebt nun in den Christen - so kann es gar nicht
anders sein: durch ihn wird Gott auch ihren Leib aus dem Tode zum Leben führen.
Christi Auferweckung verbürgt es. Die Erlösung ist Befreiung vom Fleische, aber
nicht vom Leibe, sondern Befreiung des Leibes vom Fleische, das heißt von Sünde
und Tod. Im Geiste ist die neue Welt des Lebens schon gegenwärtig. Vom Geiste
aus erobert sie sich alles.

Der Abschnitt ist für das Verständnis der Geist-Lehre des Apostels besonders lehrreich. Man beachte zunächst die einander entsprechenden Wendungen „in Christus" (V. 1) und „Christus in euch" (V. 10). Die Entsprechung warnt davor, hinter der Wendung „in Christus" allzu selbstverständlich räumliche Vorstellungen anzunehmen. Ferner ist wichtig, wie Paulus wechselt zwischen den Wendungen: der Geist Gottes wohnt in euch (V. 9. 11), Christus in euch (V. 10); Christi Geist haben (V. 9); der *Geist* ist Leben (V. 10); und: *Gott* macht lebendig durch den Geist (V. 11). Gott, Christus, der Geist - Paulus redet von einer dreifaltigen Wirklichkeit Gottes. Der Geist Gottes ist kein anderer als der Geist Christi; die Gegenwart des Geistes nichts anderes als das Bestimmtsein durch Christus. Gottes Geist wird nur als Christi Geist unser eigen, d. h. nur wenn Christus in uns ist, wir in Christo sind.

Fleisch und Geist bei Paulus. Der Christ steht nach Paulus in dem Gegensatze von Fleisch und Geist. Dieser Gegensatz ist etwas anderes als die psychologische Unterscheidung von Leib und Seele als den beiden Bestandteilen oder Seiten des Menschen, wie Paulus sie selbstverständlich auch übt. „Fleisch" ist bei ihm allerdings an manchen Stellen einfach gleich Leib im Gegensatz zur Seele, aber darüber hinaus, entsprechend dem Alten Testament, Bezeichnung des Menschen, der Menschheit, weiter alles Menschlichen, Irdischen, Kreatürlichen als solchen, und zwar meist mit dem Tone auf der Schwachheit, Gebrechlichkeit, Hinfälligkeit, Begrenztheit des Menschenwesens, also auf seinem *Unterschiede* von dem Göttlichen. Von da aus geschieht leicht der Übergang zu „Fleisch" als Ausdruck für den Menschen und das Menschenwesen in seinem *Widerspruche* zu Gott (s. vor allem Röm. 7. u. 8; Gal. 5). Das Fleisch ist Sitz und Werkzeug der Sünde. Daß der Mensch Fleisch, fleischlich ist, bedeutet die Unentrinnbarkeit der Sünde für ihn (Röm. 7). Welche dieser verschiedenen Bedeutungen von Fleisch an der einzelnen Stelle vorliegt, ergibt sich jeweils aus dem sachlichen Zusammenhange. Man muß und kann die Bedeutungen (z. B. den verschiedenen Sinn der paulinischen Formel „nach dem Fleisch") unterscheiden. Aber sie gehören doch auch wieder zusammen. Denn auch da, wo Paulus mit Fleisch die widergöttliche Richtung des Menschen meint, also eine Bestimmtheit seines ganzen Seins, ist die ursprüngliche sinnliche Bedeutung, gleich Leib, nicht verlorengegangen (vgl. Röm. 6,6 „Sündenleib" mit 8,3 „Sündenfleisch"; auch 6,12 und den Wechsel von „Leib" und „Fleisch" 8,13). Paulus denkt bei „Fleisch" offenbar an die Macht des Leibes über das ganze Sein und Handeln des Menschen, und er findet diese Macht nicht nur in den stärksten leiblichen Trieben, dem Nahrungs- und Geschlechtstriebe, die das Leben offen und heimlich über alles Maß hinaus beherrschen, sondern auch in den „geistigen" Sünden wie Götzendienst und Lieblosigkeit, die er „Werke des Fleisches" nennt (Gal. 5,19), oder dem Streben nach eigener Gerechtigkeit und sich ihrer rühmen (Gal. 3,3). Und zwar ist es der Leib in seiner Sterblichkeit (Röm. 6,12), dessen ständige geheime Todesangst und Lebensgier als Selbsterhaltungsdrang das ganze Leben beherrscht, es träge zur Liebe, zum Opfer, zum Glauben macht. Wie der Mensch fleischlich geworden, wie das Sündenfleisch entstanden ist, davon spricht Paulus nicht ausdrücklich. Daß die Sünde aus der schöpfungsmäßigen Leiblichkeit des Menschen notwendig entstehen mußte, dieser Gedanke würde der sonstigen Lehre des Paulus widersprechen. Er wird die Entartung des Menschen zum „Fleische", wenn überhaupt, von Adams Fall hergeleitet haben (5,12 ff.; 2. Kor. 11,3). - Der Zusammenhang von Fleisch und Sünde findet sich auch in den Qumran-Texten.

Mit „Geist" meint Paulus gelegentlich anthropologisch den Menschengeist, im Unterschiede vom Leibe (z. B. Kol. 2,5), aber meist das Leben und Wesen, wie es Gott eigen, von Gott gegeben (das Gesetz ist „geistlich"; 7,14), auf Gott gerichtet ist. Als solches ist der Geist ausschließender Gegensatz zum Fleisch (8,5 ff.). Geist und Fleisch sind nicht die beiden nebeneinander möglichen „Teile" oder Seiten des Menschen, sondern zwei einander streng ausschließende Bestimmtheiten je seines ganzen Daseins. Der Mensch ist ganz „im Geiste" oder ganz „im Fleische". Es ist also jeweils eine Bestimmtheit des ganzen Menschen ausgesagt. „Geist" bedeutet also nicht etwas „Geistiges" im Gegensatze zum Leiblichen. Geistlich und geistig ist zweierlei. Wie der Mensch „Fleisch" ist gerade auch in seinen „geistigen" Sünden, so bedeutet „Geist" eine neue Bestimmtheit auch seiner Leiblichkeit: Paulus redet von einem „geistlichen" Leib (1. Kor. 15,44 ff.); Geist und Fleisch (Röm. 8,10 f.) verhalten sich auch wie Unsterblichkeit und Sterblichkeit, wie Auferweckungsmacht und Todverfallenheit. Sie sind also keineswegs nur sittliche Bestimmtheiten, sondern darüber hinaus seinshafte. Der Begriff des Geistes und Geistlichen greift so weit wie Gottes übernatürliches Leben mit seiner Macht und Fülle; vgl. die „Geistesgaben" in Korinth.

Der Mensch ohne Christus hat den Geist nicht; er ist, unbeschadet seiner Zwiespältigkeit (7,14 ff.), wesentlich „Fleisch". Der Geist wird dem Menschen zuteil allein durch Christus, der als Mensch das Fleischeswesen kraft seiner Geistesmacht sterbend überwunden hat (8,3), und nun denen, die sich im Glauben von ihm bestimmen lassen, Anteil gibt an seinem Geiste. „In Christus" und „im Geiste" sein ist dasselbe. Die Verleihung des Geistes an den Menschen bedeutet in erster Linie die Erneuerung seines Fühlens, Denkens, Wollens in das gottgemäße Fühlen, Denken, Wollen hinein. Gottes Leben geht wirklich in den Menschen ein als dessen eigene Lebendigkeit, der Geist wird eins mit der „Vernunft", dem „inwendigen Menschen", dem Widerspiel des „Fleisches" im natürlichen Menschen (7,22 ff.), zu dem inwendigen Menschen von 2. Kor. 4,16. Aber der Geist Gottes bleibt als solcher dem Menschen zugleich doch gegenüber; Paulus unterscheidet ihn von dem Geiste des Christen, dem durch Gottes Geist erneuerten menschlichen Ich (Röm. 8,16.26). Mit der Verleihung des

Geistes ist die neue Welt in den Christen angebrochen - der Anbruch verbürgt die völlige Erneuerung, die kommende „Herrlichkeit" (8,23; 2. Kor. 1,22; 5,5).

Die Lehre von Fleisch und Geist hat Wurzeln auch im Alten Testament (z. B. 1. Mose 6,3), geht aber in ihrer paulinischen Gestalt doch weit über das im Alten Testament angelegte hinaus. Entsprechungen zu ihr finden sich im hellenistischen Judentum, vor allem bei Philo und in der Gedankenwelt der Mysterien. Die Gedanken des Apostels sind nicht von dorther entlehnt; ihr Ursprung ist kein anderer als der Ursprung der paulinischen Theologie überhaupt: die Erkenntnis Christi in seinem Gegensatze zu und seiner erneuernden Bedeutung für alles Menschenwesen. Aber für die Formung dieser Erkenntnis in Begriffen hat die hellenistische Umwelt Bedeutung gewonnen. Das gilt im einzelnen z. B. von dem Gegensatze zwischen „Geist" und „Seele", geistlich und seelisch bei Paulus (1. Kor. 2,14; 15,44. 46). Und doch ist die Geist-Fleisch-Lehre des Paulus von ihren hellenistischen Entsprechungen und Vorbildern deutlich geschieden und wahrt den alttestamentlich-jüdischen Zug. Im Hellenismus wird die Lehre beherrscht durch den platonischen kosmischen Dualismus von Geist und Materie. Als materiell ist das „Fleisch" das Minderwertige, Ungöttliche, Widergöttliche. Bei Paulus fehlt erstens die Grundlage der Kosmologie völlig: er hat es bei Fleisch und Geist nur mit dem Menschen zu tun. Dualistische Weltansicht liegt ihm fern. So hat auch der Zusammenhang von Sünde und Fleisch nichts mit der Stofflichkeit des Leibes zu tun. Daraus folgt der zweite Unterschied: Paulus kann zwar gelegentlich „Fleisch" und „Leib" als Wechselbegriffe benutzen und vom „Leibe der Sünde" reden. Aber er gibt darum den Leib des Menschen durchaus nicht preis. Daran hindert ihn sein biblischer Schöpfungsglaube. Zum Fleische, zum Leibe als fleischlichem sagt er nein, zum Leibe als solchem ja. Wohl soll der Mensch von dem jetzigen Leibe erlöst werden (7,24), aber die Erlösung ist zugleich Erlösung des Leibes (8,23) zur Unsterblichkeit (8,11), wie denn auch der himmlische Christus einen menschlichen Leib hat. Die Glieder, jetzt vom Gesetze der Sünde beherrscht, sollen und können durch Christus „Waffen der Gerechtigkeit" (6,13) werden. Von dem Fleische könnte das nie gesagt werden. Das Fleisch kann nur vernichtet, der Leib aber wird durch Christus verwandelt werden (Phil. 3,21). Daher fehlt auch jede leibfeindliche Askese. Leib und Fleisch sind also klar unterschieden, trotz alles jetzigen Zusammenhanges.

In dem theologischen Denken der Kirche wurde die Lehre des Paulus von Fleisch und Geist weithin durch den hellenistischen Dualismus verfälscht. Luther hat auch hier den Durchbruch vollzogen und die paulinischen Grundgedanken erneuert. Allerdings gab er, im Kampfe mit einer Theologie, die das Fleisch wesentlich in der Sinnlichkeit sah, den für Paulus wichtigen Zusammenhang zwischen Leib und Fleisch ganz preis - ein deutlicher Unterschied zwischen Pauli und Luthers Lehre vom Menschen. Luther schließt sich hier näher an Johannes als an Paulus an.

f) Das Leben im Geiste 8,12-17

12 Also, Brüder, sind wir verpflichtet nicht etwa dem Fleische, nach des Fleisches Art zu
leben. 13 Denn wenn ihr nach des Fleisches Art lebt, so werdet ihr sterben. Wenn ihr aber
durch den Geist die Handlungen des Leibes ertötet, dann werdet ihr leben. 14 Denn alle,
die durch den Geist Gottes getrieben werden, die sind Söhne Gottes. 15 Ihr habt doch nicht

**den Geist von Sklaven empfangen, der euch wieder in die Furcht zurückführte, sondern ihr
habt den Geist derer empfangen, die zu Söhnen angenommen sind, in welchem wir rufen:
Abba, Vater! 16 Der Geist selbst bezeugt es unserem Geist, daß wir Gottes Kinder sind.
17 Wenn aber Kinder, dann auch Erben, und zwar Erben Gottes und Miterben Christi, wenn
anders wir nur dazu mit ihm leiden, damit wir (einst) auch seine Herrlichkeit teilen.**

12 Paulus hat in gewaltigen Sätzen beschrieben, was die Versetzung in die Gemein-
schaft mit Christus für die Christen bedeutet: das Fleisch ist tot, sie leben nicht mehr
im Fleische, sondern im Geiste, sie erfüllen die Forderung des Gesetzes (V. 4). Aber
wieder, wie in Kap. 6,11 ff. (vgl. auch Kol. 2,20; 3,1) geht Paulus von den großen
Indikativen zum Imperative über: Ihr seid im Geiste, so lebt nach dem Geiste! Das
Fleisch ist tot, so tötet das Fleisch! Zu dem Sinne dieses Überganges vgl. zu 6,11
und die Ausführungen über „Indikativ und Imperativ" S. 67 f. Die Gewißheit,
durch Gottes Erlösungstat Geistesmensch geworden zu sein, diese Entschiedenheit
seines Lebens stellt den Christen in den Kampf, in die Entscheidung zwischen Geist
und Fleisch. Was nach Gottes Befreiungstat wesenhaft und grundsätzlich unmöglich
geworden ist, nach dem Fleische zu leben, das ist praktisch immer noch möglich. So
gilt es, sich durch die Tat zu der Unmöglichkeit zu bekennen. Das Fleisch und die
Sünde sind durch Christi Tod und Auferstehung grundsätzlich und wesentlich ab-
getan - nun gilt es, sie als abgetan auch zu behandeln, ihre Ansprüche auf uns
13 nicht mehr anzuerkennen. Noch einmal erinnert Paulus, wie schon in 6,22 und 8,6 f.,
was die hier geforderte Entscheidung bedeutet: es geht um Tod oder Leben. Die
Menschen meinen, es erschließe ihnen das volle Leben, wenn sie dem Fleische, d. h.
ihren wider Gott gerichteten Süchten, folgen. Aber in Wahrheit führt das zum Tode.
Und gerade das, was für den natürlichen Menschen ein Sterben ist, das in den Tod
Geben seiner Süchte, führt ins Leben. Paulus spricht von den „Taten des Leibes".
Damit meint er die „fleischlichen", sündhaften Regungen, die vom Leibe her den
14 Menschen hinnehmen (vgl. 7,23 „das Gesetz in den Gliedern"). Daß die Absage an
das Fleisch, der Wandel im Geiste wirklich das Leben bedeutet, begründet V. 14:
bestimmt werden durch Gottes Geist (Gal. 5,18) ist ein sicheres Kennzeichen der
Söhne Gottes. Sohnschaft Gottes aber (das ist hinzuzudenken und wird in V. 17
ausgeführt) bedeutet auf alle Fälle Leben. „Söhne Gottes": Paulus gibt den Christen
den gleichen Namen, den Christus hat, der Sohn. Man kann den Ertrag der Er-
lösung in das eine zusammenfassen, daß die Menschen Söhne Gottes werden, d. h.
in eine Gemeinschaft mit Gott kommen, die an dem Verhältnis eines Vaters zu
seinem Sohne ihr Gleichnis hat. Durch den Sohn werden die Glaubenden „Söhne".
Er ist dazu in alle ihre Menschlichkeit eingegangen (8,3), daß er die Menschen hin-
einnähme in seine eigene vollkommene Gemeinschaft mit dem Vater (s. V. 29). Sie,
die Sünder, sind nicht von Natur Söhne. Aber um des Sohnes willen, durch ihn,
in ihm werden sie an Sohnes Statt angenommen, durch Gottes Gnade adoptiert
(s. V. 15). Diese ihre Sohnschaft erkennt man, wie schon bei dem Sohne, an dem
Wirken des Geistes Gottes. Wo Gott seinen Geist gibt, wo jemand durch diesen
eigenen Geist Gottes bestimmt wird, seine Gedanken denkt, seinen Willen will, da ist
15 er „Sohn". Sohnschaft, damit ist die ganze Würde, das wahrhafte Heil der Glau-
benden ausgesagt. Gewißheit um die Sohnschaft ist Heilsgewißheit. Dann liegt aber
alles daran, daß die Sohnschaft unzweifelhaft gewiß ist. Paulus bleibt dabei einen

Augenblick stehen. Die Kindschaft wird den Christen nicht nur durch die sittliche Triebkraft des Geistes, durch das Wandeln im Geiste verbürgt. Der Geist bekundet die Kindschaft noch auf andere Weise. Er erscheint nicht nur im neuen sittlichen Leben, sondern auch im Gebetsleben. Wenn den Christen die Anrede an Gott „Abba, lieber Vater", dieses Wort herzlichen kindlichen Vertrauens, wie Jesus der Sohn es gebetet hat, aus dem Herzen quillt - der Geist ist es, der sie so beten läßt. Er gibt den Mut und die Freudigkeit zum Vaternamen. Darin bekundet er sich also als Kindesgeist, als Geist, welcher der Stellung als Söhnen, die den Christen durch Jesus zuteil geworden ist, entspricht und sie verbürgt, das Gegenteil eines Knechtsgeistes voller Furcht vor dem gestrengen Despoten, wie er den Menschen eigen ist, die unter dem Gesetze stehen (Gal. 4, 2 ff.). Das aramäische „Abba" ist die ganz vertrauliche Form des Vaternamens. Die Juden zur Zeit Jesu wandten sie für den irdischen Vater, aber fast nie für Gott an. Es war das Neue an Jesus, daß er so auch Gott anredete (Mk. 14, 36), mit ihm also wirklich wie ein Kind mit seinem leiblichen Vater sprach - ein Ausdruck seiner unvergleichlich-innigen Gemeinschaft mit Gott. Wie Jesu Gemeinde sich in seine Stellung als Sohn mit aufgenommen wußte, so eignete sie sich auch seine Anrede des Vaters an. Das aramäische Wort blieb im Gottesdienste auch der griechischen Gemeinden erhalten, ebenso wie das „Maranatha" (1. Kor. 16, 22). Die Christen „rufen" Abba. Vielleicht will Paulus mit diesem Ausdrucke das Beten der Christen dem jüdischen Gebete gegenüberstellen, für das die Sitte das Murmeln forderte - auch ein Zeichen des „Knechtsgeistes". Die Christen beten laut, zuversichtlich, freudig (der Geist „hilft mir das Abba schreien / Aus aller meiner Kraft", Paul
Gerhardt). - Paulus weiß von einer noch anderen Verbürgung der Kindschaft durch 16
den Geist Gottes. Der Geist bekundet die Kindschaft nicht nur durch die Bewegung unseres inneren Lebens in Gehorsam und Kindes-Gebet, sondern er tritt „unserem Geiste", d. h. unserem inwendigen Menschen (vgl. 1, 9) gegenüber und bezeugt ihm unseren Sohnesstand, - eine Stimme, die von der Stimme unseres Betens und unseres christlichen Selbstbewußtseins verschieden ist. Paulus hat wohl an Augenblicke besonderer Geisteswirkung gedacht, in denen mit prophetischer Unmittelbarkeit, jenseits aller Glaubenszuversicht und Gebetsfreudigkeit, von Gott her die Gewißheit der Kindschaft ins Herz gesprochen wird. (Andere Ausleger sehen in V. 16 nicht ein besonderes, über V. 15 hinausführendes Zeugnis des Geistes für unsere Kindschaft, sondern nur die Feststellung, daß das Kindesgebet von V. 15 ein Zeugnis des Geistes
ist: „So bezeugt der Geist selber unserem Geiste ...") Mit der Kindschaft aber sind 17
die Christen zugleich der seligen Vollendung und Herrlichkeit gewiß. Paulus kehrt zu V. 13 und weiter V. 11 zurück. Er spricht die Gewißheit der Vollendung im Gleichnis aus: Kinder beerben ihren Vater. Gottes Erbe ist seine Herrlichkeit, das ewige Leben. Wir erben es aber nur in der Gemeinschaft mit Christus, als Teilhaber an seinem Erbe, wie wir ja auch nur in ihm Söhne sind. Mit Christus Erben - so kann auch unser Weg kein anderer sein als der seine: hat Gott ihn durch Leiden zur Herrlichkeit geführt, so setzt auch für uns der Anteil an seinem Erbe den Anteil an seinem Leiden voraus. Aber dann auch umgekehrt: der jetzige, oft so schmerzliche Anteil an Christi Leiden verbürgt die Teilnahme an seiner Herrlichkeit. Paulus weiß sich selbst und alle Christen in der Passionsgemeinschaft mit Christus (vgl. Phil. 3, 10; Gal. 6, 17; 2. Kor. 4, 10; 13, 4). Christi Passion ist nicht nur der Grund, sondern auch

die Gestalt des Christenlebens. Alles Leiden, wie es gerade der Christenstand mit sich bringt, der Schmerz um eigene und fremde Sünde, die Not in der Versuchung und im Kampfe, unter dem Widerstand der Welt, in Verfolgung und Märtyrertum, ist ein Leiden mit Christus. Das gibt ihm den Ernst, aber in aller Not zugleich die tiefe Freude und hohe Hoffnung, die alle Gemeinschaft mit Christus in sich trägt.

4. Die Gewißheit der Heilsvollendung 8, 18–39

a) Die Gründe dieser Gewißheit 8, 18–30

18 Denn die Leiden der Gegenwart, denke ich, stehen in keinem Verhältnis zu der Herrlich-
keit, die sich an uns offenbaren wird. 19 Denn das sehnsüchtige Harren der Kreatur wartet
auf die Offenbarung der Söhne Gottes. 20 Denn der Nichtigkeit wurde die Kreatur unter-
worfen, nicht mit eigenem Willen, sondern durch den, der sie unterwarf, auf Hoffnung –
21 denn auch sie, die Kreatur, soll befreit werden von der Sklaverei der Vergänglichkeit zur
herrlichen Freiheit der Kinder Gottes. 22 Denn wir wissen, daß die ganze Kreatur mitein-
ander fort und fort seufzt und in Wehen liegt. 23 Und nicht nur sie, sondern auch wir selber,
die wir im Geiste die Erstlingsgabe (der neuen Welt) schon haben, auch wir seufzen in uns
selbst, da wir auf die Einsetzung zu Söhnen warten, die Erlösung unseres Leibes. 24 Denn
nur auf Hoffnung sind wir gerettet. Hoffnung aber, die man schon erfüllt vor Augen sieht, ist
keine Hoffnung. 25 Denn was einer sieht, was braucht er das erst noch zu hoffen? Wenn
wir aber zu hoffen haben auf das, was wir noch nicht sehen, so erwarten wir es in Geduld.
26 Ebenso aber auch kommt der Geist unserer Schwachheit zu Hilfe. Denn wir wissen nicht,
was wir beten sollen, wie es sich gebührt, aber da tritt der Geist selbst für uns ein, mit
Seufzern ohne Worte. 27 Der aber die Herzen erforscht, weiß, was des Geistes Meinung
ist, daß er nämlich nach Gottes Willen eintritt für Heilige. 28 Und wir wissen, daß denen,
die Gott lieben, alles zum Guten hilft, weil sie nach seinem Ratschluß berufen sind. 29 Denn
die er sich zuvor ersah, die hat er auch vorausbestimmt, dem Bilde seines Sohnes gleichgestaltet
zu werden, auf daß er sei der Erstgeborene unter vielen Brüdern. 30 Die er aber voraus-
bestimmt hat, die hat er auch berufen, und die er berufen hat, die hat er auch gerechtfertigt,
und die er gerechtfertigt hat, die hat er auch herrlich gemacht.

Paulus ist von der mit 6,1 begonnenen Darlegung der neuen Lebensgerechtigkeit mit 8,14 zu dem neuen Gottesverhältnis zurückgeführt. Wie schon in Kap. 5 begründet er nun mit diesem Gottesverhältnis die Gewißheit der Heilsvollendung.
18 Es gilt, wie V. 17 angedeutet hat, zu leiden. Die natürliche Leidensscheu schreckt davor zurück. Aber wer wollte im Ernste klagen und fliehen? Was bedeuten denn die jetzigen Leiden, so schwer sie als die erwarteten Drangsale der letzten Zeit vor dem Ende sein mögen, im Vergleiche zu der überwältigenden Größe der kommenden
19 Herrlichkeit (vgl. 2. Kor. 4, 17)! Diese Herrlichkeit ist uns gewiß. Alles drängt ihr entgegen. Die ganze Kreatur seufzt (V. 19–22), die Christen seufzen (V. 23–25), ja auch der Heilige Geist seufzt (V. 26 f.) – wie sollte der barmherzige Gott dieses Seufzen nicht erhören! Zuerst spricht Paulus von der Kreatur im ganzen, vor allem der außermenschlichen. (A. Schlatter will diese Deutung nicht gelten lassen, sondern versteht unter „Kreatur" die Menschheit [vgl. Mk. 16, 15]. Indessen für die Deutung auf die außermenschliche Kreatur spricht nicht nur die überwiegende exegetische Tradition von den alten griechischen Erklärern an, sondern noch mehr die Analogie, welche der Gedanke des Apostels über die Schicksalsgemeinschaft zwischen Mensch und Kreatur in der jüdischen Theologie hat.) Sehnlich streckt die Kreatur sich dem Tage der Herr=

lichkeit entgegen. Es ist der Tag der „Offenbarung der Söhne Gottes". Die Christen sind schon Söhne Gottes, aber wie Christi Herrlichkeit selber, so ist ihr Sohnesstand vor der Welt noch verborgen, weil im Widerspruch zu dem, was an ihnen sichtbar ist, dem sündlichen Fleische. Am Ende aber wird ihre Sohnschaft die Hülle durchbrechen und ans Licht treten (s. Kol. 3, 3 f.). Nach diesem Tage sehnt sich unbewußt alle
Kreatur. Paulus hört durch den ganzen Kosmos eine Klage und eine Sehnsucht 20
gehen, die sich selber nicht versteht, deren Grund und Sinn und Recht aber der Glaubende kennt. Nichtigkeit ist das Los der Kreatur, sie ist der Vergänglichkeit verknechtet (V. 21); Zerstörung, Widerstreit, Angst, Schwermut, Leiden ist alles Geschaffenen Teil, nicht von Natur, sondern durch eine Anordnung Gottes, durch seinen Fluch. Die Kreatur hat dieses Todeslos nicht, wie der Mensch, in freier Entscheidung gewählt. Gott hat sie, wider ihre ursprüngliche Natur und ohne ihre Schuld unter den Fluch gestellt, mit dem schuldigen Menschen zusammen. Die Geschichte der Menschheit mit
Gott ist das schlagende Herz der ganzen Welt. Der Fall Adams wird zum Schicksal 21
für den ganzen Kosmos. (Paulus spricht hier allerdings nicht unmittelbar von dem Fall. Daher könnte man den Apostel etwa auch so verstehen: Gott hat die Schöpfung von Anfang an, ohne Zusammenhang mit dem Sündenfall in den vorläufigen Stand der Nichtigkeit gestellt; „nichtig" ist die Schöpfung im Verhältnis nicht zu einem herrlichen Urstande, sondern gemessen an ihrer endgültigen Bestimmung, zu der Christus sie führt. So H. W. Schmidt. Aber im Blick auf 5, 12, das Eindringen des Todes durch den Fall, und angesichts der jüdischen Parallelen wird man die Stelle doch dahin verstehen müssen: Gott läßt die Schöpfung aus ihrem urständlichen Sein mit dem Menschen zusammen in die Seins-Entfremdung sinken.) So furchtbar dieser Zusammenhang ist, so hoffnungsvoll ist er doch zugleich. Denn nun muß ja die Erlösung der Menschen auch für die Kreatur Befreiung bedeuten. Wenn den Söhnen Gottes die Fesseln des sündigen Fleisches genommen werden, wenn ihnen die Herrlichkeit geschenkt und damit ihre Freiheit (s. 8, 2) volle Wirklichkeit wird, dann ist für alle Kreatur ein Freudentag: sie bekommt in ihrer Weise Anteil an der Freiheit, ihre Ketten fallen, die Vergänglichkeit hat ein Ende, die Herrlichkeit des Paradieses kehrt
wieder. Daß dieser Tag kommen muß, darauf weist das einstimmige Seufzen, das 22
allgemeine Weh der Kreatur. Gott läßt die schuldlose Natur nicht vergeblich schreien. Es sind die Geburtswehen der neuen, künftigen Welt, in denen sie liegt.

Welt und Mensch stehen bei Paulus, wie in der jüdischen Apokalyptik, in Schicksalsgemeinschaft. Seine Theologie hat es nicht nur mit dem Heil der Menschheit zu tun, sondern eben darin zugleich mit der ganzen Schöpfung. Mit dem Menschen ist die ganze geschaffene Welt ihrem Urstand entfremdet. Mit dem Menschen wird die Welt erlöst, nicht der Mensch ohne die Welt und vor ihr. Nirgends tritt der ungriechische und unmystische Charakter der Theologie des Apostels so stark heraus wie hier. Der Wiedergeborene ist nicht in ein Jenseits entrückt, von dem aus er die Welt ihrem Schicksal ruhig preisgeben könnte. Er wird nicht aus der Welt erlöst, sondern mit ihr. Seine Erlösung ist nicht Preisgabe der Welt, sondern Anbruch der Welterlösung. Dieser Zusammenhang ist für Paulus einfach damit gegeben, daß der Mensch Leib ist. Als solcher ist er offenkundig in den Kosmos verflochten, ein Teil seiner. Wie die mystische Preisgabe der Welt und Seelenglaube, so hängen Welt-umfassende Hoffnung und Erfassung des Menschen in seiner Leiblichkeit zusammen. Davon zeugt das Folgende.

23 Die Kreatur wartet sehnlich auf das, was an den Glaubenden geschehen soll. Aber
diese warten und seufzen ihrerseits nicht minder. Der Grund liegt in ihnen selbst.
Wohl haben sie schon den Geist empfangen und wissen damit, daß sie Kinder sind.
Aber der Geist ist doch gleichsam erst eine Anzahlung auf den ganzen Reichtum, den
Gott schenken will, auf die Erneuerung des Leibes und der Welt; die Gabe des
Geistes verbürgt diese Erneuerung, läßt sie darum aber auch erst recht vermissen und
ersehnen. Noch ist die Erlösung allein in der Innerlichkeit geschehen. Noch ist der Leib
dem Fleischeswesen, der Sünde verfallen und darum dem Tode. Erst wenn der Leib
erlöst ist von Sünde und Tod, genießen die Glaubenden wahrhaft die Sohnesstel-
lung, in die Gott sie schon berufen hat. Es ist die Paradoxie des Christenlebens, daß
die Annahme an Sohnes Statt geschehen ist (V. 15) und doch noch nicht in Kraft trat,
daß die Christen Kinder Gottes *sind* und es doch erst *werden*, wenn der Tag
24 Christi hereinbricht. Das heißt: die Rettung, das Heil haben wir bisher nur so, daß
wir zur Hoffnung gerufen sind. Hoffnung aber hat es ihrem Begriffe nach immer
25 mit einer Wirklichkeit zu tun, die noch nicht in die Erscheinung getreten ist. Sind die
Christen in diesem strengen Sinne auf Hoffnung gestellt, so heißt es für sie, dem noch
Verborgenen als dem Kommenden entgegenzuharren und den Druck der Gegenwart
standhaft zu tragen.

26 Nicht nur die ganze Kreatur, nicht nur wir selber, auch Gottes Geist seufzt in uns
nach der Vollendung. In uns - aber das bedeutet wahrlich keine Höhe, sondern eine
demütigende Tiefe unseres persönlichen Christenlebens, Schwachheit, die der Hilfe
des Geistes bedarf. Nämlich: wir sind immer wieder viel zu matt, stumpf und blind,
um, wie sichs gebührt, die Not der Welt und unsere eigene aufs Herz zu nehmen
und ernstlich um Erlösung zu bitten. Aber wo unser bewußtes Gebetsleben am Boden
liegt, da tritt der Geist Gottes für uns ein im Rufen nach der endlichen Erlösung. Es
ist ein Seufzen ohne Worte. Paulus denkt an die Erfahrungen in den Gottesdiensten
der Gemeinden, wo einzelne vom Geiste hingerissen werden zu einem Beten „in
27 Zungen", das ihnen selbst unbewußt und den anderen unverständlich ist, dem Herzens-
kündiger aber wohl verständlich als stellvertretendes Rufen seines eigenen Geistes
um Erlösung - das Gebet, wie Gott es haben will (vgl. 1. Kor. 14, 2. 14 f.). Auch
heute, wo wir von der Gabe des Zungenredens nichts mehr wissen oder sie anders
beurteilen, können wir wohl die gleiche Erfahrung machen, von der Paulus spricht:
nicht wir beten mehr, sondern ein anderer betet in uns, unter, hinter allen unseren
Worten und eigenen Gedanken. Inmitten der Schwachheit und Ohnmacht unseres
eigenen Betens wird Gott selbst der Beter in uns.

So dringt von überall her das Seufzen zu Gott. Paulus erkennt darin die sichere Bürgschaft dessen, daß die Vollendung, die Herrlichkeit nicht ausbleiben wird. Wie könnte vor allem das Bitten des Geistes Gottes um Erlösung unerhört bleiben!

28 Vollends hat die Gewißheit der Vollendung ihren klaren festen Grund in dem
ewigen, unerschütterlichen Heilswillen Gottes (V. 28-30). Das Leben der Christen
ist voller Not und Leiden (V. 18), voller Hemmungen und Versuchungen. Dennoch,
das alles kann die Gewißheit der Vollendung nicht zerstören. Denn der Christ weiß,
daß nach Gottes Willen alles, was er erleidet, ihm zum Guten, d. h. zu seinem Heile

und wahren Leben dienen muß. Not und Leiden ist an sich nichts Gutes, aber es tritt
in den Dienst unseres Besten. Es muß uns segnen und zum Ziele führen helfen. Das
ist die „Freiheit eines Christenmenschen", sein Königtum, von dem Luther im Geiste
des Paulus gejubelt hat, kraft dessen der Christ von allen Dingen nicht nur frei,
sondern aller mächtig ist: sie müssen ihm dienen zur Seligkeit. Das gilt von den
Christen als solchen, die Gott lieben. Von Natur stehen wir wider Gott in Feindselig-
keit. Wenn wir aber von Gottes Liebe zum Glauben bewegt werden, zieht die Liebe
zu Gott in uns ein: Gott ist unsere Freude und unser Leben geworden. Paulus spricht
sonst wenig von der Liebe zu Gott (doch vgl. 1. Kor. 2,9; 8,3); die wahre Liebe zu
Gott ist ihm eben der Glaube, in dem wir Gottes Selbsthingabe an uns dankbar und
freudig hinnehmen. - In solcher Liebe zu Gott erweisen die Christen sich als berufen
durch Gottes ewigen Rat. Nur weil Gott sie mit seiner Berufung begnadet hat, ist
in ihnen, die von Natur Gott fliehen und hassen, die Liebe entzündet. Als Berufene
aber sind sie aller Dinge mächtig und der Vollendung gewiß. Denn „nach dem Rat- 29
schluß berufen" bedeutet: ein Wille hat sie ergriffen für seinen Plan, der unbedingt,
mit göttlicher Sicherheit zum Ziele führt. Daß sie, wie ihre Liebe zu Gott erweist,
berufen sind, das ist nur ein Glied in einer Kette, der „güldenen Kette" (wie unsere
Väter sagten) göttlicher Heilsakte, nach rückwärts und vorwärts im festen Zusammen-
hange. Die Enden der Kette reichen in die Ewigkeit. Sie beginnt mit den ewigen
Akten, in denen Gott die Seinen sich zuerkannt - das Erkennen Gottes bedeutet hier
schon einen Willensakt - und daraufhin zu dem Heile bestimmt hat. Das Heil, die
Bestimmung der Erwählten, ist die Gleichgestaltung mit Christus: er in der Herr-
lichkeit seiner Sohnesnähe zu Gott (Phil. 2,6) soll als Urbild in vielen nachgebildet
werden, die nun als Brüder neben ihm, dem erstgeborenen Sohne Gottes stehen. In
Christus, dem zuerst Geliebten, für Christus, zum Abbilde seiner Sohnesherrlichkeit
sind die Christen ersehen und bestimmt. In der Berufung und Rechtfertigung - Pau- 30
lus wird beide nicht wesentlich unterscheiden - treten die ewigen Akte in die Geschichte
ein und verwirklichen sich an den Erwählten; bei Paulus ist die Berufung also die
Durchführung der Erwählung, die Berufenen sind die Erwählten - ein anderer
Sprachgebrauch als Mt. 22,14, wo die Berufenen nicht als solche alle auch Erwählte
sind. Mit der Verherrlichung kommt Gottes Plan zum Ziele: als Wirkung des
Heiligen Geistes hebt sie schon jetzt an (2. Kor. 3,18), vollendet sich aber erst an Christi
Tage. Der Nachdruck liegt nun aber darauf, daß alle diese Akte unzerreißbar anein-
anderhängen. Ein Glied der Kette greift sicher in das andere. Nichts, keine Macht
kann dazwischentreten. Sind wir berufen, so ist unser Leben von dem göttlichen Plan
umfaßt und kann ihm nicht mehr entfallen. Paulus darf des letzten Aktes, der Ver-
herrlichung, so gewiß sein, daß er auch von ihm schon als von etwas Geschehenem in
der Zeitform der Vergangenheit sprechen kann. Die gleichen Menschen, die in der
Zeit unter dem Drucke der fort-währenden Sünden- und Todesnot leiden und seufzen
(V. 23), wissen sich vor Gott, im Lichte der Ewigkeit, schon vollendet und herrlich.
Damit ist V. 28 begründet.

Die Gewißheit des Heils ist also bei Paulus Gewißheit **ewiger Erwählung** oder **Prädestination**. Wenn anders Gott allein das Heil schafft, unabhängig von jeder menschlichen Voraussetzung, Bedingung, Entscheidung, so ist der Heils-Glaube ohne Prädestinationsgedanken nicht zu denken: wir sind des Heils gewiß, weil vor allem unserem Wollen und Entscheiden die Entscheidung über uns gefallen ist, bei Gott. Man mißversteht den Gedanken aber, wenn man ihn als das Ganze christlichen Denkens behandelt und ihn so aus dem lebendigen Zusammenhange nimmt, in den er gehört. Bei Paulus hebt die Gewißheit der Erwählung die Verantwortung des Handelns im Wissen um die Todesgefahr nicht auf; in dem gleichen Kap. 8, das die Erwählung bezeugt, stehen die großen Imperative 8, 12 ff., der Ruf zur Entscheidung zwischen Leben und Tod. Eine doppelte Möglichkeit steht vor dem Menschen - der Erwählungsgedanke weiß nicht von Möglichkeiten, nur von der einen seligen Wirklichkeit. Gedanklich hat Paulus das nicht ausgeglichen, und kann niemand es ausgleichen. Aber in der Wirklichkeit unseres Lebens vor Gott gehört beides untrennbar zusammen. Nur ein Glaube, der von dem Ernste der Verantwortung und von der Furcht vor der uns mit unserem Handeln immer drohenden Todesgefahr ausgeht, darf in der Gewißheit um Gottes ewige Erwählung zur Ruhe kommen. So ist der Gedanke der Erwählung als ein Satz des Glaubens von einer „absoluten" metaphysischen Wahrheit streng unterschieden.

Paulus redet in Kap. 8 von der Wahl Gottes nur nach ihrer positiven Seite. Ob die Wahl seiner Kinder auch Auswahl, die andere ausschließt, ist, erfahren wir hier noch nicht, davon handelt erst Kap. 9; auch wir gehen dort erst auf diese Frage ein.

b) Abschluß: Preis der Freiheit eines Christenmenschen 8, 31-39

**31 Was sollen wir nun dazu sagen? Ist Gott für uns, wer sollte da wider uns sein?
32 Der doch seinen eigenen Sohn nicht geschont, sondern ihn für uns alle dahingegeben hat -
wie sollte er uns mit ihm nicht alles schenken? 33 Wer will Klage erheben gegen die Aus-
erwählten Gottes? Gott ist da, der gerecht spricht. 34 Wer will verdammen? Christus Jesus
ist da, der gestorben ist, vielmehr der auferstanden ist, der zur Rechten Gottes ist, der auch
für uns eintritt. 35 Wer will uns scheiden von der Liebe Christi? Not oder Drangsal oder
Verfolgung oder Hunger oder Blöße oder Gefahr oder Henkersschwert? 36 Wie geschrieben
steht: „Um deinetwillen werden wir gemordet den ganzen Tag, wir sind geachtet wie
Schlachtschafe." 37 Aber in dem allem überwinden wir weit durch den, der uns geliebt hat.
38 Denn ich bin gewiß, daß weder Tod noch Leben, weder Engel noch Gewalten, weder Gegen-
wärtiges noch Zukünftiges noch Mächte, 39 weder Höhe noch Tiefe noch sonst irgend etwas
in der Welt uns zu scheiden vermag von der Liebe Gottes, die in Christus Jesus ist, unserem
Herrn.**

V. 36: Ps. 44, 23.

Wir sind in diesem Abschnitte der Übersetzung Luthers besonders nahe geblieben; sie gibt Geist, Sinn, Gewalt dieses Lobgesanges im ganzen wie im einzelnen besonders treu und stark wieder.

31 Paulus zieht das Ergebnis. Was bedeutet die Gewißheit um Gottes von Stufe
zu Stufe sich verwirklichenden Heilswillen (V. 28 ff.)? Was bedeutet alles, das seit
3, 21 über die uns geschenkte Gerechtigkeit Gottes gesagt ist? Alles läßt sich in den Satz
zusammenfassen: „Gott ist für uns", Gott bekennt sich zu uns, steht zu uns. Damit
aber ist alles entschieden, alles gewonnen. Wer könnte uns nun noch bedrohen?
Wohl sind genug Mächte da, die wider uns stehen. Was tut das? Sie treffen ja
32 auf Gott, den allmächtigen Herrn. Daß Gott für uns ist, dafür haben wir den klaren

Beweis: er hat um unseretwillen das große Opfer der Vaterliebe gebracht und
seinen geliebten Sohn in die Not des Sterbens preisgegeben - ein so überwältigend
großes Opfer, daß wir nun von Gottes Gnade wahrlich alles für uns erwarten
können; es bedeutet ja im Verhältnis zu dieser unerhörten Gabe gleichsam nur eine
geringe und selbstverständliche Zugabe! Zweierlei bedroht uns: die Schuld und die 33
Nöte des Lebens. Paulus sieht die Christen vor Gericht. Ringsherum stehen, die
zu verklagen und zu verurteilen gekommen sind. Sie haben wahrlich genug vorzu-
bringen. Aber was hilft es ihnen? Diese Menschen, die sie verklagen und verurteilen
möchten, sind ja Auserwählte Gottes, darum als die Angeklagten doch unverklagbar.
Gott läßt die Klage nicht gelten, sondern spricht sie frei. Zur Verurteilung kann es 34
nicht kommen, denn Christus hat in seinem Tode alle Verurteilung auf sich genom-
men, ja noch mehr (vgl. 5, 8 ff.), er lebt und steht als der Lebendige, zur Rechten
Gottes Erhöhte bei Gott für uns wider alle Verurteilung. Er schließt in seine
Sohnesgemeinschaft mit dem Vater uns fürbittend ein. Auf dieser Stellvertretung
des lebendigen Christus ruht die Heilsgewißheit. Seine Liebe ist es, die uns deckt. 35
Von dieser Liebe aber kann uns nichts scheiden. Nun zeigt Paulus auf die zweite
Bedrohung unseres Lebens, die Nöte und Bedrängnisse. Die Gotteskindschaft be-
wahrt nicht vor ihnen, im Gegenteil. Paulus kennt die Nöte reichlich aus seinem
Missionarsleben (s. 2. Kor. 11, 23 ff.), und weiß, daß an der ganzen Christengemeinde 36
sich die bittere Klage des von seinen Feinden verfolgten und mißhandelten Gottes-
volkes aus Ps. 44, 23 erfüllen muß bis hin zum Richtschwert - er rechnet mit staat-
licher Verfolgung. (Paulus bezieht das „um deinetwillen" des Psalmwortes wohl
auf Christus und findet dann in den Worten der Klage doch schon den Trost, daß das
Leiden ein Mitleiden mit Christus ist, vgl. V. 17). Der Apostel täuscht weder sich
selber noch die Gemeinde über das, was der Kinder Gottes wartet. Und er nimmt
diese Nöte, die das Leben unsicher und schwer machen, nicht leicht. Aber so hart sie
uns auch treffen, eins können sie nicht: die Liebe Christi zu uns in Frage stellen
oder uns rauben. Diese Liebe bleibt. Durch sie, in der Gewißheit um sie endet der 37
Kampf mit den Nöten jedesmal in einem herrlichen Siege. Die Liebe Christi bewahrt
nicht v o r den Nöten, aber sie bewahrt i n ihnen und läßt sie überwinden. Diese
Liebe Christi ist ja das Gleiche wie die Liebe Gottes - Paulus sieht beide ganz in
eins, die Liebe Gottes wird uns nur in Christus Jesus zuteil. Gottes Liebe aber ist
unabhängig von allem Wechsel unserer Existenz - sie bleibt im Tode wie im Leben 38
unser eigen, sie übergreift den einschneidenden Gegensatz von Gegenwart und Zukunft.
Das Leben des Menschen steht in Beziehung zu dämonischen Engelmächten - wie
Paulus die „Engel" und „Gewalten" und „Mächte" unterscheidet, wissen wir nicht, -
zu Gewalten der Höhe und der Tiefe, d. h. vielleicht guten und gefallenen Geistern.
Sie mögen ihre Bedeutung und ihre Einwirkung auf das Leben haben, sie sind für 39
Paulus und seine Zeit (ob für uns?) durchaus keine Nichtigkeit, sondern Wirklich-
keiten, mit denen der erhöhte Christus noch zu ringen hat (1. Kor. 15, 24). Aber
zwischen Gottes Liebe und uns vermögen sie nicht zu treten, weder sie noch irgend-
eine andere Wirklichkeit dieses Kosmos. So gibt es nichts, keine Macht, kein Er-
eignis, keinen Wechsel, der für die von Gott Geliebten im Ernste zu fürchten wäre.

Zweiter Teil: Die Gerechtigkeit Gottes im Schicksal Israels 9,1-11,36

Die Gemeinde jubelt das Hohelied von dem gewissen Heil für alle, die Gott erwählte und berief (8,28 ff.). Aber was ist es um Israel, das von Gott ausgesonderte Volk der Offenbarung und Verheißung? Es lehnt in seiner Mehrheit das Evangelium von der Gerechtigkeit aus dem Glauben an Jesus Christus und damit das Heil ab. Das Volk der Heilsgeschichte ist zum Heil-losen Volke geworden. Dunkles, bedrückendes Rätsel! Woher rührt Israels Verwerfung? Was bedeutet sie? Das waren für Paulus, den Judenchristen, tiefaufwühlende Fragen, mit denen er bis aufs Blut gerungen hat. Davon zeugt der ganz persönliche Ton in diesen Kapiteln (9,1; 10,1 f.; 11,1). Aber es waren nicht nur seine Fragen, sie mußten die ganze christliche Gemeinde bewegen, die sich zu dem Christus Israels bekannte. So läßt Paulus die römische Gemeinde an seinem Ringen um Antwort teilnehmen. Die Christen in Rom kannten ihn und seine Verkündigung nicht ganz, wenn sie ihn nicht auch im Ringen mit dieser Frage sahen. Paulus wird also durch die Sache selbst, durch das schwere Gewicht der Frage als solcher zu seinen Ausführungen in Kap. 9-11 veranlaßt, nicht zunächst durch irgendwelche Vorwürfe oder durch Mißdeutungen von Israels Schicksal. Aber sein Wort zur Sache wendet sich dann freilich an die Gemeinde und geht auf die Gedanken der Juden- und Heidenchristen ein. Paulus hört den Juden, wohl auch den Juden in sich selbst fragen und murren, und sieht unter den Heidenchristen eine hochfahrende Verachtung Israels als des von Gott verworfenen Volkes umgehen. Er muß jüdisches Aufbegehren und heidenchristliche Überhebung abwehren. Dadurch bekommen die Kap. 9-11 ihre besonderen Akzente.

1. Der Schmerz des Paulus um Israel 9,1-5

1 Die Wahrheit sage ich in Christus, ich lüge nicht, mein Gewissen gibt mir Zeugnis im Heiligen Geist: 2 ich habe große Trauer und unaufhörlichen Schmerz in meinem Herzen. 3 Ich wünschte selber verflucht zu sein von Christus fort für meine Brüder, meine Volksgenossen nach dem Fleisch, 4 die da Israeliten sind, welchen gehört die Sohnschaft, die Herrlichkeit Gottes, die Bundschließungen, die Gesetzgebung, der Gottesdienst, die Verheißungen; 5 deren die Erzväter sind, und aus denen der Messias dem Fleische nach stammt, der über allem Gott ist, gelobt in Ewigkeit. Amen.

1 Ein großer Schritt ist es von dem Schlusse des 8. Kapitels zu dem Anfang des
9. Aus dem Jubelruf der Heilsgewißheit geht Paulus über in den Ausdruck bren-
nenden, untröstlichen Schmerzes. Feierlich und leidenschaftlich zugleich beteuert er im
voraus die Wahrheit dessen, was er jetzt sagen will. Er beruft sich dafür einmal auf
seine Gemeinschaft mit Christus, die kein unwahres Wort erlaubt, sodann, sachlich
parallel (vgl. 8,9.10), auf das Zeugnis seines eigenen Gewissens, das bei dem
Christen nicht mehr eine rein menschliche Instanz ist, sondern durch den Heiligen
2 Geist bestimmt wird. Vielleicht sagten die judaistischen Gegner dem Heidenapostel

nach, daß er mit Israel innerlich fertig sei und dessen Schicksal ihn nicht mehr
bewege. Und die Heidenchristen, die ihn als den ständigen Kämpfer mit dem Juden-
tum und dem Judaismus kannten, mochten das gleiche glauben. Daher die Leiden-
schaft der Beteuerung, daß er schmerzlich und unablässig leide. Um was, sagt Paulus
noch nicht geradezu. Aber jeder versteht, was er meint, wenn er fortfährt: er würde 3
gerne das größte Opfer bringen für seine jüdischen Volksgenossen. Seine Brüder
nennt er sie, wie sonst die Christen. Brüder wie diese sind sie nicht, aber doch seine
Stammesbrüder, wenigstens dem Blute nach; die wahre geistliche Verwandtschaft
besteht nur innerhalb des „Israel Gottes", der Kirche. Und doch, es ist sein Volk.
Das bedeutet unzerreißbare Gemeinschaft. Paulus weiß sich durch Gott mit ihm so
verbunden, daß er gerne das Furchtbarste, die Verbannung aus der Gemeinschaft
mit Christus, auf sich nähme, wenn er durch solches Opfer sein Volk in diese
Gemeinschaft hineinretten könnte. (Mit dem Worte „verflucht" gibt die Übersetzung
das griechische anáthema wieder; s. dazu die A. zu Gal. 1,9.) Kein „leidenschaftlich
übertreibender Ausdruck seines Schmerzes" (Jülicher) über Israels Unglauben
gegenüber Christus ist das, sondern wahrhaftiger Ausdruck eines Willens zur Stell-
vertretung, der echter Liebe selbstverständlich ist, der freilich zugleich („ich wünschte")
um seine Unerfüllbarkeit weiß - Gottes heilige Gerechtigkeit verbietet solchen
Tausch. Paulus las in seiner Bibel die Bitte Moses für sein Volk (2. Mose 32,32):
„Nun vergib ihnen ihre Sünde. Wo nicht, so tilge mich aus deinem Buche, das du
geschrieben hast." Luther hat in dem Willen zu solcher Stellvertretung die höchste
Bewährung der „Gemeinschaft der Heiligen" gesehen. - Nun wissen wir, worum 4
Paulus so schmerzlich leidet: um die Ablehnung Christi und des in ihm angebotenen
Heiles durch sein Volk - eine Wirklichkeit um so furchtbarer, als Israel einzigartig
von Gott begnadet und dem Heile zubereitet ist. Paulus hatte in 3,1 schon begonnen,
diesen heilsgeschichtlichen Vorzug Israels im einzelnen darzulegen, brach dabei aber
sogleich ab (s. das „zuerst" in 3,2). Jetzt kommt er auf ihn zurück, in gewichtiger
Aufzählung dessen, was Israel vorausgegeben ist. Es führt den religiösen Ehren-
namen (1. Mose 32,28 f.) „Israel" zum Zeichen seiner heilsgeschichtlichen Würde.
Ferner hat Gott dieses Volk seinen „erstgeborenen Sohn" genannt (2. Mose 4,22)
und es damit als sein erwähltes Volk, sein Eigentum im besonderen Sinne gekenn-
zeichnet. Die „Herrlichkeit", die Glorie des Herrn - die jüdische Theologie sprach
von der Schechina - wohnt inmitten des Volkes über der Bundeslade als Zeichen
der Gnadengegenwart Gottes (2. Mose 40,34 ff.; 3. Mose 9,6.23 u. ö.). Mit den Erz-
vätern und mit Mose hat Gott den Bund geschlossen und erneuert; die Tora, das
Gesetz ist dem Volke durch Mose von Gott gegeben; ebenso der Kultus, nicht von
Menschen eingerichtet, sondern von Gott geordnet, hocherhaben über den heidni-
schen Kultus; von den Erzvätern an hat das Volk ein Mal über das andere die Ver-
heißung des Messias empfangen; am Anfange seiner Geschichte stehen die Väter, 5a
mit denen Gott unmittelbar geredet, deren Geschichte er wunderbar gewaltet hat
- wo gibt es eine solche Geschichte sonst? Schließlich aber und vor allem: aus Israel
kommt der Messias seinem geschichtlichen Ursprung nach - der gleiche Christus, der 5b
die Gegenwart des überweltlichen, allmächtigen, hochgelobten Gottes selber ist. Was
für eine Höhe, was für eine Würde des auserwählten Volkes! So hat Gott Israel
geliebt, daß er in einen Sohn Israels seine ganze Herrlichkeit hineingibt!

Die Auslegung von 5b ist umstritten. Die sprachliche Form des Satzes legt nahe, ihn, wie wir übersetzt haben, als Relativsatz auf Christus zu beziehen. Paulus nennt Christus dann Gott. Bedenken macht dabei nur, daß diese Anwendung des Gottesnamens bei Paulus ganz einzig dasteht und daß die anderen paulinischen Doxologien sich alle auf Gott beziehen. Man hat daher hinter „nach dem Fleisch" einen Punkt setzen und das Folgende als einen selbständigen doxologischen Satz, der sich auf Gott bezieht, lesen wollen: „Der über allen waltende Gott sei gelobt in Ewigkeit!" Sachlich wäre das möglich. Man kann begreifen, daß Paulus gerade an dieser Stelle, nachdem er die unvergleichlich hohe Begabung Israels sich vergegenwärtigt hat, in einen Lobpreis Gottes ausbricht. Aber die sprachliche Form des Satzes bereitet dieser Deutung Schwierigkeit: das Prädikat müßte voranstehen; auch weisen die Doxologien bei Paulus sonst immer auf das vorangehende Substantiv zurück (vgl. 1,25; 2. Kor. 11,31; Gal. 1,5). Andere Annahmen, vor allem die einen alten Schreibfehler voraussetzende Änderung „denen der über allen waltende Gott gehört", sind noch schlechter begründet. So bleibt schwerlich eine andere Deutung übrig, als die in unserer Übersetzung vorausgesetzte. Der Satz ist eine Aussage über Christus. Gewiß behandelt Paulus das Geheimnis der „Gottheit Christi" immer mit großer Zurückhaltung. Aber daß er, trotz aller sonstigen Unterscheidung, den Gottesnamen auf Christus zu übertragen vermag, ist von seinem Christus-Glauben her nicht überraschend: Christus ist für Paulus ja der „Herr", d.h. er tut Gottes Werk, Christus richtet, Christus übt vorerst das göttliche Weltregiment aus (1. Kor. 15,25). Christus eignet für Paulus die ganze Herrlichkeit und Majestät des ewigen Gottes. Paulus betet zu Christus.

2. Die Beugung unter Gottes Freiheit 9,6-29

a) Die Verheißung an Israel gilt nicht dem natürlichen, sondern dem geistlichen Israel der Wahl Gottes 9,6-13

6 Aber nicht, als ob Gottes Verheißungswort hinfällig geworden wäre. 7 Denn nicht alle, die aus Israel stammen, sind „Israel", und nicht schon, weil sie „Nachkommen Abrahams" sind, sind sie alle auch „Kinder", sondern: „in Isaak sollst du Nachkommenschaft haben", 8 das heißt: nicht die Kinder des Fleisches sind Gottes Kinder, sondern allein die Kinder der Verheißung werden als „Nachkommen" gerechnet. 9 Denn ein Verheißungswort ist es: „Um diese Zeit werde ich kommen, und Sara wird einen Sohn haben." 10 Aber nicht nur (hier zeigt sich Gottes Freiheit), sondern auch bei Rebekka, die von einem Manne, unserem Vater Isaak, schwanger war: 11 denn als (ihre Zwillinge) noch gar nicht geboren waren und nichts Gutes oder Böses getan hatten, wurde ihr gesagt, damit Gottes Ratschluß aus freier Wahl bestehen bleibe, 12 der nicht von Werken, sondern allein von dem Berufenden abhängt: „Der Größere wird dem Kleineren dienstbar sein"; 13 wie es in der Schrift heißt: „Jakob liebte ich, Esau aber haßte ich."

V. 7: 1. Mose 21, 12; V. 9: 1. Mose 18, 10. 14; V. 12: 1. Mose 25, 23;
V. 13: Mal. 1, 2. 3.

6a Trotz seiner hohen Begnadung: Israel glaubt nicht und geht verloren. Das ist vor V. 6 zwischen den Zeilen zu lesen. Wo bleiben denn da Gottes große Verheißungen? So fragt der jüdische Christ, so hat Paulus selber gerungen. Ist Gottes Verheißungswort nicht hingefallen und Gott selber ohnmächtig oder untreu? Nein, ant-
6b-8 wortet Paulus. Denn Gottes Verheißungswort gilt von vornherein nicht dem ganzen

Volke in seinem natürlichen Bestande, sondern nur einer Auswahl. Das zeigt Paulus an der Geschichte Israels. Die leibliche Abstammung „aus Israel", d.h. von dem Stammvater Jakob, bedeutet nicht schon die Zugehörigkeit zu dem wahren Israel als der Gemeinde der Gotteskinder (V. 8), der Kirche Gottes; s. schon 2,28 und 4,12. Und die leibliche Herkunft von Abraham ist nicht schon Sohnschaft im wahren Sinne, die Abrahams Art an sich trägt. Abraham hatte von Hagar und Ketura mehrere leibliche Söhne, aber nur Isaak ist nach Gottes Willen und vor Gott „Same Abrahams", d.h. Träger der Verheißung. (Der Begriff „Same Abrahams" wird in V. 7 u. 8 in doppelter Weise angewendet: in 7a bezeichnet er die leibliche, in 7b und 8
die geistliche Nachkommenschaft). Als „Same" in diesem Sinne gelten nur die aus 9
der Verheißung geborenen Kinder, wie Isaak, der ja laut 1. Mose 18,10 nicht einfach natürlicherweise als Frucht der ehelichen Gemeinschaft, sondern in Kraft des göttlichen Verheißungswortes erzeugt ist. Aber ist dieser Hinweis wirklich eine Antwort auf die Frage, die V. 6 voraussetzt? Die Juden stammten ja eben von Isaak, dem Sohne der Verheißung ab, auf sie bezog sich also offenkundig Gottes Verheißung. Das ist doch der Sinn der Abrahams-Geschichte im Alten Testament. Aber Paulus meint den Hinweis auf Isaak in ganz anderem Sinne: wie Isaaks Zeugung so ist auch die echte „Abstammung" von ihm nicht leiblich, sondern geistlich begründet (s. 4,11 f.; Gal. 4,21 ff.), d.h. aber, wie das Weitere zeigt, in Gottes freiem Berufen. Isaak kommt hier nicht als leiblicher Stammvater, sondern als Typus einer in Gottes freier Wahl begründeten Sohnschaft in Betracht. Gottes Kinder entstehen nicht anders, als Isaak entstanden ist. Davon kann also keine Rede sein, daß Gott sein Wort nicht gehalten hätte. Er hat ja der leiblichen Nachkommenschaft als solcher gar nichts versprochen.

Angesichts dieser Sätze des Paulus drängt sich die Frage auf: bedeutet der Gedanke des auserwählten Volkes für ihn noch irgend etwas? Ist es noch irgendein Vorzug, Israelit zu sein, wenn doch gar nichts an der leiblichen Abstammung, alles aber an Gottes Freiheit liegt, die auch Heiden beruft? Indessen die Sätze des Paulus haben es, wie die Propheten (z.B. Amos 9,7), Johannes der Täufer und Jesus, allein mit der Verfälschung des Erwählungsglaubens, mit dem jüdischen Anspruche an Gott zu tun. Der wird rücksichtslos und völlig niedergeschlagen: der leibliche Zusammenhang bedeutet nichts. D.h. er kann nicht vom Menschen aus Gott gegenüber geltend gemacht werden. Er ist nicht dem Menschen zur Verfügung, Gott damit zu binden. Nur in diesem Sinne gilt er nichts. Paulus denkt nicht daran, ihn überhaupt für nichts zu achten. Das Volk als leiblicher Zusammenhang bleibt ihm Träger der Verheißung. Gilt auch Heiden die Verheißung, so doch nur, indem sie in die Heilsgemeinde, das Israel Gottes, aufgenommen werden. Das Israel Gottes bleibt doch immer das Israel Gottes, s. weiter Kap. 11. Aber daß es so ist, ist Gottes freie Gnade. Der Mensch, der hier Ansprüche erhebt, nimmt die Verheißung nicht mehr von Gottes Gnade hin.

Daß bei Gott nicht leibliche Abstammung, sondern die Freiheit seiner Verheißung 10
entscheidet, wird noch deutlicher an dem Beispiel der Söhne Isaaks. Sie haben den gleichen Vater und - anders als die Kinder Abrahams - die gleiche Mutter, sie sind Kinder der gleichen Stunde - und doch: wie verschieden ihr Schicksal durch

11 Gottes freien Entscheid! Schon vor ihrer Geburt, also ehe sie Gelegenheit hatten,
irgend etwas, Gutes oder Böses zu tun, bestimmt Gott, daß der Erstgeborene wider
12 das natürliche Vorrecht der Erstgeburt der Sklave des Jüngeren sein soll. Der
Grund der Entscheidung Gottes liegt also nicht außer ihm, in irgendwelchen Leistun-
13 gen des Menschen, sondern allein in ihm selber, in seiner freien Wahl. Daß für
Esau und Jakob die Lose so verschieden fallen, daß Gott mit Jakob und seinen Nach-
kommen die Geschichte seiner Offenbarung und seines Heils waltet und sie Esau und
seinem Volke versagt, es vielmehr ins Heidentum sinken läßt, das ist begründet
allein - wie Paulus an dem Maleachi-Worte zeigt - in der unbegreiflichen Tatsache,
daß Gott dem einen frei seine Liebe schenkt, den anderen aber haßt. Das Beispiel Jakobs und Esaus kommt nur als Beleg für den in V. 11b, 12a ausgesprochenen Grundsatz in Betracht; auf diesem liegt der Ton. Man darf also das Beispiel nicht dahin ausdeuten, daß Paulus eine doppelte vorzeitliche Vorausbestimmung der Menschen zum Heil oder Untergang lehre. Paulus will nichts anderes als die *Freiheit Gottes* in seinem geschichtlichen Handeln bezeugen, kraft deren Gott ohne einen anderen Grund als seinen Willen hier einen Menschen erwählen, dort über einen hinweggehen kann. Damit soll nur jedem fordernden Anspruche des Menschen an Gott, als wenn er sich seiner, in diesem Falle: Israels annehmen *müsse*, aller Boden entzogen werden. Paulus will Gottes Gnade nicht beschränken, aber er muß sie als *Gnade*, als *Gottes* Gnade, d.h. in ihrer völligen *Freiheit* gegen das anspruchsvolle menschliche Mißverständnis vom *Rechte* auf Gnade sichern.

b) Die Freiheit Gottes in Gnade und Zorn 9, 14-29

14 Was sollen wir nun dazu sagen? Ist da etwa Ungerechtigkeit bei Gott? Nimmermehr. 15 Spricht er doch zu Mose: „Ich werde mich erbarmen, wessen ich mich erbarme, und ich werde Mitleid haben, mit wem ich Mitleid habe." 16 Also liegt es nicht an jemandes Wollen oder Laufen, sondern an Gottes Erbarmen. 17 Die Schrift sagt ja zu Pharao: „Gerade dazu habe ich dich erweckt, daß ich an dir meine Macht erweise und daß so mein Name auf der ganzen Erde verkündet werde." 18 Also erbarmt er sich, wessen er will, und verstockt, wen er will. 19 Nun wirst du mir sagen: was schilt er dann noch? Denn wer vermag seinem Willen zu widerstehen? 20 O Mensch, wer bist du denn, daß du Gott Vorhaltungen machst? Sagt etwa das Werk zum Meister: „warum hast du mich so gemacht"? 21 Oder hat nicht der Töpfer Macht über seinen Ton, aus derselben Masse das eine Gefäß zur Zierde, das andere für den Schmutz herzustellen? 22 Wenn nun Gott, weil er seinen Zorn erweisen und seine Macht zeigen wollte, die Gefäße des Zornes, die zum Untergang geschaffen sind, in großer Langmut getragen hat, 23 damit er auch den Reichtum seiner Herrlichkeit offenbare über die Gefäße des Erbarmens, die er vorausbereitet hat zur Herrlichkeit - (was wagst du dawider zu reden?). 24 Zu denen hat er auch uns berufen, nicht nur aus den Juden, sondern auch aus den Heiden. 25 Wie er auch im Hosea-Buche sagt: „Ich werde, was nicht mein Volk ist, mein Volk heißen, und die Nicht-Geliebte Geliebte." 26 „Und es wird geschehen: an dem Orte, da ihnen gesagt wurde ‚Ihr seid nicht mein Volk', da werden sie Söhne des lebendigen Gottes heißen." 27 Jesaja aber ruft über Israel: „Wenn die Zahl der Söhne Israels wäre wie der Sand des Meeres, so wird doch nur der Rest gerettet werden. 28 Denn der Herr wird sein Wort vollenden und kurzab ausführen auf der Erde." 29 Und wie Jesaja vorausgesagt hat: „Wenn der Herr Zebaoth uns nicht Nachkommenschaft übrig gelassen hätte, wären wir wie Sodom geworden und gleich Gomorrha."

V. 15: 2. Mose 33, 19; V. 17: 2. Mose 9, 16; V. 25: Hos. 2, 25; V. 26: Hos. 2, 1; V. 27f.: Jes. 10, 22f.; V. 29: Jes. 1, 9.

Nicht: „das Gefühl in V. 13 Gott eine Ungerechtigkeit nachgesagt zu haben, über- 14
kommt auch den Paulus" (Jülicher). Sondern: die Freiheit Gottes, grundlos zu wählen, ist für das anspruchsvolle menschliche Denken und seinen Begriff von Gerechtigkeit immer ein Anstoß. Paulus weist die Frage, ob Gott nicht ungerecht sei, zurück. Aber nicht so, daß er Gottes Gerechtigkeit bewiese. Er begründet Gottes Handeln nicht, er zeigt einfach in der Heilsgeschichte auf, daß Gott nie anders gehandelt hat. Das bedeutet nicht eine Schranke des paulinischen Gedankenganges, sondern das durch die Sache Gebotene. Dem Menschen kann nur gezeigt werden, daß Gott immer und grundsätzlich so handelt wie jetzt, daß er eben darin Gott ist. Die Frage, ob er nicht ungerecht sei, kann nicht anders beantwortet werden. Denn sie ist falsch gestellt. Als gäbe es einen Maßstab der Gerechtigkeit für Gott und Mensch gemeinsam, angesichts dessen der Mensch von Gott dem Herrn Rechenschaft fordern könnte! Als bedeutete „Gerechtigkeit", entsprechend der Gegenseitigkeit in menschlichen Rechtsverhältnissen, ein Recht des Menschen vor Gott, eine Schuldigkeit
Gottes, jedes Menschen sich anzunehmen! So genügt es, auf das gewaltige Wort 15
an Mose hinzuweisen, das besagt: Gottes Erbarmen ist frei. Es hat seinen Grund niemals in der Beschaffenheit des Menschen, sondern in dem freien Erbarmungswillen selbst. Vor Gott gibt es keine Erbarmungs-Würdigkeit. Das war Gottes Regel von jeher, er hat sie dem Mose ausgesprochen. Heißt das nun, daß Paulus, der Rabbinenschüler, eine beliebige Bibelstelle kritiklos als Wort Gottes hinstellt? Gewiß, er führt den Satz an, weil er in dem Heiligen Buche geschrieben steht. Aber wer könnte ihn darum tadeln, daß er nicht fragt, ob das Wort nicht „eine unvollkommene Vorstellung über Gottes Wesen wiedergebe" (Jülicher)? Kann man jenes Wort anders hören als so, daß man sich ihm beugt, weil es eben vor die Wirklichkeit Gottes stellt, um die wir alle heimlich wissen? Die allzu-menschliche Vorstellung von Gottes Gerechtigkeit meint, Gott müsse sich aller gleich annehmen. Aber dieser Anspruch auf Gleichheit hat seinen heimlichen Grund in dem Gedanken, Gott sei uns Menschen etwas schuldig. Damit aber ist die Gnade als Gnade verleugnet und Gottes
Gottheit preisgegeben. – Aus der in V. 15 ausgesprochenen Regel folgt die Erkennt- 16
nis, daß kein noch so heißes Wollen des Menschen, kein noch so leidenschaftliches Ringen und Streben (zu dem Bilde des Laufens vgl. Gal. 2, 2; 5, 7; 1. Kor. 9, 24. 26; Phil. 2, 16; 3, 12) vor Gott etwas bedeutet, wenn es um sein Erbarmen geht. Nichts verpflichtet ihn, nichts kann ihm das Erbarmen abzwingen. Alles liegt in seinem freien Willen, sich zu erbarmen. Er ist Erbarmer – daran zweifelt Paulus nicht –
aber in Freiheit will er es sein. Die Freiheit des göttlichen Erbarmens erweist 17. 18
sich in der Freiheit, das Erbarmen zu versagen und den Menschen zu verhärten. Auch dafür gibt die Schrift ein Beispiel: Gottes Handeln mit Pharao. Pharaos Trotz und Widerstand gegen Gott ist gar nicht, wie er wähnt und prahlt, Kampf in eigener Kraft wider den Herrn. Gott selber macht ihn trotzen und widerstehen. Er hat ihn „erweckt" wider Israel und hält ihn als sein Werkzeug in seiner Hand. Pharao muß dazu dienen, daß Gottes Alleinwirksamkeit kund werde, kraft deren er den sündigen Menschen nicht nur von außen her straft, sondern von innen her in seiner Sünde festhält und verhärtet. Das gilt für Paulus auch von Israels Unglauben. Er ist Gericht Gottes, Wirkung seines Zornes. Die furchtbare Wirklichkeit der Verstockung zeigt

zuletzt nicht des Menschen Macht, sondern Gottes Zornesmacht, die des Menschen
gerade auch in seiner Sünde mächtig ist.

19 Die Einrede von V. 14 kehrt verstärkt wieder, an das Letzte anknüpfend. Wie kann
Gott den Menschen zur Verantwortung ziehen, wenn er doch selber den Trotz und
Unglauben des Menschen will und unwiderstehlich wirkt? Hat hier jemand schuld,
dann doch Gott! (Vgl. die Einrede in 3, 5-8.) Was soll es, daß die Schrift voller
Anklage und Drohung Gottes ist? Schuld kann doch nur sein, wo freier Wille ist -
20 des Menschen Wille aber ist durch Gottes Verstockungswillen gebunden. Paulus kann
auf die Frage nicht „theoretisch" eingehen. Er hört in ihr nicht ernstes Ringen um
Klarheit über ein Lebensgeheimnis, sondern das trotzige Aufbegehren des Menschen
wider Gottes Handeln. Daher kann die Frage nur niedergeschlagen und dem Frager
nur schroff bedeutet werden, daß es widersinnig ist, wenn ein Mensch („o Mensch")
mit Gott seinem Schöpfer rechtet, sich ihm hadernd und fordernd auf gleicher Ebene
gegenüberstellt - ein Mensch, der nichts ist als Ton in der Hand des Töpfers! Lächer-
licher Gedanke, daß das Werk den Handwerker zur Rechenschaft ziehen könnte, warum
21 er es so oder so hergestellt habe. Der Töpfer - Paulus verwendet hier ein bei den
Propheten mehrfach gebrauchtes Bild (vgl. auch Weisheit 15, 7) - kann aus dem einen
und selben Tonklumpen machen was er will, kostbare, kunstvolle Ziervasen oder billige
Gefäße zu gewöhnlichem oder gar schmutzigem Gebrauch. Er ist nicht gehalten, allen
Ton gleich zu behandeln und nur herrliche Stücke herzustellen. So ist Gott nicht ver-
pflichtet, alle Menschen gleich zu behandeln, nur Erbarmung zu üben und Heil zu
schaffen, er kann auch verstocken und verwerfen. Wir, seine Geschöpfe, sind nicht in
der Lage, ihm irgendwelche Vorwürfe zu machen. Er hat die Macht und das Recht,
mit uns zu tun, was er will. Die Frage von V. 19 ist damit nicht beantwortet. Sie
verdient auch keine Antwort, weil der Mensch, der so fragt, vergißt, daß er gar nicht
anders kann, als sich vor dem verstockenden und verderbenden Gott zu seiner eigenen
Schuld zu bekennen. Davon wird Kap. 10 reden.

22.23 Zu V. 22 und 23 fehlt der Nachsatz. Er ist zu ergänzen, wie die Übersetzung es an-
deutet: Wenn Gott so handelt - was wagst du dawider zu reden? Aber wie handelt
Gott? Die Ausleger sind sich über den Sinn des Satzes nicht einig. Klar ist soviel:
Paulus erklärt im Anschluß an das Bild von den Töpfergefäßen, daß Gott „Gefäße
des Zornes" macht, die zum Untergang gefertigt sind, und „Gefäße des Erbarmens",
die zur Herrlichkeit bestimmt sind. An jenen will er seinen Zorn und seine Macht (s.
V. 17 über Pharao) zeigen, an diesen den Reichtum seiner Herrlichkeit. Damit kommt
alles Vorige zu seiner schärfsten Spitze: es handelt sich um einen endgültigen Gegen-
satz von *Heil* und *Untergang*. Aber das ist im vorigen schon vorbereitet. Neu
ist der Hinweis darauf, daß Gott die Gefäße des Zornes in großer Langmut getragen
hat. Ist diese Ergänzung zugleich eine Ermäßigung der furchtbaren Härte des Bis-
herigen, damit eine noch wirksamere Abwehr des Vorwurfs der Ungerechtigkeit
Gottes als das vorige? Der Sinn wäre dann: Gott *könnte* so handeln wie V. 21
vom Töpfer sagt, und du hättest kein Recht zu murren. Wie aber nun, wenn Gott
tatsächlich die Zornesgefäße, an denen er seine Zornesmacht einst im Weltgerichte
zeigen will, nicht sofort straft, sondern sie jetzt noch in großer Geduld trägt, ihnen
damit reiche Güte beweist und dadurch zugleich Zeit gewinnt für die Offenbarung
seiner Herrlichkeit an den anderen - mußt du dann nicht, statt zu rechten und zu

murren, erst recht schweigen und Gott anbetend danken? - Indessen es ist nicht wahrscheinlich, im Blicke auf den ganzen Zusammenhang, daß Paulus Gottes Langmut so verstanden hat. Gott läßt die Sünder, statt sie zu vernichten, noch am Leben. Diese Zurückhaltung Gottes bedeutet nicht etwa Aufschub des Zornes, sondern sie ist gerade Mittel des Zornes Gottes. Gerade indem Gott den Sünder leben läßt, hat er Gelegenheit, in dessen Verstockung seine Zornesmacht zu zeigen (s. 1, 18 ff.). Gott trägt den Sünder, nicht obwohl er (später) seinen Zorn betätigen will, sondern weil er es (jetzt) will. Nicht vom Raum zur Bekehrung, sondern vom Raum zur Bosheit ist die Rede. Gott rafft den Menschen nicht hinweg in das vollendete Verderben, sondern läßt ihn bleiben, bietet ihm Raum zum Widerstande und gibt ihn an seine Sünde dahin, damit die ganze Schwere seines Zornes sichtbar werde. Daneben hat Gottes An-sich-Halten aber noch den anderen Zweck: Gott läßt das letzte Gericht noch nicht kommen, um Zeit zu haben für den Erweis seiner Herrlichkeit an den Gefäßen des Erbarmens, d. h. für ihre Berufung und Vorbereitung zu der ewigen Herrlichkeit. So waltet Gott gleichzeitig mit dem Zorn Gnade, und sein Zorn steht auch im Dienste
seiner Gnade. Jubelnd erinnert Paulus daran, daß man diese Gnade ja erfahren 24
hat, daß er selber und die Leser mit zu den Gefäßen des Erbarmens gehören. Sie sind berufen, Juden und Heiden; darin erweist sich Gottes Freiheit und Gerechtig-
keit deutlich. Juden und Heiden - das verkündet auch die Schrift schon im voraus, 25-29
Hosea die Berufung von Heiden (Paulus verwendet die auf Israel bezügliche Stelle ganz frei), Jesaja die Berufung eines „Restes", „Samens" aus Israel. Wie kann man noch murren? Die Schrift selber sagt, daß nur ein „Rest" aus Israel gerettet wird. Dieser Rest aber, die kleine Judenchristenheit, kommt zustande durch nichts
anderes als Gottes unverdientes freies Erbarmen (V. 29). Der Sinn von V. 28 ist 28
nicht ganz deutlich. Am wahrscheinlichsten heißt es: Gott wird bald ein Ende machen, Gericht und Heil heraufführen und so sein Wort erfüllen.

Paulus spricht in diesem Abschnitt von einem zwiefachen, gegensätzlichen Handeln Gottes: er macht „Gefäße des Zornes" und „Gefäße des Erbarmens". Aber auch hier ist sowenig wie in V. 13 die Rede von einem doppelten ewigen Ratschluß, so daß Gottes Wille von Ewigkeit her in Zorn und Erbarmen gespalten wäre. Paulus redet von Gott, wie er in der Geschichte mit der sündigen Menschheit handelt. Zorn und Gnade stehen einander dabei nicht gleich: die Gnade ist Gottes ewiger Wille, der allem voraufgeht; der Zorn ist nicht ebenso ursprünglich, sondern erst Gottes Reaktion auf die Sünde. Die Gnade ist unaufhebbar (11, 29) - auch der Zorn? Von Kap. 11 aus gesehen, gilt: die „Gefäße des Zornes" müssen dies nicht endgültig sein. Der Zorn muß auch für sie nicht das letzte Wort haben. Ob sie nicht einmal zu „Gefäßen des Erbarmens" werden können? Paulus erwartet das für Israel (11, 23). Aber das liegt in Gottes freiem Gnadenwillen. Der Mensch hat keinen Anspruch an ihn zu erheben.

3. Israels Fall ist die Schuld seines Unglaubens 9, 30-10, 21

a) Israel lehnt die Glaubensgerechtigkeit ab und will Gesetzesgerechtigkeit 9, 30-10, 3

30 Was sollen wir nun sagen? Dieses: Heiden, die nicht nach Gerechtigkeit trachteten, haben Gerechtigkeit erlangt, und zwar die Gerechtigkeit aus Glauben, 31 Israel aber, das sich um das Gerechtigkeitsgesetz mühte, hat es nicht erreicht. 32 Warum nicht? Weil es nicht

**aus Glauben, sondern aus Werken (gerecht zu werden vermeinte). Sie sind an den „Stein
des Anstoßes" gestoßen, 33 von dem geschrieben steht: „Siehe, ich setze in Zion einen Stein
des Anstoßes und Fels des Ärgernisses, und wer an ihn glaubt, wird nicht zuschanden werden."
1 Brüder, meines Herzens Wunsch und meine Fürbitte bei Gott geht auf ihr Heil. 2 Denn
ich muß ihnen bezeugen, daß sie Eifer um Gott haben, aber ohne die rechte Erkenntnis.
3 Ohne Blick für Gottes Gerechtigkeit, allein darauf aus, die eigene aufzurichten, haben sie
sich der Gerechtigkeit Gottes nicht unterworfen.**

V. 32f.: Jes. 8, 14; V. 33: Jes. 28, 16.

30 Paulus blickt zurück. Was ist das Ergebnis? Eine unerhörte Tatsache: den Heiden
(nicht allen, nur den berufenen 9,24, aber eben doch Heiden) wird Gerechtigkeit
31 zuteil, auf dem einzig möglichen Wege, aus Glauben (1,17) - Israel dagegen nicht!
Dabei ist Israel das Volk des Gesetzes, es hat das Gesetz, das Gerechtigkeit verleiht,
wenn es erfüllt wird - Paulus nimmt von der Regel 2,13 nichts zurück - und es
ringt mit allen Kräften um Erfüllung des Gesetzes, ohne sie zu erreichen. (Wörtlich
sagt der Text: Israel hat „das Gesetz nicht erreicht"; aber das ist um des Parallelis-
mus willen abgekürzt gesagt; Paulus meint: Israel hat die Erfüllung des Gesetzes,
die vom Gesetz erwartete Gerechtigkeit nicht erreicht.) Den Heiden dagegen ist es im
ganzen doch keineswegs mit solchem Ernste um Gerechtigkeit zu tun, trotz der unleug-
baren Sittlichkeit, von der Paulus 2,13 ff. gesprochen hat. Im Vergleich mit Israel
fehlt ihnen der Eifer um Erfüllung des Willens Gottes. Und sie stehen nun gerecht
da, Israel in Sünden. Wie ist das möglich?

32 Paulus schreitet nunmehr von der in Kap. 9 gegebenen Antwort weiter. Der religiösen Antwort folgt die ethische. Paulus hat es bisher mit der murrenden Frage und Anklage wider Gott zu tun gehabt. Ihr antwortet er zunächst mit dem Worte von Gottes Freiheit und ruft zur bedingungslosen Beugung unter seine Entscheidung. Aber in der Entscheidung Gottes hat sich zugleich eine Entscheidung Israels vollzogen. Von ihr ist jetzt die Rede. Israels Schicksal ist nicht so über ihm, in Gott, begründet, daß es nicht zugleich in ihm, Israel, also im Menschentum, seinen Grund hätte. Das Verhängnis göttlichen Zornes ist zugleich Israels Schuld. Paulus kann nicht nur von Gottes freiem Willen, er muß auch von Israels Willen (10,3) sprechen, nicht nur von Gottes verstockender Allwirksamkeit, sondern auch von seinem Werben um Israel und Israels trotziger Selbstbehauptung (10,21). In der Spannung und Ergänzung der beiden Gedankenreihen drückt sich das Urgeheimnis des menschlichen Daseins aus: daß es von Gott gewirkt und doch in jedem Augenblick verantwortliches Dasein ist. Wer recht von des Menschen Dasein reden will, muß zugleich das Wort von Gottes schöpferischer Allwirksamkeit und das Wort von der Verantwortung und Schuld sagen. Die beiden Worte schließen einander nicht aus. Mit dem Hinweis auf das Verhängnis des freien Gottes hat Paulus Israel nicht entschuldigen wollen. Wiederum: die Erinnerung an Israels Schuld hebt für Paulus das dunkle Geheimnis göttlichen Verhängens nicht auf. Das zeigt gleich hernach Kap. 11. Es bleibt ein Rätsel, daß Israel trotz allem göttlichen Werben nicht glaubt und die Heiden glauben. Für diesen Unterschied die Erklärung in der rassischen Art suchen heißt - von allem anderen abgesehen - theologisch nicht zu Ende denken. Denn Gott schafft die Rassen und gibt jeder ihre Art. Auch hier endet man notwendig bei dem Geheimnis des Willens Gottes. (Weiteres dazu s. S. 112 f.)

Wodurch ist Israel der Gerechtigkeit verlustig gegangen? Nicht der Besitz des
Gesetzes, nicht Israels Eifer um Gerechtigkeit ist sein Schade - Paulus denkt nicht
daran ihn zu schelten oder ihn herabzusetzen, als wäre er nicht ehrliches Streben
nach Gerechtigkeit, sondern nur äußerliche Gesetzlichkeit gewesen. Aber das ist es:
Israel hat gewähnt, auf dem Wege der Gesetzeswerke, also der eigenen Leistung
gerecht vor Gott zu werden, was doch unmöglich ist (s. Kap. 1-3), statt den Weg des
Glaubens, den Gott geordnet hat, zu gehen. Der Weg der Gerechtigkeit aus Glauben 33
ist in Christus geöffnet: Israel aber hat Christus als dem Bringer der Gerechtigkeit
Gottes den Glauben verweigert, hat sich in Enttäuschung und Ärgernis wider ihn
gestellt - nun ist geschehen, was Jesaja (Paulus verbindet frei zwei Stellen) voraus-
gesagt hat: der von Gott zum Heil für den Glauben gelegte Stein ist zum Stein des
Anstoßes geworden (vgl. Mt. 21,42; Lk. 2,34; 1. Petr. 2,6-8; wahrscheinlich hat schon
Jesus selber das Bild auf sich angewandt). Gottes Heilsweg ist für Israel zum Ver-
hängnis, zum Fluche geworden durch seinen Unglauben. Paulus zittert das Herz, 10,1
wenn er diese furchtbare Tatsache aussprechen muß. Daß ja niemand in der über-
wiegend heidenchristlichen römischen Gemeinde denke, daß er seinem Volke nun inner-
lich den Rücken gewandt, sich gleichsam auf den Boden der bitteren Tatsache gestellt
habe. Nein, sein Herz hört nicht auf, heiß zu verlangen nach Israels Heil und es von
Gott zu erbitten - so wenig sieht er in Israels Verstockung ein unwiderrufliches
Verhängnis. Wie könnte er zur Ruhe kommen über Israels Schicksal, wenn er an 2
Israels „Eifer um Gott" denkt? Hier ist wirklicher Ernst der Religion, glühende
Hingabe im Dienste Gottes, Eifersucht für Gottes Ehre. Aber, schmerzlich genug, 3
Paulus muß hinzusetzen: Eifer ohne rechte Einsicht, nämlich ohne Blick für Gottes
Gerechtigkeit und daher in falscher Richtung. Gott hat in Christus seine Gerechtigkeit
offenbart und angeboten, die Gerechtigkeit, die er erweist und schenkt (s. Phil. 3,9).
Israel weiß davon (s. V. 19), aber es hat diese Gerechtigkeit - wie einst Paulus selber
(Phil. 3,4 ff.) - verkannt, nicht gewürdigt. Es bleibt dabei, sich seine eigene Gerechtig-
keit, mit eigener Kraft, vor Gott verschaffen zu wollen. Es erwartet die Gerechtigkeit
nicht von Gott, geschenkweise, sondern von sich selbst, auf dem Wege der Leistung. Das
ist nicht verzeihlicher Irrtum, sondern Schuld, weil Selbstbehauptung gegenüber
Gottes Offenbarung in Christus, Widerstreben gegen seine Gerechtigkeit. Eine furcht-
bare Verkehrung, nicht weniger schlimm, nein viel schlimmer als die Verkehrung,
welche der Götzendienst der Heiden (1,23) bedeutet, vollendete Abgötterei, schwerster
Angriff auf Gottes alleinige Gottheit - so hat Luther Paulus richtig verstanden -,
nämlich Leugnung dessen, daß Gott allein die Gerechtigkeit wirken kann. Was hilft
aller „Eifer um Gott" angesichts dieser furchtbaren Schuld der Auflehnung wider
Gottes Gerechtigkeit?

Paulus hat schon in Kap. 2 von der Schuld Israels gesprochen. Aber dort wies er auf die Sünde, um derentwillen Israel Christi *bedarf*. Hier handelt er von der Sünde, mit der Israel an Christus *scheitert*. Dort spricht er von der *Übertretung* des Gesetzes, hier von der *Erfüllung* des Gesetzes im Dienste der Behauptung und Sicherung des Lebens vor Gott. Beides, die Sünde *vor* Christus und die Sünde *gegenüber* Christus ist im Grunde die eine und selbe Auflehnung gegen Gott, aber in verschiedener Weise und von verschiedener Schwere.

b) Glaubensgerechtigkeit ist in der Schrift verkündigt als der wahre Weg zum Heil 10,4-13

**4 Denn sein Ende hat das Gesetz in Christus, so daß nun jeder gerecht ist, der da glaubt.
5 Mose nämlich schreibt von der Gerechtigkeit aus dem Gesetz: „Der Mensch, der sie tut,
wird durch sie leben." 6 Die Gerechtigkeit aus dem Glauben aber spricht so: „Du darfst
nicht sagen in deinem Herzen: Wer wird in den Himmel hinauffahren", nämlich um Christus
herabzuholen. 7 Oder: „Wer wird in die Unterwelt hinabfahren?", nämlich um Christus
von den Toten heraufzuholen. 8 Sondern was sagt sie: „Nahe bei dir ist das Wort, in
deinem Munde und in deinem Herzen", nämlich das „Wort" vom Glauben, das wir ver-
kündigen. 9 Denn wenn du „mit deinem Munde" Jesus als Herrn bekennest und „in deinem
Herzen" glaubst, daß Gott ihn von den Toten auferweckt hat, so wirst du gerettet werden.
10 Denn mit dem „Herzen" glaubt man und wird gerecht, mit dem „Munde" bekennt man
und wird gerettet. 11 Sagt doch die Schrift: „Jeder, der an ihn glaubt, wird nicht zu-
schanden werden." 12 Denn es ist kein Unterschied zwischen dem Juden und dem Griechen:
der eine und selbe ist Herr über alle, reich für alle, die ihn anrufen. 13 Denn „jeder, der
den Namen des Herrn anruft, wird gerettet werden".**

V. 5: 3. Mose 18, 5; **V. 6ff.:** 5. Mose 30, 11-14; **V. 11:** Jes. 28, 16; **V. 13:** Joel 3, 5.

4 Israel wollte selber seine Gerechtigkeit schaffen, auf dem Wege des Gesetzes. Das ist Widerstreit gegen Gott, der Christus gegeben hat, daher ein ungangbarer Weg, denn Christus bedeutet das Ende des Gesetzes als Heilsweg. Gewiß ist Christus Paulus auch „Ziel" des Gesetzes, es ist auf ihn hin (s. Gal. 3,24), in Christus findet das Gesetz auch seine „Erfüllung" (13,8f.) (s. oben zu Kap. 7 „Gesetz und Evangelium"). Aber nicht vom „Ziel" oder „Erfüllung", sondern rein vom Ende des Gesetzes spricht Paulus in diesem gewaltigen Satze. Die Wirklichkeit Christi schließt den Heilsweg des Gesetzes einfach aus. Christus tritt an seine Stelle. Aber mit dem Gesetze fällt nicht auch die Gerechtigkeit. Im Gegenteil: daß das Gesetz als Heilsweg abgetan und Christus an seine Stelle getreten ist, das bewirkt gerade die Gerechtigkeit bei jedem, der seine Selbstbehauptung preisgibt vor Gott und *seinen* Weg zur Gerechtigkeit sich gefallen läßt, d. h. glaubt.

5 Israel hätte den rechten Weg wohl gehen können. Das Evangelium ist ja nichts Unerhörtes, sondern in der Schrift längst als Heilsweg verkündet. Die Schrift handelt nicht nur von der Gesetzesgerechtigkeit, sondern auch von der Glaubensgerechtigkeit, und zwar stellt sie beide Arten von Gerechtigkeit, die aus dem Gesetze kommt und
6 die dem Glauben zuteil wird, klar einander gegenüber. Für jene gilt nach 3. Mose 18,5, daß allein der Täter des Gesetzes durch es das Leben findet. Anders ist es
7 mit der Glaubensgerechtigkeit. Das findet Paulus 5. Mose 30,11-14 ausgesagt. Er hört hier die „Gerechtigkeit aus Glauben", als Person vorgestellt, von Gottes Heil reden. Dem Wortlaut und ursprünglichem Sinne nach ist freilich auch an dieser Stelle, genau wie 3. Mose 18, vom „Gebot" die Rede. Aber Paulus sieht davon ab. Ihm ist die Stelle wichtig allein, weil sie von einer Gabe Gottes spricht, die man nicht erst vom Himmel oder von jenseits des Meeres holen muß, sondern die ganz nahe ist, in Mund und Herz. Darum redet ihm die Stelle nicht vom Mose-Gesetze, sondern von Christus, Gottes Heil, und von dem Worte des Heils. Was sagt sie? Das Heil ist einfach da, denn Christus ist gekommen. Die Worte aus 5. Mose 30: „Wer wird gen Himmel fahren?" und die nach Ps. 107,26 gebildete Entsprechung „Wer wird in die Unterwelt fahren?" - sie tritt an die Stelle der Wendung aus 5. Mose 30: „Wer wird

über das Meer fahren?", weil Paulus schon an Christus denkt - meinen: wer wird
Christus holen? Aber Christus ist da. Er ist vom Himmel gekommen, er ist von den
Toten auferstanden. Man braucht ihn nicht erst zu holen. Und wenn es an jener 8
Mose-Stelle weiter heißt: „Das Wort ist dir nahe in deinem Munde und deinem
Herzen", so bezieht sich das auf das „Wort des Glaubens", wie die Apostel es verkündigen, d.h. das Evangelium von Gottes Taten, das sich an den Glauben wendet
und selber aus Glauben verkündigt wird. „In deinem Munde", damit ist das Be- 9-10
kenntnis dieses Glaubenswortes, „in deinem Herzen", damit ist der Herzensglaube gemeint. Denn der Glaube ist Sache des Herzens, das Bekennen Sache des Mundes. So sagt also die Stelle 5. Mose 30 ihrem eigentlichen Sinne nach: du brauchst dich nicht zu mühen, das Heilswort ist da; du brauchst ihm nur zu glauben und es zu bekennen, dann gehört dir das Heil. Gott hat alles bereitet, der Mensch soll und kann nur hinnehmen. Bei der Gesetzesgerechtigkeit lag alles am Tun, hier dagegen kommt es auf das Glauben und glaubende Bekennen an. Und glauben heißt: sich gefallen lassen, was geschehen ist. Alles Tun ist hier ausgeschlossen. - In V. 9 steht bei Paulus das Bekennen vor dem Glauben, weil 5. Mose 30 der Mund vor dem Herzen steht. In V. 10 dagegen bietet Paulus die sachliche Ordnung: der Herzensglaube geht natürlich dem Bekenntnis des Mundes voraus. Als Inhalt des Glaubens erscheint in V. 9, „daß Gott ihn - Christus - von den Toten erweckt hat" (s. 4,24), als Inhalt des Bekenntnisses das feierliche christliche Urbekenntnis (vgl. 1. Kor. 12,3; Phil. 2,9 ff.): „Herr ist Jesus." Der Inhalt des Glaubens und des Bekenntnisses ist im Grunde einer und derselbe. Denn Christus ist für Paulus durch seine Auferstehung zum Herrn geworden (1,4; Phil. 2,9; vgl. Apg. 2,36). Wenn Paulus in V. 10 die Gerechtigkeit an den Glauben, das Heil an das Bekenntnis knüpft, so ist das mehr ein rednerischer Parallelismus als eine wirkliche Unterscheidung. Gerechtigkeit und Leben gehören ja unzerreißbar zusammen wie auf seiten des Menschen Glauben und
Bekennen. So kann Paulus in V. 11 mit dem Jesaja-Zitate allein den Glauben 11
und das Heil zusammenstellen: Jes. 28,16 beweist, daß der Glaube an Christus im
Gerichte nicht zuschanden werden läßt, also Rettung bedeutet. Ausdrücklich fügt Pau- 12
lus hinzu: das Heil gilt ganz allgemein, für Juden und Griechen, also auch für die Juden. Ihnen ist nicht etwa der Gesetzesweg vorbehalten. Heiden und Juden haben einen Herrn, der seinen unerschöpflichen Reichtum allen spendet, die ihn bittend
darum anrufen, wie die Joel-Stelle ausdrücklich („Jeder ...") verkündet. Die Joel- 13
Stelle wird auch Apg. 2,21 wohl auf Christus bezogen. Ihre Anwendung auf Christus ist für unsere Erkenntnis der urchristlichen „Christologie" in zwiefacher Hinsicht bedeutsam. Zuerst: Die Gebetsanrufung Christi war also etwas Selbstverständliches; sie wird im Neuen Testament nirgends begründet, überall vorausgesetzt. Sodann: weil Jesus in der Ostererfahrung als zu Gott erhöhter, bei den Seinen gegenwärtiger himmlischer „Herr" erkannt ist, werden nun beim Übergange in das griechische Sprachgebiet wichtige alttestamentliche Stellen, an denen der hebräische heilige Gottesname im Griechischen mit „Herr" übersetzt ist, auf Jesus angewandt. Was im Alten Testament von Gott dem Herrn ausgesagt war, bezieht die Urchristenheit weithin auf Christus, wodurch das Bekenntnis zu Jesus als dem Herrn notwendig an Inhaltsfülle und -schwere gewinnt. Diese Übertragung alttestamentlicher Gottesaussagen auf Jesus ist formell also durch Jesu Herrn-Namen und den Sprachgebrauch

des griechischen Alten Testamentes vermittelt, sachlich aber darin begründet, daß an Christus glauben nichts anderes heißt als Gottes Willen, Macht und Herrlichkeit in ihm gegenwärtig wissen. Übrigens sind es immer nur einzelne „Herr"-Stellen des Alten Testamentes, die die Urgemeinde und Paulus auf Jesus anwenden. Bei der Mehrzahl denkt Paulus an Gott (s. gleich V. 16).

Im Rückblick auf die V. 6-9 ist noch zu sagen: Paulus liest auch hier eine alttestamentliche Stelle ohne Rücksicht auf ihren geschichtlichen Sinn christologisch. Er legt formell nach Art der Rabbinen aus. Aber seine Allegorie ist nicht willkürlich. Was 5. Mose 30 vom Gebote gesagt ist, weiß er seinem tiefsten Sinne nach erst in Christus erfüllt. Hinter seiner Allegorie steht eine heilsgeschichtliche Theologie.

c) Israel hat die Botschaft von der Glaubensgerechtigkeit gehört, aber ihr nicht geglaubt 10, 14-21

**14 Wie sollen sie nun einen „anrufen", ehe sie nicht zum Glauben an ihn gekommen sind?
15 Weiter: wie sollen sie an einen glauben, ohne ihn gehört zu haben? Weiter: wie sollen sie hören, ohne daß einer verkündigt? Endlich: wie gibt es Verkündigung, ohne Aussendung dazu? Wie es in der Schrift heißt: „Wie lieblich sind die Füße derer, die gute Botschaft bringen."
16 Aber nicht alle sind dem Evangelium gehorsam gewesen. Sagt doch Jesajas: „Herr, wer hat unserer Predigt geglaubt?"
17 Also der Glaube kommt aus der Predigt, die Predigt aber aus dem Worte Christi.
18 Aber, sage ich, haben sie es etwa nicht zu hören bekommen? Natürlich: „Über die ganze Erde ist ausgegangen ihr Schall, und bis zu den Grenzen der Welt ihre Worte."
19 Aber, sage ich, hat Israel es etwa nicht verstanden? Erstens: Mose sagt: „Ich will euch eifersüchtig machen auf ein Volk, das keins ist, wider ein unverständiges Volk will ich euch aufbringen." Sodann:
20 Jesaja getraut sich zu sagen: „Ich ließ mich finden von denen, die mich nicht suchten, und offenbarte mich denen, die nicht nach mir fragten";
21 dagegen zu Israel sagt er: „Den ganzen Tag habe ich meine Hände ausgebreitet nach einem Volk, das ungehorsam ist und widerspricht."**

V. 15: Jes. 52, 7; V. 16: Jes. 53, 1; V. 18: Ps. 19, 5; V. 19: 5. Mose 32, 21; V. 20f.: Jes. 65, 1f.

14 Das Anrufen, von dem V. 13 sprach, hat freilich eine Reihe von Voraussetzungen, die Paulus nun in einer Kette aufführt (vgl. auch V. 17); zunächst das Glauben, dieses wieder setzt voraus das Hören dessen, dem man Glauben
15 schenken soll; das Hören weiter die Verkündigung an Stelle und im Namen dessen, auf den man hören soll; solche Verkündigung endlich den Auftrag, die Sendung zum Verkündigen. Sind für Israel - so wendet Paulus im Sinne der Gegner sich selber ein - diese Voraussetzungen vielleicht nicht erfüllt? Dann wäre es ja kein
16 Wunder, daß Israel den Namen des Herrn nicht anruft. V. 16-18 bezeugen gegenüber dem Einwande von 14f.: Doch, es sind von Gott her die Voraussetzungen des Anrufens bis hin zum Hören erfüllt worden. Aber an dem nächsten Gliede in der Reihe der Voraussetzungen, an dem einzigen Gliede in der Kette, das Israels Verantwortung zufiel, fehlt es: an dem Glauben. Die Anordnung der Verse bereitet dadurch Schwierigkeiten, daß Paulus schon in V. 16, ehe er noch betont hat, daß das Evangelium auch Israel verkündigt wurde, den Gedanken bringt, daß nicht alle, die die Botschaft hörten, ihr im Glauben gehorchten - was durch das Jesaja-Zitat belegt
17 wird. Darauf greift Paulus wieder auf V. 14f. zurück und führt die Reihe der Voraussetzungen verkürzt, mit Ausdrücken, die aus der Jesaja-Stelle genommen sind, noch einmal auf. Das „Wort Christi" ist das, was in V. 15 die Aussendung hieß, also

der Auftrag. (Vielleicht ist V. 16 als Zwischenbemerkung zu lesen und handelt noch
gar nicht von dem Unglauben der *Juden*, sondern bleibt allgemein. V. 17 faßt das
vorige zusammen und erst V. 18 bringt die Anwendung auf Israel.) Dann erst stellt 18
Paulus die Frage, ob Israel das Wort vom Glauben vielleicht nicht zu hören be-
kommen hat. Aber mit Ps. 19, 5 wird bewiesen, daß das Wort gleich der Sprache der
Himmel und der Gestirne, von der Ps. 19 redet, über die ganze Erde gegangen ist.
Paulus läßt einen zweiten Einwand zu Worte kommen: vielleicht hat Israel die 19
Botschaft wohl gehört, *aber nicht verstanden*? (Mit dem „Verstehen" ist das
Bewußtsein um die Bedeutung des göttlichen Angebots als *göttlichen* gemeint.
Es gibt freilich ein „Kennen", V. 3, ein Verstehen, das sich erst im Glaubensgehorsam
erschließt, also von Israel gerade *nicht* gilt.) Paulus erledigt den Einwand durch
den Hinweis auf Schriftstellen, die mittelbar beweisen. Zuerst wird ein Satz aus
dem Liede Moses angeführt, den Paulus so versteht: Gott wird sein abtrünniges
Volk, Israel, auf die Heiden, ein unverständiges Volk, das verglichen mit dem
Gottesvolke den Namen eines Volkes gar nicht verdient, eifersüchtig machen, weil er
die Heiden näher an sich heranzieht als Israel. Das Entscheidende in dem Zitate ist
die Wendung „unverständiges Volk". Paulus will sagen: zieht Gott die Heiden in
seine Nähe, so muß selbst dieses „unverständige Volk" verstanden haben - wieviel
mehr Israel, von dem doch das unverständige Volk ausdrücklich unterschieden wird!
Bei Jesaja steht das für Paulus noch deutlicher: offenbart Gott sich solchen, die ihn 20
nicht gesucht haben, wieviel mehr müssen die ihn verstanden haben, die ihn doch 21
suchten und um ihn eiferten. Die Fortsetzung des Jesaja-Wortes hebt denn auch her-
vor, wodurch Israels Fall entstand: durch seinen Ungehorsam und sein Widersprechen.
Israels Fall ist also Israels Schuld.

Verwunderlich ist uns, daß Paulus in V. 18 auf die Frage, ob Israel das Evangelium vernommen habe, mit einem Schriftbeweise antwortet. Die urchristliche Mission an Israel lag doch als Tatsache vor aller Augen! - Auch in diesem Abschnitte braucht Paulus Worte des Alten Testaments ohne Rücksicht auf ihren Zusammenhang im Alten Testament zum Ausdruck und zur Begründung seiner Gedanken. In Ps. 19, 5 handelt es sich nicht um das Evangelium, sondern um Gottes Offenbarung in seiner Schöpfung, in der Natur; 5. Mose 32, 21 hat einen ganz anderen Sinn als den, welchen Paulus hineinliest; Jes. 65, 1 bezieht sich nicht auf die Heiden, sondern auf Israel. Diese Weise, das Alte Testament zu verwenden, läßt uns den Abstand der Zeiten spüren, der zwischen Paulus und uns liegt. Aber die Wahrheit seiner Gedanken selber wird durch diese ihre für uns ungültig gewordene Einkleidung und Begründung nicht in Frage gestellt.

4. Gottes Verheißung an Israel wird sich erfüllen 11, 1-36

a) Schon jetzt ist ein Rest da 11, 1-10

1 Nun frage ich: hat Gott etwa sein Volk verstoßen? Nimmermehr. Auch ich bin doch ein Israelit, aus Abrahams Geschlecht, vom Stamme Benjamin! 2 „Gott hat sein Volk, das er zuvor ausersah, nicht verstoßen." Oder wißt ihr nicht, was die Schrift in der Elia-Geschichte sagt, wo Elia Klage führt bei Gott wider Israel? 3 „Herr, deine Propheten haben sie getötet, deine Altäre zertrümmert, und ich bin allein übriggeblieben und sie trachten mir nach dem Leben." 4 Aber wie lautet da der göttliche Bescheid an ihn? „Ich habe mir noch sieben-

**tausend Mann übrigbehalten, die ihre Knie nicht gebeugt haben vor Baal." 5 Ebenso ist
nun auch in der jetzigen Zeit ein Rest da, durch Auswahl der Gnade; 6 ist (er) aber durch
die Gnade (ausgesondert), dann also nicht nach Werken, sonst wäre ja die Gnade nicht mehr
Gnade. 7 Wie steht es also? Was Israel erstrebt, das hat es (als Ganzes) nicht erreicht,
sondern (nur) die Auserwählten haben es erreicht: die übrigen sind verstockt worden, 8 wie
geschrieben steht: „Gott hat ihnen den Geist der Betäubung gegeben, Augen um nicht zu sehen,
Ohren um nicht zu hören, bis auf den heutigen Tag." 9 Und David sagt: „Ihr Tisch soll
ihnen zur Schlinge werden und zur Falle und zum Anstoß und zur Vergeltung. 10 Ihre
Augen sollen verfinstert werden, daß sie nicht sehen, und ihren Rücken sollst du beugen für
immerdar."**

V. 1f.: Ps. 94, 14; V. 3: 1. Kön. 19, 10; V. 4: 1. Kön. 19, 18;
V. 8: 5. Mose 29, 3; Jes. 29, 10; V. 9f.: Ps. 29, 23f.

1.2 Israels Fall ist Israels Schuld, das hat Paulus in Kap. 10 gezeigt. Aber das bleibt umschlossen von dem, was Kap. 9 gesagt hat: Israels Fall ist Gottes Werk, Werk seines Zornes (9, 22). Heißt das nun: Israel ist heute nichts als ein Denkmal göttlichen Zornes, Gott handelt mit ihm nur im Zorne? Bedeutet Israels Fall „Verstoßung" des Volkes durch Gott? So fragt Paulus mit Worten aus Ps. 94, 14. Aber dort wird (ebenso wie in Samuels Abschiedswort 1. Sam. 12, 22 und bei Jer. 31, 37) der furchtbare Gedanke, Gott könnte sein Volk verstoßen, ja verneint, und auch Paulus verneint ihn feierlich mit den Psalm-Worten in V. 2. Gott sein Volk nicht verstoßen, nicht wegen irgendwelcher Vorzüge Israels, sondern weil es „sein Volk" ist, durch seinen Willen, weil Gott es in seinem ewigen Rat zu seinem Volke ersehen hat – und sein Ratschluß steht unerschütterlich fest. Widerspricht dieser Satz nicht dem in Kap. 9 Ausgeführten: Gott ist frei in seiner Erwählung und an Israel nicht gebunden? Redet Paulus nicht jetzt doch genau so, wie die Juden von Israel als dem auserwählten Volke reden? Nein, doch nicht. Es ist nicht zufällig und unwesentlich, sondern notwendig und entscheidend, daß Kap. 11 erst hinter Kap. 9 u. 10 steht. Erst wer mit innerlichem Ja durch diese beiden Kapitel hindurchgegangen ist und von ihnen herkommt, darf so reden, wie hier geschieht. Es ist ein Unterschied, ob man Gottes Erwählung wie einen Anspruch des Menschen ihm gegenüber geltend macht, oder ob man sich erst vor seiner Freiheit, kraft deren er Israel nichts schuldig ist, gebeugt und die Schuld Israels bekannt hat und n u n erst das Wort von seiner Treue sich gesagt sein läßt. Wenn zwei dasselbe sagen, so ist es nicht dasselbe. Es liegt alles daran, von wem und wann es gesagt wird.

Als ersten Beweis dafür, daß Gott sein Volk nicht verworfen hat, führt Paulus
sich selber an. Bei ihm hat Gott den Bann, der auf Israel liegt, durchbrochen und
ihm den Glauben an Jesus geschenkt. (Daß Paulus zunächst so von sich allein sprechen
kann, zeigt übrigens, daß die Gemeinde in Rom überwiegend aus Heiden-Christen
bestand; einer judenchristlichen Gemeinde gegenüber würde Paulus sofort die Brüder
eingeschlossen haben, aus dem „ich" wäre ein „wir" geworden.) Der Christ Paulus,
der Heidenapostel, ist doch Jude, echter, leiblicher Nachkomme Abrahams, aus dem
Stamme Benjamin, wie er ausdrücklich hinzufügt (vgl. Phil. 3, 5). An ihm kann man
wahrlich sehen, daß Gott Israel die Treue hält. Er, der Jude Paulus, steht in Person
3 für ganz Israel. Und er ist nicht der einzige Christ aus Israel. Es ist heute genau
4 wie zur Zeit des Elia. Elia wähnt, als einziger Diener des wahren Gottes übrig-
geblieben zu sein, und wird durch Gott belehrt, daß er sich siebentausend Getreue auf-

bewahrt habe, zwar einen Bruchteil des Volkes nur, aber wahrlich eine nicht geringe
Schar. Das ist ein Vorbild für die heutige Lage. Es gibt auch jetzt einen „Rest" (s. 5
schon 9, 27), eine judenchristliche Gemeinde, ein Fortleben des leiblichen Israel in-
mitten des neutestamentlichen Gottesvolks. Gott behielt sich die Siebentausend auf,
so heißt es ausdrücklich in der Elia-Geschichte. So kommt auch jetzt der „Rest" durch
die freie Auswahl der göttlichen Gnade zustande. Um Gnade handelt es sich. D. h.:
menschliche Leistungen, etwa der religiöse Eifer usw. spielen dabei keine Rolle, sonst 6
handelte es sich ja nicht mehr um Gnade im strengen Sinne. Gott ruft ohne alle Rück-
sicht auf menschliche Leistung aus Israel Menschen in seine Christusgemeinde. Man
darf sich daher nicht wundern, wenn gerade ganz Rechtgläubige, Ernste, Eifrige
fehlen und andere gerufen werden. Das Ergebnis ist also: Israel als Gesamtvolk ist 7
nicht zu seinem Ziele, der Gerechtigkeit und dem Heile gekommen, sondern nur eine
„Auswahl". An der Mehrheit vollzieht sich das in der Schrift geschilderte Verstok- 7b-10
kungsgericht Gottes. Gott hat ihr Herz verhärtet für sein Evangelium. Er hat ihnen
ihren Tisch, d. h. alles, wovon sie leben und was sie tun, zum Anstoß und Verderben
gemacht, er beugt ihren Rücken für immer unter das Zornesgericht und trifft so ihren
Ungehorsam mit harter Vergeltung. Furchtbar dunkle und harte Worte alttestament-
licher Klage und Verwünschung sind es, die Paulus in Israels Geschick erfüllt findet.
Wer kann sie schon an sich ohne Erzittern hören? Wie mag sie ein Judenchrist ohne
tiefsten Schmerz auf die gegenwärtige Geschichte seines Volkes anwenden? Können
sie überhaupt je letztes Wort sein, wo man Gottes Gericht an einem Volke sich voll-
ziehen sieht? Bei Paulus sind sie nicht das letzte Wort. Kein Gedanke seit Kap. 9
ist letztes Wort. Keiner ist Endpunkt, Ziel. Aber jeder an seiner Stelle bezeichnet den
Weg, der zu durchlaufen ist. Mit tiefem Atem geht Paulus von V. 8-10 zu V. 11 ff.
über.

b) Israels Fall nicht Zweck, sondern Heilsmittel Gottes für die Heiden und Israel. Warnung der Heidenchristen vor Überhebung gegenüber Israel 11, 11-24

11 Nun frage ich: sind sie angestoßen, damit sie (ganz) zu Fall kommen sollten? Nimmermehr. 12 Sondern durch ihren Fall ist das Heil zu den Heiden gekommen, um wiederum sie (die Juden) eifersüchtig zu machen. 12 Wenn aber schon ihr Fall Reichtum für die Welt bedeutet und schon ihr Versagen Reichtum für die Heiden, wieviel mehr dann ihr Erfüllen (des Willens Gottes)!

13 Euch Heiden(christen) aber sage ich: Gerade sofern ich Heidenapostel bin, lobe ich mir mein Amt in dem Gedanken, 14 ich möchte (durch es) vielleicht mein Fleisch und Blut eifersüchtig machen und einige von ihnen retten. 15 Denn wenn schon ihre Verwerfung Versöhnung der Welt bedeutet hat, was kann da vollends ihre Wiederannahme anderes bedeuten als Leben aus den Toten? 16 Wenn das Erstlingsbrot heilig ist, so ist es auch der ganze Teig. Und wenn die Wurzel heilig ist, so sind es auch die Zweige.

17 Wenn aber einige von den Zweigen herausgebrochen wurden und du, ein Zweig vom wilden Ölbaum, unter sie eingepfropft wurdest und mit Teil bekommen hast an der saftigen Wurzel des Ölbaums, 18 so überhebe dich nicht wider die Zweige. Tust du es dennoch, (so wisse:) nicht du trägst die Wurzel, sondern die Wurzel dich. 19 Du kannst nun entgegnen: „Es sind aber doch Zweige ausgebrochen worden, weil ich eingepfropft werden sollte." 20 Ganz recht! - wegen ihres Unglaubens sind sie ausgebrochen, du aber stehst (an deiner Stelle nur) durch den Glauben. So denke nicht hoffärtig, sondern fürchte dich. 21 Denn

wenn Gott die von Natur gewachsenen Zweige nicht geschont hat, so wird er auch dich nicht schonen. 22 **Siehe also Gottes Güte und Strenge, über die Gefallenen Strenge, über dich aber Güte Gottes – falls du bei seiner Güte bleibst; sonst wirst auch du abgehauen.** 23 **Wiederum jene werden, falls sie nicht im Unglauben verharren, wieder eingepfropft werden; denn Gott hat die Macht, sie wieder einzupfropfen.** 24 **Denn wenn du aus dem wilden Ölbaum, zu dem du von Natur gehörst, weggehauen und wider die Natur in den edlen Ölbaum eingepfropft wurdest, wieviel leichter werden diese, die ihm von Natur zugehören, in ihren eigenen Ölbaum eingepfropft werden!**

11 „Gott hat sein Volk nicht verstoßen" (V. 2). Bisher hat Paulus diesen Satz begründet mit dem Hinweis auf den „Rest", die judenchristliche Gemeinde. Jetzt wagt er einen weiteren Ausblick, in dem der heiße Schmerz über den Fall des Volkes in seiner Mehrheit zur Ruhe kommen kann. Israels Anstoßen (vgl. 9, 32) ist nicht Selbstzweck, es soll nach Gottes Willen nicht Israels endgültiges Dahinfallen bedeuten. Der jetzige Fall ist nicht Ende, sondern Durchgang, nicht Ziel, sondern Mittel. Und zwar hat nach Gottes Willen Israels Fall der Rettung der Heiden dienen sollen. Wie das eine und das andere zusammenhängt, sagt Paulus nicht ausdrücklich. Er denkt vielleicht auch daran, daß Israels Unglaube Jesus an das Kreuz gebracht und so zu seinem Versöhnerwerk für die ganze Welt gewirkt hat. Jedenfalls aber hat er das andere im Sinn, was auch Jesus im Gleichnis vom großen Abendmahl darstellt: weil Israel die Apostel Jesu abwies und vertrieb, wurden die Apostel, vor allem Paulus selbst, mit der Heilsbotschaft zu den Heiden geführt. So ist im Gottesgericht über Israel gleich ein Gedanke des Heils sichtbar. Und dieses Heil, das zunächst den Heiden zuteil wird, kommt dadurch zuletzt zu Israel selber: die Zuwendung des Heils an die Heiden soll dann Israel selber „eifersüchtig" machen (s. schon 10, 19) auf die Heiden, ihm die Scham und die Sehnsucht wecken, auch selber – das alte Gottesvolk! – zu solcher Gemeinschaft mit Gott zu kommen wie die verachteten Heiden sie nun vor Israel voraushaben. So soll, was durch nichts anderes zu erreichen war, der starre Ungehorsam und Trotz dahinschmelzen. (Vgl. den gleichen Gedanken für das Verhält-
12 nis der Pharisäer zu den Zöllnern und Dirnen [Mt. 21, 31 f.].) Paulus jubelt das Herz schon. Israels Bekehrung leuchtet aus der Ferne auf. Noch weiter geht der Ausblick. Was für einen unvergleichlich herrlichen Tag der Menschheit wird Israels Bekehrung heraufführen, welchen unaussprechlichen Segen wird es bedeuten, wenn Israel endlich zur Erfüllung seiner Sendung kommt, wo doch schon von Israels Fall und Versagen so viel reicher Segen auf die Heidenwelt ausgegangen ist! (Erst in V. 15 sagt Paulus genauer, was er erwartet.) Das griechische Wort, das wir mit „Versagen" (vgl. 1. Kor. 6, 7) übersetzt haben, kann auch bedeuten „Ausfall", „Einbuße", „Verlust"; und das von uns mit „Erfüllen", „Erfüllung" wiedergegebene Wort (diese Übersetzung wird durch Röm. 13, 10 gedeckt) heißt sonst meist „Fülle", „Vollzahl" (s. auch V. 25). Daher wollen manche Ausleger mit Luther diesen Teil des Verses so verstehen: „Wenn schon der Ausfall Israels (jetzt ist ja nur ein Rest, V. 5, christgläubig geworden) Reichtum für die Heiden bedeutet, wieviel mehr dann ihr vollzähliges Eingehen in die Gemeinde Jesu Christi!" Dann klänge V. 25 hier schon an.
13 Die Heidenchristen – als solche redet er die Gemeinde zu Rom jetzt ausdrücklich an –, die so leicht geneigt sind, das verworfene Volk zu verachten und sich selbst ihm gegenüber als die Erwählten zu fühlen, sollen wissen, daß für Paulus sein Heiden-

apostolat gerade um des eben aufgezeigten Zusammenhanges göttlicher Heilsführung
willen teuer und die Freude seines Lebens ist. Unmittelbar kann er jetzt Israel nicht 14
dienen. Aber mittelbar darf er vielleicht eben als Apostel der Heiden Apostel für
Israel sein. Er hat die Hoffnung (s. V. 11), daß die Begründung einer heidenchristlichen Kirche Israel keine Ruhe lassen und wenigstens einige aus dem Volke zum
Heile bringen wird. V. 15 kehrt noch einmal zu dem weiten Ausblick von V. 12 zurück: 15
die Verwerfung Israels hat dadurch, daß Israels Schuld das Kreuz der Versöhnung aufrichten muß, und dadurch, daß das von Israel abgewiesene Evangelium nun zu den Heiden übergeht, der Welt die Versöhnung gebracht (2. Kor. 5, 19) - was kann dann die endliche Wiederannahme Israels anderes bedeuten, als daß die verheißene Endzeit kommt, in der die Toten auferstehen und das Leben den Tod verschlingt? Israels Bekehrung wird das Ende der Heilsgeschichte sein. Darin macht sich Israels heilsgeschichtliche Stellung geltend, daß es mit allen Wendungen seiner Gottesgeschichte Schicksal für die übrige Menschheit ist. Seine Geschichte mit Gott ist das schlagende Herz der Menschheitsgeschichte.

Niemand soll sich wundern, daß Paulus für Israel hofft. Die Erwartung von 16
Israels Bekehrung hat wahrlich guten Grund. Gott hat dieses Volk in seinen Anfängen aus allen anderen sich zugeeignet - nun bleibt es für immer, auch heute, sein Eigentum vor allen anderen. Paulus drückt diesen Gedanken - der das Volk in allen seinen Gliedern und Generationen als ganzes nimmt - in zwei Bildern aus: das Erstlingsbrot, der Anbruch des Teiges, der gemäß 4. Mose 15, 20 f. Gott als Gabe dargebracht wird, heiligt den ganzen Teig, von dem er genommen ist; hat Gott sich ein Gewächs erwählt, so ist nicht nur die Wurzel, ohne die Zweige, heilig, d. h. Gott geweiht, sondern mit der Wurzel der ganze Baum. Mit dem Erstlingsbrot und der Wurzel meint Paulus die Erzväter (V. 28), insbesondere Abraham, den Vater des Glaubens, mit dem Gott Gemeinschaft hielt. Durch ihre Begnadung ist das ganze Volk bis heute „geheiligt". Denn das Volk ist eines. Israel ist noch heute Gott geweiht, sein Eigentum.

Zur „Dialektik" des Paulus. Wieder trifft Paulus in diesem Satze wie in V. 2 mit den Juden zusammen. Wieder ist zu fragen: wie stimmt der Satz zu Kap. 9? Und wieder muß die Antwort lauten: Paulus läßt diesen Satz nicht zu, wenn er vom Menschen her als Anspruch an Gott geltend gemacht oder zur Sicherung vor dem Ernste seines Richtens verwendet wird. Dann kann dem Menschen nur gesagt werden: der Volkszusammenhang gilt nichts, Gott ist ganz frei, ihn für nichts zu achten, zu verwerfen und zu erwählen, wo er will. Wenn aber der Mensch wirklich unter Gott gebeugt ist und seiner wartet, dann darf ihm, als Wort der Gnade Gottes, das der Mensch also nie als sein Recht beanspruchen kann, das Wort von dem Gotte der Väter gesagt werden, der das Volk, das er einmal erwählt hat, nie fallen lassen wird. So ist es auch in den Evangelien. Die Abrahamskindschaft gilt nichts, wenn der Mensch mit ihr vor Gottes Zorn sicher zu sein meint (Mt. 3, 9). Aber sie gilt alles, wenn es sich um Gottes Treue handelt (Lk. 19, 9). Das ist der „dialektische" Charakter aller entscheidenden theologischen Sätze. Dialektisch - d. h. sie gelten nicht an und für sich, „absolut", gleichgültig von wem, für wen, wann, in welchem Zusammenhange sie gesagt werden, sondern sie gelten in Beziehung, „relativ", unter bestimmter Voraussetzung, in bestimmtem Zusammenhange.

17 Paulus hat dabei den Heidenchristen noch etwas Besonderes zu sagen. Israels Unglaube und die Berufung der Heiden, die Tatsache, daß Gottes Gnade sich so sichtlich von Israel zu den Heiden gewandt hat, kann bei diesen leicht zur Verachtung Israels, zur Überheblichkeit und falschen Heilsgewißheit führen. Sie können etwa ihre Berufung als den eigentlichen Sinn der Heilsgeschichte ansehen und sich Israel gegenüber als die Wertvolleren fühlen. Dem will Paulus entgegentreten. Er benutzt dazu das zweite in V. 16 eingeführte Bild. Gott hat sich einen edlen Ölbaum gepflanzt, sein Volk. Aber Gottes Gericht hat Zweige abgehauen - „nur einige" sagt der Glaube und die Liebe des Apostels hier, während seine Trauer und Klage in Kap. 9 und 10 doch so gut wie das ganze Volk gefallen sah -, aber Gott läßt seinen Ölbaum nicht kahl, er hat Zweige eines wilden Ölbaums eingepfropft und ihnen Teil gegeben an dem edlen Saft der Wurzel. (Die Vorstellung des Bildes widerspricht dem gärtnerischen Brauch. Man pfropft edle Zweige auf einen wilden Stamm. Aber darauf kommt es gar nicht an. Die Sache fordert diese Durchführung des Bildes. Was Paulus sagen will, kommt klar heraus.) Israel ist zum Teil aus der Gemeinde Gottes, die als Volk Israel begann, ausgeschlossen, die Heiden sind aufgenommen.

18 Dreierlei ruft Paulus nun, angesichts dieses im Bilde dargestellten Tatbestandes,
den Heidenchristen zu. Zuerst: Werdet nicht überheblich gegen das gefallene Israel.
Denn ihr lebt von dem, was Israel gegeben ist. Die Wurzel trägt euch, die Zweige,
19-22 nicht ihr sie, d. h. die Kirche ruht auf Gottes Bund und Geschichte mit Israel, nicht
auf dem, was die Heidenchristen mitbringen. Sodann: Seid nicht hochmütig, sondern in Furcht gläubig, denn nur im Glauben, der demütig an Gottes Güte hängt,
19 stehet ihr! Der Heidenchrist konnte einwenden: Gott liegt es doch offenbar viel mehr
an uns als an den Juden, er hat doch um unseretwillen, um uns in seine Gemeinde
20 aufzunehmen, die Juden ausgeschlossen. Paulus läßt das letztere gelten. Aber der
überhebliche Schluß verbietet sich, sobald man bedenkt, warum Israel und die Heiden so verschieden behandelt sind. Am Unglauben dort, am Glauben hier lag es. Der Unglaube schloß von der Gemeinde aus, der Glaube führte in sie hinein. Daß die Heidenchristen das ja nicht vergessen! Glaube schließt den Hochmut aus. Im Glauben weiß man, daß man nicht durch sich selbst steht, sondern durch Gottes freie Gnade.
21 Hochmut und Sicherheit sind daher Preisgabe des Glaubens. Wirklicher Glaube hat
vielmehr ständig die Furcht unter sich. Denn das Heil der Heidenchristen ist nicht selbstverständlich, kein Besitz des Menschen, von dem aus er in Heilsgewißheit hochmütig auf Israel herabsehen könnte. Gott ist ja frei. Das hat er wahrlich in seinem Handeln mit Israel gezeigt. Israel ist das erwählte Gottesvolk, und doch hat Gott es fallen lassen. Sollte er da die Heiden anders behandeln? Sie erfahren jetzt die Güte Gottes.
22 Aber der gleiche Gott ist von gewaltigem Ernste, wie er an dem gefallenen Israel
gezeigt hat. An Gottes Gericht über Israel muß die Furcht entstehen. Es liegt nicht an den Heiden, daß sie Gottes Güte erfahren, sondern an der Freiheit, dem Wunder dieser Güte. Darum gilt es, von dieser Güte zu leben, an ihr sich zu halten in der Demut und Furcht wirklichen Glaubens. („In der Güte bleiben" ist dasselbe wie: „im Glauben bleiben", aber es ist gerade im Vergleiche mit V. 23 - „im Unglauben bleiben" - bezeichnend, daß Paulus die erste und nicht die zweite Wendung, die an sich von V. 20 aus zu erwarten wäre, gebraucht. Dadurch wird betont, daß alles an Gottes Güte liegt, nicht an der Leistung der Glaubenstreue, daß der Glaube nicht

mit sich selbst und seiner Treue, sondern mit Gott rechnet, daß der Glaube nicht in sich, sondern in Gott ruht; daß die Heilsgewißheit nicht bedeutet, des eigenen Glaubens sicher, sondern Gottes gewiß sein.) Das ist das Gegenteil der Überhebung. Wer von dem *Wunder* der Güte lebt, der weiß, daß er nicht besser ist als die anderen, über die Gott hinweggeht. Darum bleibt er *bei* ihnen stehen und erhebt sich nicht über sie mit einem neuen überheblichen „Ich danke dir, Gott, daß ich nicht bin wie die Juden!". Ob man wirklich an die Gnade glaubt, zeigt sich in der Haltung zu den Nichtbegnadeten. Wer sich über sie erhebt, verleugnet das Wunder der Güte. Er glaubt nicht mehr im Ernst, sondern ist schon ungläubig geworden. Wohin könnte das anders führen als auf den Weg Israels, zu den abgehauenen Zweigen? Es liegt Paulus daran, eine „Heilsgewißheit", die nichts als menschliche Sicherheit ist, von der echten Heilsgewißheit zu unterscheiden, die demütig wagender Glaube ist. - Man sieht hier, wie wenig Paulus eine metaphysische *Prädestinationslehre* vertritt. Die Heiden sind erwählt und doch können sie verworfen werden, wenn sie nicht glauben. Daher werden sie zur Furcht gerufen. Der Glaube ist Heilsgewißheit, aber er kommt immer wieder aus der Furcht her. Dem entspricht es, daß Paulus den Gedanken vorzeitlicher Erwählung bildet und doch zur Furcht ruft. Diese beiden Seiten seiner Lehre verhalten sich nicht etwa wie Theorie und Praxis, sondern beide sind „praktisch". Beide zusammen erst drücken die Eigenart christlicher Heilsgewißheit aus, die immer die Furcht unter sich hat. Gedanklich lassen sie sich nicht miteinander ausgleichen. Ihre Spannung zueinander bezeichnet das Geheimnis unseres Daseins
durch Gott vor Gott. Es ist nur Gott offenbar. - *Endlich*: Überhebt euch nicht über 23. 24
Israel, denn wenn es seinen Unglauben aufgibt, fügt Gott es wieder in seine Gemeinde ein. Auch dem ungläubigen Israel kann Gott noch seine Güte beweisen. Die Verstockung muß nicht endgültig sein. Gott hat die Macht, die abgehauenen Zweige in den Ölbaum wieder einzupfropfen. Es ist doch wohl leichter, die echten Ölzweige wieder mit dem Ölbaum zusammenwachsen zu lassen, als fremde Zweige. Hat Gott, wunderbar genug, fremde Zweige aufgepfropft, wieviel mehr wird er es mit den eigenen tun! Das heißt: Israel steht trotz seines Unglaubens ursprünglicher in Gottes Bund und unter seiner Verheißung als die Heidenchristen - sollte Gott, der Heiden in die Gemeinde des Heils berufen hat, das nicht erst recht mit Israel tun? (Vgl. 1,16: das Evangelium „für den Juden zuerst".) Die Heimkehr Israels wäre das kleinere Wunder gegenüber dem Eintritt der Heiden in die Gemeinde - ist nun das große geschehen, wie sollte ihm das kleinere nicht folgen? Der in V. 11 ff., 14 f. angeschlagene Ton erklingt damit stärker. Redet Paulus noch von einzelnen Juden, die gläubig werden? Klingt nicht aus seinen Worten, wie schon in V. 12 und 15, eine Zuversicht für das ganze Volk? Der Weg ist frei für sein letztes Wort.

c) Ganz Israel findet Rettung 11,25-36

25 **Denn ich will euch, Brüder, dieses Geheimnis nicht verhehlen, damit ihr euch nicht auf**
eure Gedanken verlaßt: Verstockung ist über einen Teil von Israel gekommen, so lange bis
die Vollzahl der Heiden (in die Gemeinde Gottes) eingegangen ist, 26 **und dann wird ganz**
Israel gerettet werden, wie geschrieben steht: „Kommen wird aus Zion der Erretter, wegtun
wird er die Gottlosigkeit von Jakob. 27 **Und dies ist meine Verfügung für sie: wenn ich**

wegnehme ihre Sünden." 28 Nach (ihrem Verhalten gegenüber) dem Evangelium sind sie Feinde (Gottes) um euretwillen, wegen der Erwählung aber sind sie Geliebte (Gottes) um der Väter willen. 29 Denn Gottes Gnadengaben und Berufung können ihn niemals gereuen. 30 So nämlich, wie ihr einst Gott ungehorsam waret, jetzt aber Erbarmen erfahren habt infolge ihres Ungehorsams, 31 so sind wiederum sie jetzt ungehorsam gewesen, dem euch gewährten Erbarmen gegenüber, damit jetzt auch sie Erbarmen erfahren. 32 Denn Gott hat alle in den Ungehorsam eingeschlossen, damit er sich aller erbarme.

33 O welche Tiefe des Reichtums und der Weisheit und der Erkenntnis Gottes! Wie unerforschlich sind seine Entscheidungen und unergründlich seine Wege! 34 Denn „wer hat den Sinn des Herrn erkannt? 35 Oder wer ist sein Ratgeber gewesen?" „Oder wer hat ihm etwas vorausgegeben, das ihm vergolten werden müßte?" 36 Denn von ihm und durch ihn und zu ihm sind alle Dinge. Ihm sei Ehre in Ewigkeit! Amen.

V. 26f.: Jes. 59, 20; V. 27b: Jes. 27, 9; V. 34: Jes. 40, 13; V. 35: Hiob 41, 3.

25 Den letzten Stoß bekommen selbstsichere, hoffärtige Gedanken der Heidenchristen, wenn Paulus zuletzt ein Geheimnis göttlichen Heilsplanes kündet, das, höher als alle Vernunft, allem Erdenken entzogen, ihm durch die Geistesgabe der Prophetie von Gott her erschlossen ist (vgl. 1. Kor. 15, 51). Was bisher in V. 11 f., 14 f., 23 f. nur als Möglichkeit, als kühne Hoffnung des Glaubens und der Liebe des Apostels erschien, das ist Wirklichkeit göttlichen Ratschlusses: die Verstockung der Mehrheit Israels ist nur eine zeitweilige. Sie soll Raum schaffen dafür, daß die Vollzahl der Heiden, d. h. die bestimmte Zahl der von Gott hierzu Erwählten, in die Kirche eingehe.
26a Danach wird dann – Paulus sagt es mit Jubel – g a n z Israel gerettet werden, nicht mehr nur ein Teil, der „Rest" (11, 5), sondern die Gesamtheit des Volkes. Bis dahin werden immer nur einige, nur wenige sich zu Christus bekehren – das ist das Gesetz, unter dem die Judenmission steht, im Unterschiede zu der Heidenmission. Aber dann, als Anbruch der letzten Dinge (V. 15), wird der Fluch der Verwerfung, der jetzt noch auf Israel als Gesamtvolk liegt, von ihm genommen werden: dann geht Israel als
26b. 27 Volk in Gottes Reich ein. Bei Jesaja findet Paulus das schon geweissagt. (Statt des „für Zion" bei Jesaja bietet Paulus nach Ps. 14, 7 „aus Zion".) Der kommende Retter wird der Gottlosigkeit im Volke ein Ende machen; diese heilschaffende neue Setzung Gottes (das ist hier der Sinn des Wortes diatheke, das Luther an unserer und den meisten anderen Stellen als „Testament" wiedergibt) bedeutet, daß er seinem Volke die Sünde vergibt, und gründet darin (vgl. auch Jer. 31, 33 f.). Wie könnte aber auch
28 ein anderer Ausgang als dieser geschehen? Zwar hat Israel wegen seiner Ablehnung des Evangeliums Gott jetzt wider sich – Gottes Gericht steht dabei, wie schon mehrfach hervorgehoben, im Dienste der Evangelisation der Heiden –, aber das ändert nichts an Gottes Erwählung, die Israel in den Vätern zuteil geworden ist: um ihretwillen steht Israel in Gottes Liebe. Diese Liebe überdauert auch die Feindschaft. Sie wird sich offenbaren, sobald der Sinn von Israels Verstockung, die Berufung der
29 Heiden erfüllt ist. Israel bleibt das Volk der Wahl und des Segens. Denn Gott nimmt seine Gnadengaben und seine Berufung nie zurück. Die Freiheit Gottes hebt
30. 31 seine Treue nicht auf. So werden die Geschichte der Heiden und die Geschichte Israels im Entscheidenden einander genau entsprechen. Beide Male geht es aus der Zeit des Ungehorsams zu dem Tage der Erbarmung, aus dem Unheil in das Heil. Nur erleben Heiden und Juden diese Geschichte, im besonderen den Übergang, nicht gleich-

zeitig. Der Ungehorsam der Heiden gegen Gott (1,18ff.) fand sein Ende, als Gott sich erbarmte und das von den Juden verschmähte Evangelium zu den Heiden gehen und bei ihnen Glauben finden ließ. Diese Zeit der Erbarmung ist für die Juden gerade die Zeit des Ungehorsams. Aber auch hier kommt der Tag der Erbarmung, und zwar kann Paulus sagen: „jetzt" - so nahe weiß er, wie die Wiederkunft Christi, so auch die Bekehrung Israels. Die heidnische und jüdische Unheils- und Heilsgeschichte entsprechen einander, bedingen aber auch einander und folgen daher einander. (Wir haben übersetzt: „sie sind ungehorsam gewesen dem euch gewährten Erbarmen gegenüber"; das heißt: gerade gegenüber dem gesetzesfreien Heiden-Evangelium hat Israel sich verhärtet. Man kann den Dativ „dem Erbarmen" auch als einen des Umstandes fassen: bei der Berufung der Heiden haben die Juden dem Evangelium widerstrebt. Ebenso kann man den Dativ in V. 30b, den die Übersetzung kausal faßt - die Heiden sind berufen infolge von Israels Ungehorsam, vgl. V. 11 - auch als Bezeichnung des Umstandes verstehen: bei dem Ungehorsam der Juden sind die Heiden berufen - vielleicht liegt in dem Ausdruck beides zugleich. Jedenfalls werden „Erbarmen" über die Heiden und „Ungehorsam" der Juden zweimal und wechselseitig miteinander verklammert: „Erbarmen bei [durch] Ungehorsam, Ungehorsam bei [gegenüber] Er-
barmen." Dieser Gang der Geschichte hat seinen Sinn von Gott her: beide, die 32
Heiden und die Juden, läßt er, der Allwirksame, ihrem Ungehorsam verfallen und hält sie darin gefangen, um beiden gegenüber seine freie Gnade zu offenbaren. Die furchtbare Wirklichkeit menschlicher Sünde soll dazu dienen, die Freiheit und Herrlichkeit der Gnade Gottes zu bewähren. Diese Gnade steht am Ende der Geschichte ebenso Israels wie der Heiden. Aller Ungehorsam ist in das Allerbarmen aufgegangen.

Nun steht Paulus auf der Höhe. Auf Israels dunklen Weg, über dem die Schatten 33
der Schuld und Verstockung liegen, ist das helle Licht endlichen göttlichen Erbarmens gefallen. Nun darf der bittere Schmerz (9,1ff.) untergehen in seliger Anbetung des Heilswaltens Gottes. Wie unerschöpflich reich ist Gott an Erbarmen, an Macht zu retten, an Mitteln und Wegen! Was für ein Abgrund göttlicher Weisheit und Erkenntnis wird in seiner Geschichtsführung, im Strafen wie im Erbarmen offenbar! Wie hat Gott alles in Zusammenhang gesetzt und seinem Plane dienstbar gemacht, auch den Ungehorsam Israels! Aber wie hoch fährt Gottes Walten dabei über alles
menschliche Denken und Begreifen hinaus! Wer hat diese Gottesgedanken, die dem 34. 35
Apostel als Geheimnis enthüllt sind, geahnt? - so redet Paulus in Schriftworten voll demütiger Beugung weiter - geschweige dabei im Rate Gottes gesessen, geschweige vollends dieses Handeln Gottes als Dank für eigene Vor-Leistung beanspruchen können? Nichts davon. Gottes Walten ist höher als alles Denken und von über-
schwenglicher Freiheit. Wie er allein der Heilsgeschichte Ursprung, Walter und Ziel 36
ist, so hat alles Sein und Geschehen in ihm seinen Ursprung, seinen Herrn und sein Ziel. Ihm gebührt der ewige Lobpreis.

Paulus verwendet in V. 36 wohl eine zuletzt aus dem Pantheismus der Stoa stammende Formel der hellenistischen Mystik, die ihm durch das hellenistische Judentum vermittelt war (vgl. auch 1. Kor. 8,6). Aber wie wenig bedeutet doch in der Religionsgeschichte die bloße Gleichheit der Worte! Bei Paulus ist die Formel gefüllt mit dem persönlichen Gottesgedanken der geschichtlichen Offenbarung. Die hellenistische Formel weiß nichts von der Geschichte, sie kennt die Welt nur als Natur, als ruhendes Sein und sieht sie in Gott als dem letzten Wirklichen begründet und ruhend, aus Gott ausströmend, in ihn wieder eingehend. Zwischen dieser Theologie und der des Paulus liegt eine Welt. Wie bezeichnend, daß es bei Paulus nicht wie in einem Spruche Marc Aurels (Selbstbetrachtungen 4,23) heißt: in ihm sind alle Dinge! Kein Hauch hellenistischer Gottes-Mystik webt im Munde des Paulus durch die feierlichen Worte seines Hymnus. Es ist der geschichtsmächtige Gott des Zornes und der freien Gnade, dem die Anbetung des Apostels gilt.

Rückblick auf Kap. 9–11. Bedeutet das Nebeneinander der drei Kapitel eine innere Einheit? Das Wichtigste, um das Verhältnis der Kapitel recht zu verstehen, ist schon zu 9,13,32; 11,1f.16 gesagt. Aber von dem Ausgang des Kap. 11 her muß noch einmal abschließend gefragt werden: Welches ist der Sinn von Kap. 9? Wie verhält es sich zu Kap. 11? Wie stimmen die Gedanken der Auswahl, der Verstockung, göttlichen Ur-Hasses, der Gefäße des Zornes, für den Untergang hergestellt, zu dem Worte der All-Erbarmung Gottes 11,32? Nimmt Paulus in Kap. 11 zurück, was er in Kap. 9 verkündet hat?

Die Lösung kann nicht darin bestehen, daß man Kap. 9 abschwächt: es handle sich gar nicht um Erwählung und Verwerfung einzelner, sondern um das heilsgeschichtliche Verhältnis der Völker, nämlich um Gottes Freiheit zu zeitweiliger heilsgeschichtlicher Zurücksetzung Israels. Gewiß geht es Paulus zunächst hierum. Aber der Gehalt der harten Sätze 9,14ff. erschöpft sich darin nicht. Deutlich spricht Paulus auch von einzelnen und nicht nur von der zeitweiligen Zurücksetzung, sondern auch von endgültiger Verwerfung (9,22f.); also nicht nur von dem Früher oder Später des Heils (11,30f.), sondern auch von dem endgültigen Gegensatz von Leben und Untergang durch Gottes freie Entscheidung. Insoweit wird der Gedanke der ewigen doppelten Vorausbestimmung (Calvin) dem Texte von Kap. 9 mehr gerecht. Aber auch er mißdeutet Paulus; s. zu 11,22. Das Schicksal der einzelnen steht nicht von Ewigkeit her fest, sondern die Christen, zu denen Paulus spricht, haben die doppelte Möglichkeit vor sich, in der Gnade zu bleiben oder aus der Gnade zu fallen. Und umgekehrt: Gott hat die Möglichkeit, die abgehauenen Zweige dem Baum wieder einzupfropfen (11,23), die „Gefäße des Zorns" zu „Gefäßen des Erbarmens" zu machen (11,25ff.).

Der Sinn von Kap. 9 ist vielmehr: Paulus verkündet die Freiheit Gottes in seiner Erbarmung als Freiheit zum Verstocken und Verderben. Er rechnet im Ernste mit der Möglichkeit, daß Gott Menschen zum Verderben bestimmt hat. Wer das nicht zu denken wagt, nimmt die Freiheit der Gnade Gottes nicht ernst. Aber Paulus teilt die Menschheit nicht in Erwählte und Verworfene. Verwerfung ist ihm nicht die Wirklichkeit dieses oder jenes Menschen, sondern eine Möglichkeit Gottes. Nicht um die Deutung eines menschlichen Tatbestandes geht es zuletzt, sondern um die Wahrung göttlicher Freiheit. So verstanden, wird das Wort von der Verwerfung zum Worte gerade an die Erwählten (11,20ff.). Es betrifft nicht nur Israel, sondern in schwerem Ernste auch die Kirche, nämlich nicht nur um die Rätsel der Heilsgeschichte zu verstehen, sondern gerade auch in eigener Sache, als Ruf zur

Furcht Gottes (11,20). *Nur* dem, der vor Gottes Verwerfung als Möglichkeit für sich und andere zittert, ist der *Trost* von Kap. 11 gesagt, dem aber auch wirklich. Die Gedanken von Kap. 9 sind keine „absoluten" Sätze; sie werden dem Menschen gesagt, daß er sich unter Gottes Freiheit in Furcht beuge und mit dieser Furcht zu *Gott fliehe*. Wer im Wissen um Gottes Freiheit ohne Anspruch zu Gott flieht, der findet in ihm den Erbarmer, der selig machen will und nicht verwirft. Wo jeder Anspruch an Gott, mit dem der Mensch ihn binden will, aufgegeben ist in der Furcht seiner *Freiheit*, nur da, da aber auch im Ernste, darf der Trost der *Treue* Gottes, mit der er selber sich bindet, verkündet und ergriffen werden. Paulus verläßt also keineswegs in Kap. 11 einen „absoluten, philosophischen Standpunkt" von Kap. 9 zugunsten des „religiösen" Standpunktes. Indem er von Kap. 9 weitergegangen ist zu 11,32, bleibt er doch in Kap. 9 stehen. Kap. 9 wird nirgends verneint, zurückgenommen, eingeschränkt, sondern „aufgehoben", d.h. zugleich überwunden und aufbewahrt. Es bleibt nicht als vorläufige, gar irrige Erkenntnis Gottes *hinter* dem Standpunkte von Kap. 11 liegen, sondern als seine Grundlage *unter* ihm. Wo man die Verwerfung als ständige Möglichkeit Gottes fürchtet, da wird das Wort von der endlichen Erbarmung über alle (11,32) als *Gottes* Wort gehört.

Alle werden selig, d.h. Heiden und Juden, die bestimmte „Vollzahl der Heiden" 32
und „ganz Israel", d.h. die ganze Volksgemeinde, nicht nur der „Rest". Es handelt sich um die jetzige letzte Generation vor dem nahen Ende. Von dem Schicksal der dahingegangenen Geschlechter redet Paulus hier nicht. **Wiederbringung aller** verkündet er auch sonst nicht. „Alle" in 11,32 meint nicht alle einzelnen Menschen, sondern die beiden Teile der Menschheit, Juden und Heiden. Auch abgesehen von dieser Stelle kann man Paulus nicht für eine Lehre von der Apokatastatis in Anspruch nehmen, etwa im Blicke auf das Wort „alle" in 5,18 oder 1. Kor. 15,21 ff. (s. dort). Der Apostel spricht dort von der Heils- und Lebensmacht Christi für alle *Glaubenden*. Darüber hinaus erwartet er einen doppelten Ausgang der Menschheit im Endgerichte, also neben dem ewigen Leben auch „ewiges Verderben" (2. Thess. 1,6 ff.).

Israels Schicksal und die Christenheit. Die Kapitel 9–11 haben ihre bleibende Bedeutung für die Christenheit zunächst in dem, was sie von der Freiheit der Gnade Gottes, von Erwählung und Schuld, von echter und unechter Heilsgewißheit sagen. Aber das alles ist gewonnen im Bedenken der Geschichte des Volkes Israel. So wollen die Kapitel auch als ein Wort zu Israels Schicksal gehört und bedacht sein. Auch als solches geht es die Christenheit an und hat eine Aufgabe an ihr. Denn Israel ist auch für die Kirche wie für Paulus bleibend ein brennendes Thema.

Die Christenheit hat, unter dem Einfluß des Zeitbewußtseins, das jüdische Volk weithin nur noch mit profanem Auge gesehen, die jüdische Frage nur als eine politische. Es wurde lange Zeit vergessen, daß die Juden mit anderen Augen gesehen werden müssen, als alle anderen Völker, nicht nur als das „Weltjudentum", sondern als „Israel", als das Volk, das Gott zu einer einzigartigen Geschichte hin auf Jesus Christus, auf das Evangelium und die Kirche berufen und begnadet hat. Aus Israel ist Jesus Christus als Mensch geboren. Die Apostel der Christenheit waren Judenchristen. Als Judenchristenheit hat die Kirche Christi begonnen. Israels heiliges

Buch ist unser „Altes Testament" geworden. Diese Wurzel der Christenheit in Israels Geschichte bedeutet mehr als nur historischen Zusammenhang. Zu Israel und zu uns spricht das eine und selbe prophetische Wort Gottes, wie verschieden wir es auch hören mögen. Der Gott, den Mose und die Propheten bezeugen, der Gott, zu dem die Psalmen beten, ist trotz allem Wandel und Unterschied der Theologie auch unser Gott. Durch alle Entstellung und Verhüllung im Judentum hindurch ist Israel bis heute von Gottes Geschichte mit ihm, von dem Alten Testament geprägt und gehalten geblieben, über die Jahrtausende hinweg. Durch das alles ist Israel der Christenheit unvergleichbar nahe. Wir sind mit ihm unlöslich zusammengebunden. Wir harren wie Israel, mit Israel auf das Kommen des Reiches Gottes in Herrlichkeit.

Bei dieser Nähe und Gemeinsamkeit ist es für die Christenheit unendlich rätselvoll und bedrückend, daß Israel im ganzen sich Jesus Christus verschlossen hat. Mit allem seinem „Eifer um Gott" (10,2) geht es an dem vorbei, auf den Gott seine ganze Geschichte mit ihm hingezielt hat, im Blicke auf den er Israel erwählt hat. Das ist für die Christenheit schwerere Not als alle für Christus verschlossenen Türen in der Welt sonst. Der Schmerz des Paulus um Israel ist zugleich das Leid der ganzen Christenheit. Sie wird auch mit Scham bekennen, daß sie als die Zeugin Jesu Christi Mitschuld trägt an der Verschlossenheit Israels durch ihre Haltung dem jüdischen Volke gegenüber. Mit dem Apostel (10,1) wird sie ständig Fürbitte tun für Israel um sein Heil. Sie wird glauben und hoffen für Israel. Sie befiehlt Israel der gleichen Treue und dem Erbarmen Gottes, auf das sie selber ständig neu angewiesen ist und dem sie sich selbst befiehlt. Sie glaubt an das kommende Wunder der Heimführung des Volkes Israel. Über Israel liegt ein Geheimnis, auch für das profane Urteil dessen, der seine Geschichte bedenkt. Mit seiner einzigartigen Selbstbehauptung als Volk, durch alle Schicksale und Bedrängnisse hindurch - dieser Selbstbewahrung, deren Kraft die Treue zu seiner Gottesgeschichte, zu seiner heiligen Überlieferung ist, steht Israel wie ein Wunder unter den Völkern. Ob das nicht das Geheimnis göttlicher Aufbewahrung seines Volkes bedeutet für eine neue endgültige Geschichte mit Jesus Christus, als das letzte Ziel der Erwählung Israels (vgl. Mt. 23,39)?

Die Hoffnung des Apostels für sein Volk geht allein auf die künftige Bekehrung Israels zu Christus. In der chiliastischen Theologie hat man diese Grenze nicht innegehalten, sondern ein endgeschichtliches Bild der Zukunft Israels gezeichnet, das weit darüber hinausgeht: Israel, als Volk wiederhergestellt, in sein Land heimgekehrt, soll künftig die Mitte der Völkerwelt sein, Jerusalem das Zentrum des tausendjährigen Reiches; die königliche Herrschaft Christi auf Erden ist eins mit dem verheißenen Reiche Israels. Seiner wartet eine große Missionsaufgabe und -wirksamkeit an den Völkern. Solche Erwartungen gründen sich auf alttestamentliche Weissagungen für Israel, die - so heißt es - noch nicht erfüllt sind, also in der Endzeit erfüllt werden müssen. Dabei verkennt man - von allem zu schweigen, was grundsätzlich gegen den Chiliasmus zu sagen ist - daß vieles in den Zukunftsbildern des Alten Testamentes, soweit sie die künftige Stellung Israels betreffen, durch Jesus Christus überholt und abgetan ist. Das Evangelium bedeutet nicht nur Erfüllung, sondern auch Kritik der Hoffnungsbilder des Alten Testamentes. Was an ihnen gültig ist, das erfüllt sich in Jesus Christus und seiner Kirche jetzt und am Ende. Israel hat seit Jesus Christus nicht mehr die Stellung des einen Gottesvolkes innerhalb der Völkerwelt und ihr gegenüber. Gottes Volk ist jetzt, wie Paulus bezeugt, die Christenheit aus Juden und Heiden. Israels heilsgeschichtlicher Beruf, zu dem es erwählt ward, ist nun auf Christus und seine Kirche als das wahre Israel übergegangen. Israel als Volk hat nach dem Zeugnis des Apostels Paulus seine Heilszukunft, aber keine besondere heilsgeschichtliche Mission mehr.

Dritter Teil: Mahnungen für das Christenleben

12,1–15,13

1. Das Ganze 12,1.2

1 Ich ermahne euch nun, Brüder, bei dem Erbarmen Gottes: bringet eure Leiber dar als ein Opfer, das lebendig, heilig, Gott wohlgefällig ist – euer vernünftiger Gottesdienst! 2 Und paßt euch nicht dieser Weltzeit an, vielmehr wandelt euch durch die Erneuerung des Denkens, damit ihr recht erkennt, was Gottes Wille ist, nämlich das Gute und Wohlgefällige und Vollkommene.

Wir stehen an einem wichtigen Einschnitt. Von der Betrachtung der Taten und Wege geht Paulus zur Ermahnung über. Ein neuer Abschnitt: die „Ethik" nach dem „Dogma". Und doch nichts Neues, kein „praktisches Christentum", das man von dem „Dogma" trennen und für sich nehmen könnte. Auch kein bloßes Nacheinander, beides vielmehr dieselbe Sache von zwei Seiten. Auch die Ermahnungen sind Evangelium, denn sie gründen in dem, was Gott getan hat und rufen konkret in das Leben, das er schenken will. Man mißversteht Kap. 1-11, wenn man nicht notwendig zu Kap. 12-15 weitergeht. Man mißversteht Kap. 12-15, wenn man nicht von Kap. 1-11 herkommt und mitten in ihnen stehenbleibt. Kap. 1-11 haben von der alten und neuen Wirklichkeit des Menschen geredet. Aber von dieser Wirklichkeit und der Wende kann man nicht reden wie von einem geschichtlichen oder Naturereignis. Die neue Wirklichkeit ist nur da, indem der Mensch sich zu ihr bekennt – sich bekennen aber ist Sache des konkreten Lebensaktes. In diesem Sinne ist der *ganze* Römerbrief „Ermahnung".

1 Mit dem Jubel der Heilsgewißheit hat Kap. 8, mit der Anbetung von Gottes wunderbarer Führung Kap. 11 geschlossen. Die Angst und das quälende Fragen sind in der Erkenntnis der unendlichen Barmherzigkeit Gottes zur Ruhe gekommen. Zur Ruhe – aber nicht zu der tatenlosen, trägen Ruhe reiner Betrachtung. Die gleiche Barmherzigkeit Gottes, die zur Ruhe bringt, setzt in Bewegung, drängt zur Tat des Dankes. Diese Tat kann nur im Opfer bestehen – „Opfer", das uralte Wort alles Kultus, ist das erste Wort der „Ethik" des Apostels. Das Evangelium löst auch hier nicht auf, sondern es erfüllt. Daß es keine Gottesbeziehung gibt ohne den tiefen Ernst des Opfers, davon wird nichts abgelassen. Aber das Opfern ist etwas Neues geworden. Gegenüber dem Heidentum: nicht mehr ist das Opfer Mittel zum Zweck, Gott umzustimmen, seine Gabe und Gemeinschaft erst zu gewinnen. „Bei der Barmherzigkeit Gottes" sagt Paulus. Sie ist das erste. Das Opfer kann nur noch Dank- und Freudenopfer sein. Neu ist das Opfer weiter gegenüber dem Heidentum und kultischen Judentum: nicht ein Stück Eigentums gilt es hinzugeben, sondern *sich* selbst, nicht ein Tier zu töten, sondern in der eigenen *Lebendigkeit* für Gott dazusein, – freilich nicht nur in der Innerlichkeit bloßer Gesinnung oder Bereitschaft, sondern im Gehorsam bestimmter Tat, also leibhaftig („eure Leiber", s. 6,12). Dieses leibhaftige Selbst-Opfer ist nicht mehr Mittel zu einem Zwecke, sondern der Zweck

und Sinn Gottes mit dem Menschen selber. Es ist der wahrhaft „vernünftige", „geistige" Gottesdienst. „Vernünftig" war ein Lieblingswort der hellenistischen Philosophie. Vom „vernünftigen Opfer" im Gegensatze zum Tieropfer sprach man vielfach in der ägyptisch-hellenistischen Mystik: das Opfer muß dem Wesen des Logos, der göttlichen Vernunft gemäß sein; des geistigen Gottes würdig ist nur das Opfer des ihm entstammenden „Geistes" selber. Nimmt Paulus den vielgebrauchten Begriff auf, so zeigt er seine einzig wahre Erfüllung in dem von Gottes heiligem Geiste bereiteten Lebensopfer.

In ganz bestimmter „leibhafter" Einzeltat allein ist das Opfer wirklich und be- 2
deutet doch jedesmal wieder die eine große Entscheidung zwischen den beiden Weltzeiten, diesem und dem kommenden Äon, den Übergang aus dem einen in den anderen. Den Begriff zweier Weltzeiten hatte die spätjüdische Apokalyptik, bestimmt durch die iranische Erlösungslehre und die von ihr beeinflußte vorchristliche Gnosis, ausgebildet: dem jetzigen Äon, der durch Sünde, Leiden, Tod bezeichnet ist, macht die Ankunft des Messias ein Ende und führt mit der Herrschaft Gottes den neuen Äon der Gerechtigkeit, des Friedens und Lebens herauf. Diese Äonenlehre wird nun aber bei Paulus entscheidend umgestaltet: in Jesus Christus ist der neue Äon schon da, wunderbar in den jetzigen hereingebrochen. Die Christen leben grundsätzlich, weil sie mit Christus diesem Äon gestorben sind (Gal. 1, 4; 6, 14), schon in dem neuen Äon. Dazu gilt es nun sich im Leben jederzeit zu bekennen. Das bedeutet: sich nicht bilden lassen nach dem Stile der alten Welt, die dahingeht, sondern nach dem Stile der neuen zukünftigen Welt. Es geht dabei nicht um etwas Äußeres, sondern um die Erneuerung des ganzen Personlebens dadurch, daß man die Vernunft (7, 23 u. 25) von dem in der Taufe geschenkten Heiligen Geiste bestimmen läßt. Von diesem Geiste - Paulus nennt ihn hier nicht ausdrücklich - erneuert, erkennt man dann, ohne Gesetz, was jeweils Gottes Wille ist oder, mit anderen Worten, was in jeder Lage das Gute ist, das was Gottes Wohlgefallen hat („wohlgefällig" bezieht sich bei Paulus immer auf Gott), das Vollkommene. Von solcher Erkenntnis des Willens Gottes bietet Paulus der Gemeinde im Folgenden einige Proben.

2. Die Bejahung der Gemeinde durch Selbstbescheidung der einzelnen 12, 3-8

3 So sage ich denn kraft der Gnade, die mir verliehen ist, einem jeden unter euch: wollt nicht hoch hinaus über das gebührende Maß, sondern sucht Maß zu halten, ein jeder entsprechend dem, was Gott ihm an Glauben zugemessen hat. 4 Wie wir nämlich in einem Leibe viele Glieder haben, die Glieder aber nicht alle die gleiche Verrichtung besorgen, 5 so sind wir viele ein Leib in Christus, als einzelne aber im Verhältnis zueinander Glieder. 6 Da wir nun je nach der uns verliehenen Gnade verschiedene Gnadengaben besitzen, 7 etwa Prophetie, (so geschehe sie) nach dem Maße des Glaubens; oder Armenpflege, (so bewähre man sich) in der Armenpflege; 8 ist einer Lehrer, (betätige er sich) in der Lehre; (hat er) zu ermahnen, in der Ermahnung; wer abgibt, (tue es) in Einfalt; wer der Gemeinde vorsteht, (tue es) mit Ernst; wer Barmherzigkeit übt, (tue es) mit Fröhlichkeit.

Paulus beginnt die Reihe der Einzelermahnungen mit einer eindringlichen War- 3
nung der Selbstüberhebung. Feierlich beruft er sich auf sein Apostelamt - das ist mit der „Gnade" hier gemeint, vgl. 1, 5; 15, 15 -, ausdrücklich wendet er sich an jeden in der Gemeinde. Vielleicht bot zu der Warnung vor Hochmut die römische Gemeinde

besonderen Anlaß. Möglich, daß hier wie in Korinth die in der Gemeinde vorhande-
nen Geistesgaben Pneumatiker zu frommem Übermute verführten, zur Mißachtung
der eigenen Grenzen. Vielleicht überschätzte man den Besitz der Gaben, wie in
Korinth (1. Kor. 12), steigerte sich in der Auswirkung der eigenen Gabe über das
verliehene Maß hinaus oder schielte eifersüchtig auf fremde, besonders angesehene
und im Gemeindeleben hervortretende Geistesgaben. Solcher frommen Maßlosigkeit
gegenüber ruft Paulus zur Besonnenheit - eine der vier griechischen Grundtugen-
den! -, zum Maßhalten im Selbstgefühl und Wirken (vgl. 1. Kor. 4, 6; 8, 1; 12, 4 ff.).
Er will das christliche Hochgefühl und den Schwung des Handelns nicht brechen.
Aber der Mut soll nicht Übermut und das Wagen nicht Abenteuern werden. Wie
aber ist die Grenze hier zu erkennen? Maßstab ist der Glaube, wie Gott ihn dem
einzelnen gab. Jeder soll mit der Glaubenskraft (1. Kor. 13, 2; Röm. 14, 1) leben, die
Gott ihm zumaß, nicht über die Kraft, aber auch nicht darunter. Es kommt alles
darauf an, ob ich bei dem, was ich von mir halte und unternehme, in der Zuversicht
zu Gott stehen kann, daß er mir dieses Maß des Lebens gab. Das aber ist das
Geheimnis des einzelnen mit Gott, wieviel ihm Gott an Glauben gab. Jeder hat
seinen Glauben. Das bedeutet den Ernst und die Freiheit ganz persönlicher Verant-
4.5 wortung. Kein Dritter kann uns sagen, was wir dürfen. Das Denken und Leben
über das Maß hinaus gefährdet nicht nur den einzelnen, sondern auch die Gemeinde.
Gott hat die G e m e i n d e gewollt. Sie wird unmöglich, wenn die einzelnen sich nicht
in ihr Maß bescheiden. Denn mit der Gemeinde ist es wie mit dem Leibe und den
Gliedern - Paulus verwendet hier das in der Antike viel gebrauchte, von ihm selber
1. Kor. 12, 14 f. reich ausgeführte Bild des Leibes. Der Leib ist nur in den Gliedern
da. Die Glieder sind als Leib eine Einheit, aber eben als G l i e d e r am Leibe ver-
schiedener Verrichtung. So sind die Christen als Gemeinde eins, ein Leib, aber diese
Einheit bedeutet nicht die Gleichheit im Verhältnis zueinander, sondern hier sind sie
Glieder, d. h. von verschiedenen, einander ergänzenden und bedürfenden Verrichtun-
gen. Es gilt also sich einzugliedern - dazu bedarf es der erwähnten Selbstbescheidung.
6a Die gliedhafte Verschiedenheit der einzelnen entsteht durch die verschiedenen Gaben,
die Gottes Gnade den einzelnen gab. Paulus erinnert hier an die Geistesgaben, von
denen er im 1. Kor.-Brief ausführlich handelt. Doch gibt er hier keine vollständige
Aufzählung. Das Zungenreden z. B. fehlt, ebenso die Wunderkraft und die Heilungs-
gabe. Paulus beschränkt sich darauf, in freier Folge die für das Gemeindeleben wich-
tigsten, übernatürlichen und natürlichen Gaben und Funktionen zu nennen, und
mahnt nun, mit dem Gliedcharakter des einzelnen Ernst zu machen, d. h. gerade den
Beruf, der mit der jeweiligen Gabe gegeben ist, zu erfüllen, nicht etwas anderes
oder gar alles tun zu wollen, aber das eine mit ganzem Ernste und so wie es gerade
6b getan werden muß. Das heißt: so allgemein, wie V. 6a es forderte, gibt Paulus die
Regel gerade nicht. Zu dem Vordersatze 6a fehlt vielmehr ein entsprechender all-
gemeiner Nachsatz. Paulus besondert die zu erwartende Ermahnung sogleich in Bei-
spielen und gibt sie in der eindrücklichen Form knapper, befehlsmäßiger Stichworte,
die die Leser sich zu Sätzen ergänzen können. Der Prophet, der auf Grund göttlicher
Inspiration Gottes Willen und Weg weissagt, vergesse nicht, daß auch die Inspiration
ihr Maß am Glaubensstande des einzelnen hat. (Von der Regel des Glaubens-
7.8 bekenntnisses der Gemeinde als Norm der Prophetie, wie man die Stelle vielfach

gedeutet hat, ist hier wohl nicht die Rede, angesichts des sonstigen Sprachgebrauchs des Apostels.) Er wage sich nicht an Fragen und Rätsel, denen sein Glaube nicht gewachsen ist. Wer die Gabe des Dienstes (es ist wohl im besonderen an die Pflege der Armen und Bedürftigen in der Gemeinde gedacht) oder der Lehre oder der sittlichen Ermahnung empfangen hat, soll dem Berufe, den diese Gabe begründet, ganz leben. Bei den letzten Gaben wird noch die zu ihrem wahrhaften Betätigen unentbehrliche Haltung hervorgehoben. Das Geben bedarf der Einfalt, die ohne Hintergedanken und Nebenabsichten auf Gewinn oder Verdienst ganz der Not der anderen zugewandt ist und keine andere Rücksicht kennt, als ihr abzuhelfen. Die Leitung der Gemeinde bedarf des hingebenden Eifers; die Barmherzigkeit darf nicht erzwungen und mißmutig, sondern muß freudig geschenkt werden.

3. Von den Grundzügen des Christenlebens, namentlich der Liebe 12, 9-21

**9 Die Liebe sei ungeheuchelt. Verabscheut das Böse, seid dem Guten zugetan. 10 In der
brüderlichen Liebe zueinander seid herzlich, in der Ehrerbietung kommt einander zuvor.
11 Seid an Eifer nicht lässig, vom Geiste glühend, dem Herrn dienstbar, 12 in Hoffnung
fröhlich, in Trübsal geduldig, im Gebete anhaltend. 13 An den Nöten der Heiligen nehmet
Anteil, befleißigt euch der Gastfreundschaft. 14 Segnet, die euch verfolgen, segnet und fluchet
nicht. 15 Freuet euch mit den Fröhlichen, weinet mit den Weinenden. 16 Seid gleichen
Sinnes gegeneinander. Trachtet nicht nach hohen Dingen, sondern gebt euch herunter zu den
geringen. 17 „Haltet euch nicht selbst für klug." Vergeltet niemandem Böses mit Bösem,
„seid bedacht auf das, was edel ist in den Augen aller Menschen". 18 Wenn möglich, soviel
an euch liegt, haltet mit allen Menschen Frieden. 19 Rächet euch nicht selbst, Geliebte, son-
dern gebt Raum dem Zorne (Gottes). Steht doch geschrieben: „Mein ist die Rache, ich will
vergelten, spricht der Herr." Vielmehr: 20 „wenn deinen Feind hungert, so speise ihn; wenn
ihn dürstet, so tränke ihn; denn wenn du das tust, so wirst du feurige Kohlen auf sein Haupt
sammeln". 21 Laß dich nicht vom Bösen überwinden, sondern überwinde das Böse mit
dem Guten.**

V. 16: Spr. 3, 7; V. 17: Spr. 3, 4 LXX; V. 19: 5. Mose 32, 35; V. 20: Spr. 25, 21 f.

Paulus war schon im vorigen Abschnitte von den Gnadengaben weitergegangen zu den Möglichkeiten des christlichen Handelns überhaupt. Darin fährt er nun fort. Der folgende Abschnitt bis zum Schlusse des Kapitels handelt gewiß überwiegend von der Liebe - auch er wahrlich ein hohes Lied der Liebe -, aber keineswegs ausschließlich (s. V. 12), und ist auch nicht eindeutig so gegliedert, daß V. 9-16 von der Bruderliebe, V. 17-21 von der Liebe zu denen draußen geredet würde (vgl. dagegen V. 14). Es handelt sich im ganzen um die Grundzüge christlichen Handelns, vor allem im Gemeinschaftsleben. Die Mahnungen sind aber im einzelnen oft nur lose verbunden, in ihrer Reihenfolge z. T. mehr durch ihre Form-Verwandtschaft als durch inhaltliche Nähe bestimmt. Es hat keinen Sinn und führt zu Künstlichkeit, überall inneren Zusammenhang und sinnvollen Übergang zu suchen oder auch für alles einen besonderen Anlaß in den Verhältnissen der römischen Gemeinde anzunehmen.

Unzählig viel „Liebe" ist unecht, eine Maske der Freundlichkeit, hinter der sich 9
doch lauter Selbstsucht verbirgt. Man betrügt andere - und auch sich selber mit dem Scheine der Liebe, während in der Tiefe des Herzens die eigensüchtigen Empfindungen und Gedanken ihr Wesen treiben. Niemand dulde diesen Zwiespalt bei sich. Eine andere Gefahr der Liebe ist die sittliche Schlaffheit. Echte Liebe haßt das Böse und

verrät das Gute keinen Augenblick. Das ist die immer neue Aufgabe der Liebe, dem
10 anderen treu hingegeben und ihm doch nicht verfallen zu sein. Die echte Liebe kämpft
bei dem Geliebten gegen das Böse. Die Bruderliebe soll die Herzlichkeit natürlicher
Liebe der Blutsverwandten zueinander haben. Sie hebt darum die Unterschiede nicht
auf. Liebe wird ungesund, wenn ihr der Zug der Ehrung des anderen fehlt. Paulus
ruft zum Wetteifer in der gegenseitigen Ehrerbietung; vielleicht ist der Text geradezu
so zu verstehen: Jeder stelle den anderen gern über sich, nicht wegen seiner etwaigen
besonderen Vorzüge, sondern einfach weil er der andere ist, dem Gott mich zum
11ab Dienste unterordnet. In der Gemeinde gibt es zu tun. Lässigkeit und Schlaffheit
dürfen unter den Christen nicht umgehen, sondern brennender Eifer. Aber der Eifer
glühe nicht von Ehrgeiz oder nur von natürlichem Schaffensdrange, er brenne aus
11c Gottes Geist. Dann ist auch keine Gefahr, daß der Mensch sich selber oder Menschen
und Sachen in seinem Dienst verfalle, dann dient er dem Herrn Christus. Eine andere
Lesart lautet: Dienet der Gelegenheit, der Stunde. Ihr ist Luther gefolgt: „Schicket
euch in die Zeit." Das gibt einen feinen Sinn und paßt auch wohl in den Zusammen-
hang: der vom Heiligen Geiste glühende Eifer soll nicht eigenwillig blind daherfahren,
sondern auf die rechte Stunde warten, wenn sie da ist, sie nützen, d. h. das gerade in
ihr Gebotene und Mögliche tun. Indessen es ist doch zweifelhaft, ob Paulus so ge-
schrieben hat. Die Wendung, deren er sich dann bedient hätte, hat für den Griechen
den Sinn: den Mantel nach dem Winde hängen.

12 V. 12 bietet einen schönen Dreiklang. Des Christen Grundstimmung ist die Freude,
die auf Hoffnung ruht. Solche Freude gibt ausharrende Tragkraft für die Trübsal
13 und lebt ihrerseits mit solcher Geduld aus dem Quell anhaltenden Gebetes. Die
Gemeinde ist immerdar auch Notgemeinschaft. Die fremden Nöte werden zu eigenen.
Das ist wahrer „Heiligen"-Dienst; nicht mit toten, sondern mit lebendigen Heiligen,
sagt Luther, haben wir es zu tun, d. h. unsere Brüder sind als von Gott Geliebte
und Berufene heilig. Die Gastfreundschaft ist ein damals, inmitten heidnischer Um-
gebung, besonders wichtiger einzelner Zug der Anteilnahme an der Lage der Brüder.
14 Schwerer als alles dieses ist es, der Feindschaft gegenüber sich als Mensch der neuen
Weltzeit zu bewähren. Paulus erinnert an Jesu Gebot Matth. 5, 44, ohne es aus-
15 drücklich als ein Wort des Herrn zu bezeichnen. Zur echten Gemeinschaft gehört weiter
völliges Offensein für des anderen Freude und Leid, wahrhaftes Mitdurchleben
16a seines Schicksals als wäre es meines. Jedem dasselbe wünschen und gönnen, für
jeden dasselbe wollen wie für mich - darauf kommt es an. Das meint Paulus, wenn
er V. 16a fordert, daß jeder jedem gegenüber die gleiche Gesinnung habe, auf das
gleiche bedacht sei, nämlich wie sich selber gegenüber: „Du sollst deinen Nächsten
16b lieben als dich selbst." Dazu muß freilich vor allem jene Hochfahrenheit aufhören, da
man immer hoch hinaus will, immer nur an hervorragender Stelle stehen und
arbeiten, und jener Dünkel, da man meint klug zu sein und niemanden zu brauchen.
Statt dessen bedarf es der Demut, das heißt des Mutes, gerade dem Geringen am
bescheidenen Platze, im niederen Werke zu dienen. Es gilt, auch hören und sich weisen
17 lassen zu können. Solcher Geist ist auch das Ende des natürlichen Vergeltungstriebes
- Paulus kommt damit auf das Verhältnis zu der nichtchristlichen Umgebung zu
sprechen. Statt auf Vergeltung gilt es auf das bedacht zu sein, was im Urteil aller
18 Menschen, auch der Heiden, edel ist. Dazu gehört die Bereitschaft überall Frieden zu

halten, bis an die Grenze des Möglichen, so weit es in unserer Hand liegt. Kommt
es zum Streite – die Schuld soll nicht an den Christen liegen. Und eben dann, wenn 19a
es zu Streit und Feindschaft kam, gerade dann sollen die Christen ihren Friedens-
willen weiter bewähren durch die Freiheit von dem natürlichen Drange der Ver-
geltung und Rache – immer wieder (vgl. V.14 und 17a) kommt Paulus auf diesen
so wichtigen Punkt zurück. Wie könnten die Christen anders handeln: auch wo sie
recht haben gegen andere, wissen sie sich doch immer *mit ihnen* im Unrecht, in der
Schuld vor Gott! Darum sollen sie geduldig leiden können, nein noch mehr: wie 20a
schon alttestamentliche Worte, so fordert auch Paulus, dem Feinde wohlzutun. Aber 19b
kann dann nicht Bosheit und Unrecht ungehemmt triumphieren? Nein, alles Unrecht
verfällt dem kommenden Zorngerichte Gottes. *Er* vergilt. Unsere Sache ist das
nicht. Der Hinweis auf Gottes Vergeltung hat nicht etwa den Sinn, daß der Christ
die Befriedigung seines Rachebedürfnisses statt im eigenen Eingreifen nun im Ge-
danken an Gottes Vergelten suchen soll. Wenn Paulus den Menschen vor Gott stellt,
vor dem alle miteinander unrecht haben, dann stirbt die natürliche dunkle Leiden-
schaft in der Seele. Außerdem wäre zu fragen, was Gottes Rache bedeutet. Auch
über sie ist evangelisch, gemäß dem Evangelium zu denken: sie wird die „Rache"
seiner *Liebe* sein. Gott ist auch in seinem Rächen größer als unser Herz, sein Ver-
gelten ist ein ganz anderes gegenüber dem, das unser unerlöstes Herz begehrt. Bei
Gottes Rächen kommt das Vergeltungs- und Rachebedürfnis des natürlichen Men-
schen niemals auf seine Kosten, weder in der Zeit noch in der Ewigkeit, sondern nur
jenes Verlangen nach „Rache", nach Erweisung der richtenden Gerechtigkeit Gottes,
das mit seinem Liebeswillen eins geworden ist. Was das besagt, spricht V.21 aus: 21
es gilt, nicht von dem Bösen in den Menschen selber zu Rachegefühlen überwunden
zu werden, sondern es innerlich zu überwinden durch das Gute. Die scheinbare Ohn- 20b
macht im Verzichte auf Rache trägt in sich eine gewaltige Macht, die Macht der
ernsten Liebe Gottes. Güte von dem als Feind Behandelten zu erfahren ist für die
feindselige Gesinnung so unerträglich wie glühende Kohlen auf dem Haupte: man
muß seine Haltung aufgeben. Solche Güte hat in sich die unwiderstehliche Macht
schmerzlicher Beschämung und Überwindung des Trotzes. So ist die christliche Hal-
tung gegenüber dem Unrecht, der Verzicht auf die Vergeltung nicht weichliche
Schwäche, sondern mächtige Stärke, nicht bequeme Ergebung, sondern handelnder
Glaube an die Macht des Guten über das Böse. Mit alledem hat Paulus die Liebe
ganz im Geiste Jesu gezeichnet.

4. Der Gehorsam gegen die Obrigkeit 13,1-7

1 Jedermann sei den vorgesetzten Gewalten untertan, denn es gibt keine Gewalt außer von Gott, und die vorhandenen sind von Gott geordnet. 2 Wer sich also der Gewalt widersetzt, der widersteht Gottes Anordnung. 3 Die aber Widerstand leisten, werden sich selbst das Urteil zuziehen. Denn die Behörden sind nicht für die gute, sondern für die böse Tat ein Schrecken. Willst du dich vor der Gewalt nicht fürchten (müssen): nun, so tue das Gute, dann wirst du Lob von ihr erhalten. 4 Denn sie ist Gottes Dienerin dir zum Guten. Wenn du aber das Böse tust, so fürchte dich, denn sie trägt das Schwert nicht umsonst, ist sie doch Gottes Dienerin, Rächerin zur Vollstreckung des Zornes (Gottes) an dem, der das Böse tut. 5 Darum tut es not, ihr untertan zu sein, nicht nur um des Zornes, sondern auch um des Gewissens willen. 6 Deshalb zahlt ihr ja auch die Steuern, weil sie (die Regierenden)

Beamte Gottes sind, die eben dafür ständig Sorge tragen. 7 **Gebt allen, was ihr ihnen schuldig seid: wem Steuer, dem die Steuer; wem Zoll, dem den Zoll; wem Furcht, dem die Furcht; wem Ehre, dem die Ehre.**

Ein Wort über die Stellung des Christen zum Staate konnte in der apostolischen Unterweisung nicht fehlen. Denn hier bestand für die jungen christlichen Gemeinden ein Problem. Die obrigkeitlichen Ämter wurden ausnahmslos von Nichtchristen verwaltet. Diese waren im allgemeinen der neuen jüdischen Sekte gegenüber nicht freundlich gestimmt. Was lag für die Christen näher, als in den Behörden wesentlich Organe der feindseligen Welt und des Satans zu sehen und ihnen die Achtung zu versagen? (Von hier aus ist verständlich, warum Paulus gerade an dieser Stelle, unmittelbar nachdem er von dem Verhalten des Christen gegen die feindselige heidnische Umgebung geredet hat, auf die Frage des Staates eingeht.) Vielleicht war in der Gemeinde zu Rom die staatsfeindliche Stimmung bei einer schwärmerischen Gruppe von Pneumatikern besonders stark ausgeprägt: hat denn die heidnische Gewalt Recht über die Kinder Gottes? Ist sie nicht gott-los? Vielleicht blieb es nicht bei der theoretischen Frage, sondern man war im Ernste willens, dem heidnischen Staate grundsätzlich, aus religiösen Gründen den Gehorsam zu versagen. Nur im Blicke auf solche aufrührerische Gesinnung verstehen wir den Ernst in den Worten des Apostels und die starken Ausdrücke, in denen er die Würde des Staates hervorhebt.

1.2 Paulus bezeichnet die staatlichen Behörden mit dem Worte exusia im Singular und Plural. Weil dieses Wort im Neuen Testamente, bei Paulus und in den deuteropaulinischen Schriften (Eph. 1, 21; 3, 10; 6, 12; 1. Petr. 3, 22) auch zur Bezeichnung der überirdischen Geistermächte verwendet wird (1. Kor. 15, 24; Kol. 1, 16; 2, 10), hat man es neuerdings (K. Barth; G. Dehn; O. Cullmann u. a.) auch an unserer Stelle so verstehen wollen. Oder: es habe hier eine Doppelbedeutung: es bezeichne zugleich die unsichtbaren Mächte und ihre ausführenden irdischen Organe (Cullmann). Diese „dämonistische" oder „angelologische" Deutung meint also, daß Paulus hinter dem Staate „Engelmächte" sehe, „die, ohne ihren an sich widergöttlichen Charakter und ihre Gefährlichkeit eingebüßt zu haben, Jesus Christus dienstbar geworden sind" (Barth). Das würde einerseits eine gewisse Abwertung des Staates durch Paulus bedeuten, andererseits auch eine besondere Begründung seiner Autorität für die Christen: weil die hinter dem Staate stehenden Engelmächte von Christus überwunden sind und nun im Dienste stehen, kann der Staat den Dienst der Christen beanspruchen. Indessen ist es höchst unwahrscheinlich, daß dieser Sinn an unserer Stelle vorliegt. exusia ist an sich ein neutrales Wort für „Macht", dessen näherer Sinn sich jeweils erst aus dem Zusammenhange ergibt. Im griechischen und hellenistischen profanen Sprachgebrauche bezeichnen Singular und Plural öfter die Behörden, ebenso im Judentum, dessen apokalyptische Schriften das Wort auch für die überirdischen Mächte verwenden, aber nie doppelsinnig für diese und die Behörden zugleich. Wenn Paulus den Ausdruck an unserer Stelle, wie niemand bezweifelt, für die Behörden gebraucht, so konnte er nicht erwarten, daß die Leser ihn doppeldeutig verstanden, und wird ihn daher auch nicht so gemeint haben (das gleiche gilt von den Stellen Lk. 12, 11 und Tit. 3, 1). Darauf weist auch der Zusammenhang: der Apostel verwendet in V. 3 synonym das Wort archontes, das ohne Zusatz (anders

1. Kor. 2, 6. 8) für jeden Leser in jener Zeit eindeutig die Behörden und Beamten des Staates und der Stadt bezeichnet. Der Ausdruck deutet in keiner Weise an, daß die Beamten Werkzeuge überirdischer kosmischer Geistermächte seien. Auch sonst verwendet der Abschnitt lauter rein-weltliche, technische Begriffe des römischen Rechtslebens. Vgl. G. Kittel, Christus und Imperator, 1939. H. v. Campenhausen, Zur Auslegung von Röm. 13: Die dämonistische Deutung des exusia-Begriffs (Festschrift für A. Bertholet, 1950). A. Strobel (Zeitschr. f. d. neutest. Wissenschaft, Bd. 47, 1956, S. 67 ff.). E. Käsemann, Zeitschr. f. Theol. u. Kirche, 56, 1959, S. 351 ff. Auf der anderen Seite O. Cullmann, Der Staat im Neuen Testament, 1956, S. 46 ff., 67 ff.

Nicht mehr wie bisher im Stile der Ermahnung, sondern in der Form eines 1
allgemein gültigen Grundsatzes stellt Paulus voran das Gebot der gehorsamen
Unterordnung unter die „vorgesetzten Gewalten": gemeint sind die staatlichen Be-
hörden, die „Obrigkeit", wie Luther übersetzt, mit ihren verschiedenen Ämtern.
„Jedermann" soll sich unterordnen, also auch die Christen und gerade sie. Die Pflicht
des Gehorsams wird theologisch begründet: die staatliche Gewalt ist von Gott gesetzt,
verordnet, und zwar jede wirkliche, tatsächlich bestehende; nicht nur der ideale Staat,
sondern jeder, welche Fehler, Schwächen und Schatten er auch haben möge. Daraus 2
folgt, daß die Auflehnung gegen die bestehende Obrigkeit nichts Geringeres als
Empörung gegen Gott selbst ist und seinem Gerichte verfällt. Welchen Grund sollte
auch die Auflehnung, die Rebellion haben? Daß man den Druck des Staates los 3
sein will? Nun, der Staat drückt doch nur auf den Bösewicht, den Verbrecher – eine
andere Möglichkeit des Konfliktes mit dem Staat kommt für Paulus in diesem
Zusammenhang nicht in Betracht. Wer das Rechte tut, hat keine Konflikte mit der
Obrigkeit zu fürchten, sondern nur wer Böses tut. Der richtige Weg, dem Drucke
des Staates, der Angst vor ihm zu entgehen, ist also nicht die Auflehnung, der
Widerstand, sondern das Tun des Rechten. Dann hat man nicht nur keinen Konflikt,
sondern erntet sogar die ausdrückliche Anerkennung der Obrigkeit. (Vermutlich denkt
Paulus an den damals verbreiteten Brauch, daß die kaiserlichen Behörden bewährte
Untertanen offiziell belobigten.) Man empfängt durch sie in Gottes Auftrag nur 4
gutes: die Wohltat der Ordnung, des Schutzes, des Friedens. (Die Wendung „dir zum Guten" meint doch wohl nicht, wie manche Ausleger wollen, die Erziehung zum Guten, die der Staat durch seine Gesetzgebung und Rechtsverwaltung an seinen Bürgern ausübt; das „Gute" hat also hier in Vers 4 trotz der unmittelbaren Nachbarschaft zu den sittlichen Begriffen „gut" und „böse" in V. 3 und 4 nicht den gleichen sittlichen Sinn, sondern meint das „Gut" der Ordnung und des Friedens, das die Obrigkeit beschert. Vgl. die entsprechenden Stellen 8, 28 und 15, 2: hier überall hat das „zum Guten" des griechischen Textes den Sinn unseres Deutschen „zum Besten".) Wer freilich Böses tut, erfährt ihre Furchtbarkeit, als der Vollstreckerin des göttlichen Zornes durch das Richtschwert. (Vielleicht ist das Wort, das die Übersetzung mit „Rächerin" wiedergibt, hier die übliche Bezeichnung für das damalige Amt eines Anwalts oder Stellvertreters. Dann wäre zu übersetzen: „stellvertretender Anwalt für den Zorn Gottes".) Das Blutvergießen des Staates, die Todesstrafe ist also mehr als eine menschliche Maßnahme, über deren Recht, Sinn, mehr oder minder große Zweckmäßigkeit sich streiten läßt; Gott hat der Obrigkeit das Schwert in die Hand gegeben, er selber straft durch ihren Arm das Böse. Steht es so, dann

5 hat der Gehorsam gegen die Obrigkeit - Paulus kehrt zu V. 1 zurück - guten Grund: der Christ gehorcht wahrlich nicht nur aus Furcht vor der Strafgewalt des Staates, sondern weil er im Gewissen von Gott her gebunden ist; denn er weiß, daß Gott die Obrigkeit gesetzt hat, daß sie ihr Amt in seinem Auftrage ausübt. Sie ist grundsätz-
6 lich eine Gestalt, in der Gottes Gesetz dem Menschen begegnet. In dieser ihrer Würde als von Gott gesetzten Amtes ist auch das Recht der Obrigkeit begründet, Steuern zu nehmen: mit dem Steuerzahlen anerkennt man, was die Regierung ständig zum Besten der Untertanen von Gottes wegen tut. (Das in der Übersetzung mit „Beamte" wiedergegebene Wort lautet leiturgoi; es bezeichnet den Beamten, der öffentlichen Dienst für das Gemeinwesen leistet, aber auch den Priester in seinem kultischen Dienst, so vor allem in der griechischen Bibel. So auch Paulus 15,16. An unserer Stelle dagegen hat das Wort keinen sakralen, sondern ganz profanen Sinn. Ihren religiösen Ton gewinnt die Wendung erst durch den Genitiv: „Beamte G o t t e s".) -
7 Die Steuern (zur Steuerpflicht vgl. Jesu Wort Mk. 12,17 par.) sind nur ein Teil dessen, was man der Obrigkeit schuldig ist. Sie soll nicht allein in der äußeren Leistung der Steuern, der direkten und der indirekten, sondern auch darüber hinaus in der ganzen Haltung den Beamten gegenüber, in Ehrfurcht (so ist die „Furcht" nach antiker Tradition hier zu verstehen) und Ehrerbietung als Gottes Ordnung anerkannt werden.

Die Christenheit und der Staat. Paulus begründet die Pflicht des Gehorsams gegen die Obrigkeit mit einem Wort über die Autorität und den Beruf der politischen Gewalt. Niemand zuvor hat die Würde und Bedeutung des Staates so verstanden und ausgesprochen wie Paulus, auch die großen griechischen Staatsphilosophen nicht. Paulus steht mit seinen Gedanken über die Obrigkeit in einer Tradition, nämlich der im Alten Testament wurzelnden jüdisch-rabbinischen Unterweisung. Vgl. Spr. 24,21: „Fürchte Gott, mein Sohn, und den König. Mit Aufrührern laß dich nicht ein." Pirke Aboth 3,2: „Bete für das Heil der Obrigkeit; denn ohne die Furcht vor ihr würde einer den anderen lebendig verschlingen." Das gilt auch der Fremdherrschaft gegenüber. Im Tempel zu Jerusalem wird für den römischen Kaiser geopfert, in den Synagogen betet man für ihn. Denn Gott hat ihm die Macht gegeben zum Besten der Menschen. In dieser Tradition bleibt Paulus. Sie wird ihm auch durch Christus nicht zerbrochen. Er bringt sie auf den stärksten Ausdruck: die Obrigkeit hat einen Gottesberuf, sie ist „Gottes Dienerin", die Machthaber sind „Amtleute Gottes". Daher ist Gott zu ehren in der Anerkennung der Obrigkeit und im Gehorsam. Es ist für Paulus der gleiche Gott, den er als den Vater Jesu Christi kennt. Sein Walten durch die politischen Mächte ist freilich ein ganz anderes als seine Herrschaft durch Jesus Christus. Das Reich des Kaisers und das Reich Christi sind streng unterschieden, ja in ihrer Erscheinung weithin gegensätzlich. Aber auch der Staat ist „zum Besten" der Menschen eingesetzt (V. 4). Er ist ein Werk der Güte Gottes - so haben Luther und Calvin Paulus richtig verstanden. Gott tut den Menschen mit dem Staat Gutes. Indem die Obrigkeit in Gottes Auftrag das Verbrechen straft und die rechte Tat und Haltung ehrt, wahrt sie das hohe Gut der sittlich bestimmten Ordnung und des Friedens. Das hat für Paulus gewiß weiter den Sinn: durch die politische Macht will Gott die jetzige, zu Ende gehende Welt vor dem Chaos bewahren und für seine Heilsgedanken mit ihr erhalten. Insofern gehört die Obrigkeit geradezu mit dem Evangelium zusammen und ist trotz allem das Werk des einen und selben Gottes. So verstanden ist Röm. 13, 1-7 kein Fremdkörper in der Botschaft des Apostels[1].

Und doch hat dieses sein Wort über die Obrigkeit und den Gehorsam gegen sie immer wieder Anstoß gegeben und Kritik gefunden. Es redet so ungebrochen und uneingeschränkt. Stimmt es denn, daß die politische Gewalt selbstverständlich und überall - Paulus scheint das doch zu sagen - gerecht, also nach sittlichem Maßstabe urteilt und handelt, das Böse bestraft, das Gute ehrt und schützt (V. 3)? Gilt nicht weithin das Gegenteil? Weiß Paulus nichts von der Herrschaft der Ungerechtigkeit in den Staaten? Er hat doch schon damals an sich selbst (vgl. 2. Kor. 11, 25 ff.) und etwa an der Behandlung der Juden durch die römischen Behörden rechtlose Behandlung und Gewalttat genug erlebt. Muß nicht vollends für uns Röm. 13, 3 angesichts dessen, was die Gewalthaber im Lauf der Weltgeschichte verübt haben, als eine unbegreifliche, ja unerlaubte Harmlosigkeit erscheinen?

Wie sind die allzu runden und eindeutigen Sätze des Apostels zu erklären und zu verstehen? Man könnte sagen: Paulus gibt einfach die ihm überkommene jüdische Theorie weiter und kümmert sich nicht um die Empirie, das Tatsächliche (Albert Schweitzer). Oder: der Text ist im Lichte der letzten Dinge zu verstehen; das Ende dieses Weltlaufs und damit auch der Obrigkeiten ist nahe - da wird der Unterschied zwischen gerechten und ungerechten Obrigkeiten unwichtig, da lohnt es nicht mehr, die Ungerechtigkeit eines Staates schwerzunehmen und sie ändern zu wollen (Martin Dibelius). An alledem wird etwas sein. Aber mindestens hinzufügen muß man, um der Sache ganz auf den Grund zu kommen: Paulus spricht hier ganz grundsätzlich, denn er hat es offenbar mit der grundsätzlichen, radikalen Verneinung des Staates zu tun, mit dem Nein, das nicht der tyrannischen Entartung des Staates, sondern dem Staate an sich und als solchem gilt. Diesem grundsätzlichen Nein gegenüber spricht der Apostel seinerseits grundsätzlich von dem gottgesetzten W e s e n und Auftrag der Obrigkeit, mag sie tatsächlich sich dagegen noch so viel verfehlen. Solche grundsätzliche Betrachtung ist auch durchaus nicht ganz unrealistisch: „Es kann gar keine Tyrannis geben, die nicht in gewissem Maße doch dem Schutz der menschlichen Gesellschaft diente" (Calvin zu V. 3). Darauf sieht Paulus. Und was im besonderen die Übeltaten der Machthaber seiner Zeit angeht, so mußte und konnte er trotz allem dagegen halten: „Was noch an Recht in der Welt bestand, war das Werk der römischen Obrigkeit" (Albert Schweitzer). Es kann auch sonst geschehen, daß eine in vielem willkürlich, ungerecht, gewalttätig, unmenschlich handelnde politische Macht zugleich daneben eine vernünftige, in irgendeinem Maße sittlich bestimmte Ordnung trägt und aufrechterhält und damit dem Chaos wehrt. Um deswillen ist ihr zu gehorchen.

Röm. 13, 1-7 ist ein grundsätzliches, erstes Wort gegenüber dem radikalen Nein zum Staat. Aber das erste Wort ist nicht das ganze, nicht alles, was der Apostel über die politische Gewalt und über das Verhältnis des Christen und der Gemeinde zu ihr zu sagen hat. Paulus hat, trotz V. 3, wahrlich gewußt, daß der Staat nicht allein von dem Verbrecher zu fürchten ist, sondern daß er auch dem, der Gott gehorcht

[1] E. Barnikol (Röm. 13. Der nichtpaulinische Ursprung der absoluten Obrigkeitsbejahung von Röm. 13, 1-7; Festschrift für E. Klostermann, 1961) findet die Stelle unpaulinisch und im Widerspruch zu dem apokalyptischen Charakter des Urchristentums; sie sei erst im 2. Jahrhundert entstanden.

und das Gute tut, zum Feinde werden kann. Der Herr, dem Paulus dient, ist der Gekreuzigte, d.h. der vom Staate Hingerichtete. Das gleiche besagt die Reihe der Glaubens-Märtyrer Israels, an die 8,36 erinnert. Daher hat Paulus auch für die Gemeinde „Verfolgung" und „Richtschwert" erwartet (8,35), nicht anders als Johannes, Offb.13. Aber der gleiche Apostel, der 8,35f. geschrieben hat, schreibt unbeschadet dessen 13,4. Das bedeutet: auch die bittere Möglichkeit des Konfliktes zwischen dem Staat und der Gemeinde um ihres Glaubens willen hebt das grundsätzliche Urteil über das Amt des Staates und seines Schwertes nicht auf, stellt auch V.2 und 3, die Unterordnung der Christen nicht in Frage. Denn der Christ soll - so hat die Kirche Paulus richtig verstanden - dem Staate auch dann keinen Widerstand leisten, wenn er die Gemeinde verfolgt (vgl. Offb.13,10). Und er braucht den Staat niemals so zu fürchten wie der Verbrecher es muß. Denn dieser hat es im Staate mit dem Zorne Gottes zu tun: die Gemeinde aber steht in der Liebe Gottes (8,39) und überwindet kraft ihrer alles, was sie bedroht.

Paulus sieht auch den Staat im Lichte der letzten Dinge. Das begründet seine Würde, begrenzt sie aber auch. Er gehört mit zu der vergehenden „Gestalt dieser Welt" (1.Kor.7,31) und ist wie ein Provisorium. Seine Zeit ist befristet. Das hereinbrechende Reich Gottes macht ihm bald (13,11) ein Ende. Daher sind die Christen als Menschen der neuen Welt bei ihrer Anerkennung und Unterordnung von dem Staate zugleich frei. Er ist weder letztgültige Autorität noch höchstes Gut - ihr „Staatswesen" befindet sich im Himmel (Phil.3,20). So ruft Paulus nicht nur zum Anerkennen des Staates, sondern auch zum Abstandhalten: man muß zu Röm.13 eine Stelle wie 1.Kor.6,1ff. hinzunehmen, wo der Apostel die Christen schilt, weil sie Rechtshändel vor den heidnischen Behörden austragen - nur dann hört man sein Wort über den Staat vollständig. Paulus hat auch die Grenzen der Autorität, die der politischen Macht eigen ist, und damit die Grenzen des Gehorsams, selbstverständlich genau so gesehen wie die Urchristenheit überhaupt mit ihrem Vorbehalte Apg.4,19; 5,29. Daß man um Gottes willen unter Umständen ein Nein zu den Ansprüchen der politischen Macht sprechen muß, das wußte Paulus nicht erst als Christ, sondern schon als frommer Jude, vgl. 1.Makk.2,19ff.; 2.Makk.7,30. Man darf sich also nicht auf Röm.13 berufen, um jene frag- und kritiklose Untertanengesinnung zu rechtfertigen, die vergessen hat, daß die Autorität Gottes und seiner Gebote die Autorität des Staates und die Gehorsamspflicht der Bürger nicht nur begründet, sondern ihnen auch die Grenze zieht. - Vgl. O. Cullmann, Der Staat im Neuen Testament, 1956, ²1961, S.36ff.

Was der Apostel Röm.13 von der Stellung des Christen zu der staatlichen Gewalt sagt, hält sich in den Grenzen der Staatswirklichkeit, die er damals vor Augen hatte: des Obrigkeitsstaates der römischen Kaiserzeit. Die Christen, zu denen er spricht, sind nicht freie Bürger, die am politischen Leben aktiv teilnehmen und Mitverantwortung für den Staat tragen, wie in allen Gestalten antiker und moderner Demokratie, sondern sie sind „Untertanen": der Staat steht über ihnen und ihnen gegenüber als eine fremde Macht, auf die sie keinen Einfluß, daher für sie auch keine Verantwortung haben - ihre Leistung für den Staat beschränkt sich auf den Gehorsam, das Steuerzahlen, die Fürbitte (1.Tim.2,1ff.). Was für einen Christen, der freier Bürger ist, vollends der selber an der Regierung und Verwaltung teilhat als Beamter des Staates, also für einen Christen, der in alledem in abgestuftem Maße Mitverantwortung für den Staat trägt, gilt, davon sagt Paulus – wie die urchristliche Unterweisung überhaupt – nichts. Für den Christen als Bürger und Beamten seines Staates ergeben sich Pflichten der Verantwortung für das Gemeinwesen, die im Neuen Testament noch nicht vorgesehen sind. Kein Bürger, Diener, Beamter des Staates, der durch seine Stellung im Gemeinwesen Mitverantwortung trägt, kann sich dieser unter Berufung auf Paulus entziehen zu einem fraglosen, das eigene Gewissen ausschaltenden Gehorsam gegen den Befehl des Vorgesetzten. Damit hat Paulus nichts zu tun.

Uns sind durch die Geschichte Fragen gestellt, die Paulus im Blick auf seine Gemeinden noch nicht vor sich hatte, auf die er daher auch nicht eingeht, auf die wir also bei ihm nicht die Antwort suchen dürfen. Römer 13 wird mißverstanden und mißbraucht, wenn man mit ihm unmittelbar und gesetzlich die Frage der politischen Ethik entscheiden will, ob die Bürger des Staates nicht in der Verantwortung für ihn verpflichtet sein können, mit einer entarteten Regierung wider die Verderbnis des Staates und um seine Erneuerung zu kämpfen, und ob dieser Kampf nicht im äußersten Falle, bei dem Versagen aller anderen Mittel, mit Gewalt ausgetragen werden muß – die Frage der Revolution aus Verantwortung für das Land. Fragen wie diese kann man nicht mit der Gehorsams-Mahnung von Röm. 13 einfach niederschlagen. Sie sind der Christenheit jeweils zu eigener Besinnung und Entscheidung gestellt. Paulus hat es nicht mit der Frage des politischen Kampfes im Staate und des Umsturzes überhaupt zu tun, er wendet sich ausschließlich gegen die anarchistischen Gelüste namens der christlichen Freiheit und Würde, gegen die „christliche Revolution".

Bei alledem bleibt das „Jedermann sei untertan der Obrigkeit, die Gewalt über ihn hat" des Apostels in seinem grundsätzlichen Ernste bestehen. Es ist das Existenzminimum des Staates überhaupt. Es ist erstes Gebot jeder Regierung gegenüber, nicht allein einer von Christen geführten, sondern auch einer heidnischen, nicht nur der gottesfürchtigen, sondern auch der atheistischen. Auch ist sie, sofern sie Macht der Ordnung darstellt, „Obrigkeit" im Sinn von Röm. 13. „Obrigkeit" ist nicht ein Wertprädikat, ein Ehrenname, den z. B. eine atheistisch geleitete Staatsmacht auch, samt dem Anspruch auf Gehorsam, einbüßen könnte. Vor aller Frage nach der Grenze der Autorität und des ihr geschuldeten Gehorsams steht das grundsätzliche Gebot des Gehorsams selbst. Der Ungehorsam, der von dem Christen unter Umständen erfordert ist um Gottes willen, ist immer Sache des konkreten Falles und setzt den grundsätzlichen Gehorsam abseits der Konflikte voraus.

5. Die Liebe als Erfüllung des Gesetzes 13, 8–10

8 Bleibt niemandem etwas schuldig, außer der gegenseitigen Liebe. Denn, wer den anderen
liebt, hat das Gesetz erfüllt. 9 Denn das (Gebot): „Du sollst nicht ehebrechen, du sollst nicht
töten, du sollst nicht stehlen, du sollst nicht begehren", und welche Gebote es sonst noch gibt,
sind in diesem Worte zusammengefaßt: „Du sollst deinen Nächsten lieben wie dich selbst."
10 Die Liebe tut dem Nächsten nichts Böses; also ist die Liebe des Gesetzes Erfüllung.

V. 9: 5. Mose 5, 17ff.; 3. Mose 19, 18.

8 In V. 7 hat Paulus von der Erfüllung der Schuldigkeit gegen den Staat und seine Beamten gehandelt. Von da kommt er, das Stichwort weiterführend, auf die Verbindlichkeiten zwischen Mensch und Mensch überhaupt. Er denkt, dem Zusammenhange entsprechend, zunächst an die rechtlichen Verbindlichkeiten. Der Christ achtet sie nicht gering. Die Liebe geht über das Recht zwar hinaus, aber nicht hinweg. In feiner Wendung führt Paulus von hier aus zur Liebe weiter. Rechtspflichten kann man erstatten. Die Liebespflicht ist nie abzutragen. Sie ist „unsterbliche Schuldigkeit". Hier ist man nie fertig, sondern bleibt immer schuldig. Paulus meint damit nicht nur die Unvollkommenheit alles unseres Liebens – je mehr wir lieben, desto mehr erkennen wir, wieviel wir von dieser Schuldigkeit schuldig bleiben –, sondern auch die Unerschöpflichkeit echten Liebeswillens: er kann sich nie genug tun, er ist unerschöpfliche Bewegung. Paulus ruft zur Liebe, weil die Liebe das Gesetz erfüllt. (Zur „Erfüllung" des Gesetzes durch die Christen vgl. die Ausführungen über „Gesetz und
9 Evangelium" hinter Kap. 7.) Alle Einzelgebote zusammen sind in dem einen Liebesgebote beschlossen. So lehrt Paulus mit Jesus Mt. 7, 12; 22, 40 (vgl. auch Gal. 5, 14).
10 Die Gebote wollen uns hindern, dem Nächsten irgendwie Böses zu tun. Liebe aber ist gerade das Widerspiel des Willens, Böses zu tun: sie ist ein einziges Ja zum Nächsten, auf alle Weise. Wo man liebt, sind darum die Gebote erfüllt. Sie sind ja nur Einzelanweisungen zu dem, was die Liebe meint und will. Die Liebe umschließt den ganzen Inhalt des Gesetzes.

6. Das Gebot der „Stunde" und des „Tages" 13, 11-14

11 Dieses (tut), weil ihr um die Bedeutung der Gegenwart wißt, nämlich, daß es jetzt an der Zeit für euch ist, aufzuwachen vom Schlafe; denn heute ist unser Heil näher als damals, da wir zum Glauben kamen. 12 Die Nacht ist vorgerückt, der Tag hat sich genaht. So laßt uns nun die Werke der Finsternis ablegen und anziehen die Waffen des Lichts. 13 Als am Tage laßt uns anständig wandeln, nicht in Schlemmereien und Trinkgelagen, nicht in Wollust und Unzucht, nicht in Hader und Eifersucht, 14 sondern ziehet an den Herrn Jesus Christus, und sorget für das Fleisch nicht so, daß es lüstern wird.

11 Am Schlusse seiner vielen Ermahnungen weist Paulus noch einmal auf das letzte Motiv, von dem 12, 2 ausgegangen war: Tut dieses alles, weil ihr wißt, was es an der Zeit ist. Die Christen leben gleichsam zwischen den Zeiten, zwischen den Äonen. Aber das Verhältnis der Äonen zueinander ist in Bewegung. Die Zeit geht unaufhaltsam dem Ende, dem Tage Jesu entgegen. Als Paulus und die Christen in Rom gläubig wurden, waren sie der endlichen Errettung noch nicht so nahe wie heute. Die Geschichte ist dem Tage des Herrn nicht zu jeder Zeit gleich nahe, sondern sie nähert sich ihm in der Zeit. Das zu bedenken gehört zum christlichen Geschichtsbewußtsein wesentlich hinzu. Paulus weist darauf hin, um die große Forderung der Stunde auf-
12 zustellen: vom Schlafe aufzuwachen. Die Gemeinde steht wie im Übergange von der Nacht zum Tage. Der „Tag des Herrn" ist wirklich Tag im Vergleich mit der Nacht dieses Äons. In der Art der Welt weiterleben, das heißt schlummern. Das Aufwachen ist die 12, 2 beschriebene Erneuerung. Des Morgens legt man ab, was der Nacht gehört, und an, was dem Tage geziemt. „Werke der Finsternis" sind Werke, wie sie in der Finsternis geschehen, vielleicht auch: wie sie aus der Finsternis des Herzens herstammen. „Waffen des Lichts" sind Waffen, wie sie das Licht fordert

und schenkt. Es ist bezeichnend, daß Paulus aus dem Bilde der Kleidung sogleich in das der Bewaffnung übergeht. (So beschreiben auch die Qumran-Texte die Aufgabe des Frommen in der Welt.) Der neue Äon ist nur im Kampfe, ja als Kampf mit dem alten da. Das Leben in ihm ist kein Zustand, wie das Leben im alten es war. Es ist
eine Möglichkeit, die immer wieder nur im Kampfe ergriffen wird. V.13 bezeichnet 13
nun in drei zweigliedrigen Gruppen die „Werke der Finsternis" näher. Was demgegenüber dem Tage geziemt und den Wandel „als am Tage" ermöglicht, sagt
Paulus, das Bild der Bekleidung noch einmal aufnehmend, mit dem Satze: zieht 14a
den Herrn Jesus Christus an! Das ist die Voraussetzung alles dem Tage entsprechenden Handelns. Das Bild des Anziehens Christi ist nicht nur durch den Zusammenhang bedingt, sondern war wohl schon ein feststehender Ausdruck (s. Gal. 3,27), der aus dem Vorgange bei der Taufe, wo der Getaufte ein neues Kleid als Sinnbild der Versetzung in das Leben der neuen Welt anzog, erwuchs. Der Sinn des Bildes ist: laßt euch gänzlich bestimmen von Christus, daß an euch nichts zu sehen ist als seine Art. Ob Paulus darüber hinaus noch, durch das Bild des Kleides geleitet, daran gedacht hat, daß Christus unsere Blöße deckt und wir nun vor Gott erscheinen
können, ist zweifelhaft. - Wie kommt Paulus von Christus auf das „Fleisch"? Viel- 14b
leicht durch das Bild des Kleides; der fleischliche Leib ist unser irdisches Kleid. Wahrscheinlicher doch, weil vorher in V.13 unter den Werken der Finsternis die Zuchtlosigkeit des Leibes vorkam. Jedenfalls: Christus anziehen und dem „Fleische" gegenüber nachgiebig sein, schließt sich aus. Die pflichtmäßige Fürsorge für den fleischlichen Leib darf ja nicht dazu dienen, daß das sündliche Begehren neu geweckt und verstärkt wird. Die Leibespflege muß also mit straffster Zucht verbunden sein.

Paulus hat seine Mahnungen mit der Nähe des Welt-Endes begründet. Ist diese Begründung für uns dahingefallen? Die Zeit hat sich nach Gottes Willen in die Länge gedehnt. Wir empfinden nicht so unmittelbar wie Paulus, der den Herrn in Kürze erwartet, daß jede Spanne Zeit fortschreitende Annäherung an den Tag des Herrn bedeutet. Wir zählen die Jahre nicht so wie er. In einer letzten Stunde achtet man ganz anders auf die Minuten als in irgendeiner anderen Stunde. Und doch: das Dahinströmen der Zeit, die in ihrer Richtung nicht umzukehren ist und nicht wiederkehrt, mahnt, wie im Einzelleben so für die Geschichte überhaupt, immerdar an das Ende. Dieses „Ende" aber, mag es als zeitliches „nahe" oder „fern" sein, ist wesentlich jedem ganz nahe. Denn es ist eins mit Christus, dem Gekreuzigten und Auferstandenen. Es ist da, wo Christus ist (vgl. Gal. 6,14). Das zeitliche Ende bedeutet nur die Einlösung des wesentlichen Endes, das Christus, als der Gekreuzigte und Auferstandene und als Auferstandener auf sein Kommen hin Verborgene für die Welt und Geschichte ist. Insofern leben wir alle, alle Geschlechter der Kirche zur gleichen Stunde, in der einen letzten Stunde, in einer Welt und Zeit, die als zum Vergehen bestimmt gezeichnet ist - also wie im Zwielicht kurz vor dem Sonnenaufgang. So gelten die Mahnungen des Paulus an die Christen in Rom für jedes Geschlecht seit Christus in ungemindertem Ernste.

7. Der Weg zur Gemeinschaft zwischen den Schwachen und Starken im Glauben 14,1-15,13.

Bisher hat Paulus Ermahnungen gegeben, die eine besondere Beziehung auf die römische Gemeinde nicht oder doch nicht mit Sicherheit erkennen lassen. Jetzt geht er zu einer Frage über, die die römische Gemeinde stark bewegt, ähnlich wie die Frage des Götzenopfer-Fleisches die korinthische Gemeinde, s. 1. Kor. 8-10. Welches war die Lage? Eine Gruppe innerhalb der Gemeinde, offenbar die Minderheit, lehnte den Genuß von Fleisch und vielleicht (s. 14,21) auch von Wein als „unrein" (14,14) ab und machte unter den Wochentagen aus religiösen Gründen Unterschiede. Religiös begründete Enthaltung von Fleisch und Wein ist in der antiken Welt weitverbreitet. Aber die Verbindung der Askese mit dem Heilighalten bestimmter Tage weist doch wohl auf das Judentum, hier also auf Judenchristen. Bei der Aussonderung von Tagen wird es sich um den Sabbat und die jüdischen Fasttage handeln. Daß diese Judenchristen sich des Fleisches und Weines enthielten, hat man z. T. so erklären wollen: sie fürchten sich, wie jene Gruppe in Korinth, Götzenopferfleisch und heidnisch-geweihten Wein zu genießen. Weil man das Fleisch von den Götzenopfern und den geweihten Wein auf alle Fälle meiden will, verzichtet man völlig auf Fleisch und Wein. Röm. 14 hätte dann seine nächste Parallele an 1. Kor. 8-10. Aber diese Annahme trifft schwerlich das Richtige. Handelte es sich um die gleiche Lage wie in Korinth, so würde Paulus wie im 1. Korintherbriefe ausdrücklich vom Götzenopferfleisch geredet haben. Das tut er aber nicht. Daraus müssen wir entnehmen, daß die Enthaltung von Fleisch und Wein in der römischen Christenheit gar nichts mit der Furcht, in den Bannkreis des heidnischen Kultus zu kommen, zu tun hat, sondern aus jener allgemeinen, vielleicht gnostisch-bestimmten Tendenz der Zeit hervorgeht. Die nächste Parallele ist dann Kol. 2,16. Wir haben an synkretistisch beeinflußte Judenchristen zu denken, die ihre Askese aber als Pflicht gegen Christus verstanden. Ihrer Haltung mögen sich Heidenchristen angeschlossen haben. Keinesfalls hat ihre Askese etwas mit judaistischer Propaganda zu tun. Die Asketen berufen sich nicht auf das Mose-Gesetz. Sie wollen nicht etwa der ganzen Gemeinde, auch den Heidenchristen, die Beobachtung der jüdischen Feier- und Fasttage als Gesetz Gottes aufzwingen. Die Freiheit vom Gesetze steht also nicht auf dem Spiel. Überhaupt stehen die Gruppen sich nicht *als* Juden- und Heidenchristen gegenüber. Zur Bedrohung der Gemeinschaft führte das Vorhandensein der asketischen Gruppe, weil die Mehrheit sie als unfrei und „schwach im Glauben" verachtete und die Asketen nun wiederum die anderen als lax verurteilten. Der Zwiespalt ging also tief. Die Gemeinschaft des Glaubens, damit der Bestand der Gemeinde war gefährdet.

Wie behandelt Paulus die Frage? Er führt zunächst den Gegensatz auf die Verschiedenheit der Glaubenskraft (vgl. 12,3) zurück. Im Glauben stehen beide Gruppen (was Paulus den judaistischen Gesetzeslehrern nie zugebilligt hätte). Aber die Vegetarier sind „schwach im Glauben", d. h. sie haben noch nicht die Kraft, auf Christus auch die Freiheit zu wagen wie die anderen, die Paulus daher (ihre Selbstbezeichnung aufnehmend?) „Starke" nennt; jene sind „schwach", denn sie verstehen die Freiheit in Christus noch nicht, sie sehen noch nicht, daß der an Christus Glaubende über Dinge wie den Unterschied von Speisen und Tagen ganz hinaus ist. Paulus selber steht mit seinem Urteil eindeutig auf Seite der Starken (V. 14; 20ff.; 15,1).

Um so bedeutsamer, wie er den Streit schlichtet. Zunächst will er, daß beide Gruppen nebeneinander in der Gemeinde Raum haben. Damit verwischt er weder den Unterschied noch erklärt er beide Standpunkte einfach für gleichberechtigt. Aber beide sind in der Gemeinde möglich. In *letzter* Hinsicht kommt es auf den Unterschied zwischen ihnen nicht an. Weiter aber fordert Paulus, daß die Starken auf die Schwachen Rücksicht nehmen, die Gemeinschaft mit ihnen bewahren und sie nicht wider das Gewissen zu ihrer eigenen Lebensführung herüberziehen. Ja, die Rücksicht soll soweit gehen, daß der Starke auf die Ausübung seiner Freiheit sogar verzichtet, wenn der Schwache an seinem Handeln Anstoß nimmt (14,21; vgl. 1. Kor. 8-10). Entscheidend ist für Paulus, daß das Gewissen nicht verletzt werde, auch wenn es ein gebundenes und irrendes Gewissen ist. Alles liegt daran, daß jeder auf seinem Wege gewissenhaft überzeugt ist. Nichts Schlimmeres als die Gewissensunklarheit und das Handeln wider das Gewissen oder mit halbem Gewissen! Das ist Sünde, Fall! Dieser Gefahr gegenüber sind alle Schwierigkeiten, die das Miteinander der beiden Richtungen bedeutet, ein Geringes. Die Gemeinde umschließt noch größere Unterschiede.

Wo es um das Gesetz und seine Geltung, um das grundsätzliche Recht der Freiheit geht, da hat Paulus jedes Nachgeben für Verrat am Evangelium gehalten; da gilt es, in der Freiheit zu beharren und nicht zu weichen (Gal. 2,4-5; 5,1.13). Aber wo es sich nicht um das Gesetz und seine Geltung handelt, da gehört es für Paulus zur Freiheit des Freien mit hinzu, aus Liebe zu den Unfreien ein Stück seiner Freiheit zeitweilig daranzugeben. Beides hat Luther von Paulus gelernt: den Trotz evangelischer Freiheit und die zarte Achtung und Schonung auch eines durch Vorurteile gebundenen Gewissens. Man denke für das zweite an Luthers Haltung gegenüber den überstürzten Wittenberger Reformen von 1521, an seine Fastenpredigten 1522. Dahinter steht der Gedanke: der Weg zur vollen Freiheit in Christus geht niemals durch die Gewissenlosigkeit oder leichtfertige Behandlung des Gewissens, sondern nur durch die Gewissenhaftigkeit. Denn die volle Freiheit ist nichts anderes als tiefste Bindung an Christus. Wie könnte aber einer jemals ernstlich an Christus gebunden werden, der in seinem Leben einmal eine ernste innere Bindung leicht genommen oder hinter sich geworfen hätte? - Tiefgehende Unterschiede der gewissensmäßigen Haltung treten in der Gemeinde immer wieder auf, im theologischen Denken und im Handeln. Daher behält die Anleitung des Paulus für die Kirche eine stets gegenwärtige Bedeutung.

a) An beide Gruppen: Nicht richten, sondern gelten lassen! Denn alle gehören Christus an 14,1-12

1 Den Schwachen im Glauben nehmt (als Bruder) an, ohne abzuurteilen über das, was der
andere denkt. 2 Der eine glaubt, alles essen zu dürfen, der Schwache dagegen ißt nur
Pflanzenkost. 3 Da soll der, der ißt, den, der nicht ißt, nicht verachten, und der nicht ißt,
soll den, der ißt, nicht richten, denn Gott hat ihn angenommen. 4 Wer bist du, daß du einen
anderen Knecht richtest? Seinem eigenen Herrn steht oder fällt er. Er wird aber stehen, denn
der Herr ist mächtig, ihn aufrecht zu halten. 5 Der eine bevorzugt den einen Tag vor dem
anderen, der andere achtet jeden Tag gleich. Daß nur jeder in seinem Urteil voll überzeugt
sei! 6 Wer auf den Tag achtet, tut es für den Herrn, und wer ißt, tut es für den Herrn:
er spricht ja Gott sein Dankgebet. Und wer nicht ißt, tut es für den Herrn und spricht auch
Gott sein Dankgebet. 7 Denn keiner von uns lebt für sich selbst und keiner stirbt für sich
selbst. 8 Leben wir, so leben wir dem Herrn, sterben wir, so sterben wir dem Herrn. Also,
ob wir leben oder sterben, sind wir des Herrn. 9 Denn dazu ist Christus gestorben und
lebendig geworden, daß er über Tote und Lebendige Herr sei. Und du, was richtest du deinen

Bruder? 10 Oder du, was verachtest du deinen Bruder? Wir werden ja alle vor dem Richterstuhle Gottes stehen. 11 Wie es in der Schrift heißt: „So wahr ich lebe, spricht der Herr, vor mir wird sich beugen jedes Knie, und jede Zunge wird Gott ein Bekenntnis ablegen." 12 Also wird jeder von uns für sich Rechenschaft ablegen müssen.

V. 11: Jes. 45, 23.

1 Paulus redet zuerst die Mehrheit an. An ihr liegt es in erster Linie, daß die
Gemeinde an der Verschiedenheit der Lebenshaltung nicht zerbricht. Die „Starken"
sollen die „Schwachen" in die brüderliche Gemeinschaft aufnehmen, wie Gott sie als
seine Kinder aufgenommen hat. Dazu gehört, daß man sich des Urteilens über die
Gedanken, die den anderen bestimmen, enthält - das sagt der Apostel nicht mehr
nur den Starken, sondern beiden Richtungen, wie dann auch V. 3 zeigt: er macht klar,
was mit der knappen und rein sprachlich mehrdeutigen Wendung „nicht zur Beur-
2 teilung (oder: Unterscheidung) der Gedanken" gemeint ist. Der Starke hat Glauben
genug, um alles zu essen. Er ist gewiß, in seiner Freiheit bei Gott zu bleiben. In V. 3
und 6 stellt Paulus einfach Essen und Nichtessen einander gegenüber. Die Ausdrücke
3 sind von V. 2 aus zu verstehen. Der Freie sieht auf den Asketen als unfrei, beschränkt
herab. Der Asket spricht dem Freien den vollen Ernst des Christentums ab und hält
sein Handeln für sündig. Das darf nicht sein. Der Asket, aber auch der Freie vergesse
nicht, daß Gott den anderen in seine Gemeinschaft aufgenommen hat. (Die Wendung
4 „Gott hat angenommen" stammt aus den Psalmen: 27,10; 65,5; 73,24.) Auch er ist
Christ. Wie kann man es wagen, den anderen zu richten, als wäre man selber sein
Herr und nicht vielmehr Christus! Ob der andere mit dem, was er tut, im Glauben
steht oder aus ihm fällt, das können nicht wir ermessen, das sieht allein sein Herr
(Paulus sagt das wohl vor allem zugunsten des „Starken", gegen die Bedenken der
„Schwachen"). Was sorgen wir uns so schnell? Der andere gehört seinem Herrn,
und der vermag ihn in seinem Heilsstand zu erhalten. Die gegenseitige Kritik und
Sorge umeinander ist Unglaube an diesen Herrn, der beider Gruppen mächtig ist.
5 V. 5 geht weiter auf den Gegensatz der Richtungen ein. Die Unterscheidung der Tage
gehört natürlich mit der Askese zusammen. Die Starken machen sich weder hier noch
dort Gedanken. Paulus entscheidet nicht zwischen den beiden. Es kommt auf den
Unterschied zuletzt nicht an. Nur daß auf beiden Seiten klare feste Überzeugung stehe!
6 Warum kommt es auf die Unterschiede nicht an? Weil beide, die Asketen und die
Freien, in ihrer Haltung auf den Herrn Christus sehen. Beide wollen ihm zuliebe,
von ihm aus, zu seinem Dienst und Ehre so handeln. Das kommt ja auch darin zum
Ausdruck, daß beide über dem, was sie essen, das Dankgebet zu Gott sprechen. Sie
sind also, jeder in seiner Haltung, mit dem Herrn verbunden. Das ist das Entschei-
dende. Diese Beziehung auf den Herrn begründet in aller Verschiedenheit der Lebens-
7. 8 haltung die Einheit, die tiefste Gemeinsamkeit. Paulus gibt diesem Gedanken Nach-
druck, indem er ihn in einen allgemeineren Zusammenhang stellt. Bei den Christen
stehen nicht nur einzelne besondere Handlungen, sondern das ganze Leben in Be-
ziehung zum Herrn, ja auch das Sterben. Das Sterben ist ja nicht nur ein dem
Christen widerfahrendes Schicksal, sondern wird von ihm im Glauben ergriffen als
Hingabe des Lebens an den Herrn (Phil. 2,17), als Heimkommen zu dem Herrn
(2. Kor. 5,8). Das begründet die Einheit des Christenlebens, die auch den Gegensatz
von Leben und Sterben umfaßt: daß beides „dem Herrn" geschieht. So verliert der

tiefste Gegensatz in unserem Dasein seine unbedingte Bedeutung. Was ist der Unter-
schied von Leben und Sterben gegenüber der großen Einheit, daß wir in beidem auf
den Herrn bezogen sind! Auf ihn sind wir aber in allem bezogen, weil er unser Herr
ist, wir ihm gehören. Daß wir Christus gehören, das ist (so fügt V. 9 ein, ohne weiter 9
darauf einzugehen) der Sinn seines Sterbens und Auferstehens gewesen von Gott
her. Durch Tod und Auferstehung ist er rechtmäßig Herr geworden (vgl. Phil. 2, 9 ff.),
und zwar über die Lebenden und die Gestorbenen. Schwerlich hat Paulus Jesu
Sterben in besondere Beziehung zu der Herrschaft über die Toten, seine Auferstehung
zu der Herrschaft über die Lebenden gebracht. Vielmehr begründen Tod und Auf-
erstehung in einem die Herrschaft über Lebende und Tote. - Gehören wie in beidem,
im Tode und Leben, dem Herrn, dann ist es nebensächlich, ob wir leben oder sterben.
Entsprechendes gilt dann noch viel mehr für die wahrlich doch kleinere Frage, ob wir
Fleisch essen oder nicht, Tage auszeichnen oder nicht. Also - Paulus kehrt zu V. 4 10
zurück - verbietet sich das Aburteilen der Schwachen, das Herabsehen der Starken.
Wir gehen alle dem Endgerichte Gottes entgegen. Die Christen haben daher nicht zu
richten. Gott ist der einzige Richter. Paulus belegt das mit einem nach Wortlaut und 11
Sinn sehr freien Zitat aus Jesaja. Gott wird jeder von uns im letzten Gerichte Rede 12
und Antwort stehen müssen, und zwar geht es dabei für jeden nur um ihn selbst,
nicht um die anderen. Die großartige Freiheit, die Paulus kennt und fordert, ist also
nur die Kehrseite des ganz ernst gedachten Gedankens einsamer persönlicher Verant-
wortlichkeit des einzelnen vor Gott. Zugleich: weil Gott jeden für sich nimmt, sollen
wir über einander nicht aburteilen.

V. 10 spricht von Gottes Richterstuhl, und V. 11 bezieht Jes. 45, 23 auf Gott. Phil. 2, 10-11 dagegen wird die Jesaja-Stelle auf Christus bezogen, und nach 2. Kor. 5, 10 müssen alle vor Christi Richterstuhl offenbar werden. Daß Paulus bald Gott (vgl. noch 2, 3 ff.; 3, 6 u. a.), bald Christus (vgl. noch 2, 16; 1. Kor. 4, 4 f. u. a.) als Richter nennt - in der spätjüdischen Apokalyptik begegnet z. T. die gleiche Doppelheit -, zeigt, daß die beiden Vorstellungen sachlich keinen Unterschied für ihn bedeuten. Christus ist der „Herr", durch den Gott seine Herrschaft waltet; aber Christi Herrentum hat auch keinen anderen Inhalt und Sinn als uns zu Gott ins Verhältnis zu setzen. Die Christen stehen und fallen mit Christus, an ihm entscheidet sich ihr Geschick, auf seine Entscheidung sind sie gewiesen. Aber in seinem Urteil ergeht nichts anderes als Gottes eigenes Urteil über sie. Christi Freispruch verleiht Gottes Lob (1. Kor. 4, 4 f.).

b) An die Starken: Nicht Anstoß geben, sondern Rücksicht nehmen um Christi willen! 14, 13-15, 6

13 **Darum wollen wir übereinander nicht mehr aburteilen, sondern verwendet euer „Urteilsvermögen" lieber darauf, dem Bruder keinen Anstoß oder Ärgernis zu geben.** 14 **Ich weiß und bin gewiß in dem Herrn Jesus, daß nichts an und für sich unrein ist; nur dem, der etwas für unrein hält, für den ist es auch tatsächlich unrein.** 15 **Denn wenn wegen einer Speise dein Bruder in Gewissensnot kommt, so wandelst du nicht mehr in der Liebe. Bringe nicht durch dein Essen den ins Verderben, für den Christus gestorben ist.** 16 **Darum laßt euer Gut nicht verlästert werden!** 17 **Denn die Herrschaft Gottes ist nicht Essen und Trinken, sondern Gerechtigkeit und Friede und Freude im Heiligen Geiste:** 18 **wer darin Christus dient, ist Gott wohlgefällig und den Menschen wert.** 19 **So laßt uns denn nach dem streben, was zum Frieden und zur Erbauung untereinander dient.** 20 **Um einer Speise**

willen reiße nicht Gottes Werk nieder! Gewiß ist alles rein, aber böse für d e n Menschen, der
es mit schlechtem Gewissen ißt. 21 So ist es besser, kein Fleisch zu essen und keinen Wein
zu trinken noch sonst etwas (zu tun), woran dein Bruder Anstoß nimmt. 22 Behalte du
deinen Glauben bei dir selbst vor Gott. Selig, wer sich kein Gewissen macht bei dem, wofür er
sich entscheidet! 23 Wer sich aber bei seinem Essen ein Gewissen macht, der ist schon gerichtet,
weil er nicht aus Glauben handelt. Und alles, was nicht aus Glauben kommt, ist Sünde.
1 Da sind wir, die Starken, verpflichtet, die Schwachheiten derer zu tragen, die keine Kraft
haben, und nicht uns selbst zu Gefallen zu leben; 2 jeder von uns lebe seinem Nächsten zu
Gefallen, zu seinem Besten, zur Erbauung. 3 Hat doch auch Christus nicht sich selbst zu Ge-
fallen gelebt. Sondern, wie es in der Schrift heißt: „Die Schmähungen derer, die dich
schmähten, sind auf mich gefallen.“ 4 Denn was einst geschrieben ward, das ist zu unserer
Belehrung geschrieben, damit wir durch die Geduld und den Trost, den die Schriften gewähren,
die Hoffnung festhalten. 5 Der Gott aber der Geduld und des Trostes verleihe euch, eines
Sinnes zu sein miteinander in Christi Jesu Art, 6 damit ihr einmütig mit einem Munde
preiset Gott, den Vater unseres Herrn Jesu Christi.

V. 3: Ps. 69, 10.

13 Paulus geht von der Mahnung „nicht richten!“ weiter zu dem Anspruch, daß man
auf den anderen R ü c k s i c h t nehme. Bisher hat er das „Verachten“ der Starken und
das „Richten“ der Schwachen unterschieden. Jetzt schreibt er beiden Gruppen das
Richten zu. Auch das Verachten ist ja ein Richten. Die Starken sagen von den
Schwachen: er ist in seinem Christentum nicht ganz frei. Die Schwachen von den
Starken: er ist in seinem Christentum nicht ganz ernst. Im folgenden wendet Paulus
sich nun überwiegend an die Starken: sie sollen darauf achten, daß ihr Handeln nicht
für die anderen Anstoß zur Sünde, zum Falle aus dem Heilsstande werde. Der Über-
gang von der allgemeinen Mahnung zu dem, was er den Starken zu sagen hat,
geschieht durch ein Wortspiel. (Vgl. die Übersetzung; man könnte es auch so aus-
drücken: statt zu richten „richtet“ euer Augenmerk darauf, dem Bruder keinen Anstoß
14 zu geben.) Selbstverständlich hat der Starke mit seiner Freiheit an sich recht. Paulus
bezeugt, kraft seiner Gemeinschaft mit Christus, daß es nichts an sich Unreines gibt;
erst die menschliche Bewertung macht es dazu. Für den Schwachen bedeutet das aber
eben: was er für unrein und verboten hält (ob es das gleich an sich nicht ist), i s t ihm
dann wirklich unrein und versagt; er muß es meiden. Das sollen die Starken be-
15 denken. Was Paulus nun ausführt, verstehen wir erst von V. 20–23 aus ganz und
müssen daher diese Verse hier schon mitverwerten. Wenn der Schwache den Starken
Fleisch essen sieht oder vielleicht auch bei ihm eingeladen ist und Fleisch vorgesetzt
bekommt, dann „wird er betrübt“ d. h. kommt in Gewissensnot. Er wird unsicher,
ob er nicht auch wie der Starke alles essen und trinken soll. Ihn so in Gewissensnot
führen, das heißt die Liebe verletzen. Denn es kann dahin kommen, daß der Schwache,
unsicher geworden, nun wie ein Starker handelt, ohne doch innerlich dazu frei zu sein.
Er tut dann, was er nach seiner Erkenntnis nicht darf, und kommt so zu Falle. Der
Starke hat ihn auf dem Gewissen, ihn, für dessen Rettung doch Christus sein Leben
hingegeben hat. Der Christ ist für seinen Bruder verantwortlich. Der Starke möchte
seine Freiheit Christus zuliebe üben (V. 6). Aber steht er noch bei Christus, wenn er
angesichts des Schwachen seine Freiheit ohne Rücksicht ausnutzt? Sein eigenes Ver-
hältnis zu Christus nimmt Schaden. Die Stelle hat ihre Parallele 1. Kor. 8, 11–13.
Praktisch bedeutet das Gesagte: wenn die Möglichkeit brüderlicher Gemeinschaft

zwischen den Gruppen bestehen soll, so müssen die Starken auf die Ausnützung ihrer
Freiheit zu allen Speisen und allen Tagen verzichten können. Im übrigen: wenn die 16
Starken ihre Freiheit rücksichtslos gebrauchen und auf die Schwachen keine Rücksicht
nehmen, dann wird die Folge sein: die Schwachen, die durch die so betätigte Freiheit
der Starken in Gewissensnot gebracht sind, werden das hohe Gut dieser Freiheit,
der unbefangenen Stellung zu dem Natürlichen, gründlich verkennen und sie als
etwas Böses, Anstößiges, den Christenstand Bedrohendes schmähen. Verleumdung,
Verlästerung der christlichen Freiheit als Sünde - können die Starken das wünschen?
Der Starke braucht wahrlich nicht soviel Gewicht darauf zu legen, daß er seine Frei- 17
heit, alles zu essen, betätige. Die Herrschaft Gottes, an der dem Christen allein und
alles liegt, besteht doch in etwas ganz anderem als in Essen und Trinken. Ihr Wesen
ist Gerechtigkeit, Friede und Freude im Heiligen Geist. Gerechtigkeit in Gottes Urteil
und von da aus im ganzen Leben; Friede der Versöhnung mit Gott, von da aus auch
miteinander; die Freude, wie sie der Heilige Geist in den Christen erweckt. In der 18
Hingabe an diese Güter gilt es Christus zu dienen. Das bringt Gottes Wohlgefallen
und die Anerkennung der Menschen. Wie kann man da auf das Essen noch so viel
Gewicht legen und nicht gerne auf das Fleisch verzichten wollen! So muß die Losung 19
sein: zu sorgen, daß Friede bleibe in der Gemeinde und einer dem anderen zur Er-
bauung, Förderung helfe, statt ihm Anstoß zu geben. Die Erbauung der Gemeinde 20
ist Gottes Werk. Die Starken werden doch nicht um ein bißchen Essens willen dieses
Werk Gottes einreißen wollen, indem sie die Schwachen gefährden. Vielleicht ist bei
dem „Werke Gotes" auch an den Christenstand der Schwachen gedacht. So gewiß
- wie gesagt - alles an sich rein ist - wehe dem Menschen, der mit schlechtem Ge-
wissen ißt! Wer das bedenkt, wird gern auf Fleisch und Wein verzichten, wenn er mit 21
seinem Verzicht den im Gewissen gebundenen Bruder vor Versündigung bewahren
kann. Was schadet es, wenn der Starke seine Glaubensstärke nicht überall öffentlich 22a
betätigt? Er vergibt seinem Glauben durch den Verzicht nichts. Es ist genug, daß
Gott ihn sieht, daß der Starke vor Gottes Angesicht, da wo er mit Gott allein ist,
um seine Freiheit weiß und sich ihrer freut. Er hat es ja gut: er ist innerlich klar und 22b
braucht sich kein Gewissen zu machen aus dem, wofür er sich entschieden hat. Aber 23
er bedenke die ganz andere Verfassung und Lage seines schwachen Bruders: was er
selber aus innerer Zuversicht tut, das macht der andere innerlich zwiespältig mit,
voller Bedenken, wider sein Gewissen. Dann ist er aber der Verurteilung Gottes
verfallen. Denn sein Handeln stammt nicht „aus dem Glauben". Er ist zu seiner Tat
nicht von Gott her innerlich ermächtigt. Da gilt aber der entscheidende Satz: Alles
was nicht aus klarer innerer Gewißheit kommt, daß Gott uns diesen Weg weist, ist
Sünde, mag es an sich noch so harmlos und erlaubt sein. Der Glaube, die Zuversicht
zu Gott bleibt auch hier das erste und letzte Wort des Paulus.

Dieser Vers hat bei Luther eine über den nächsten Sinn bei Paulus hinausführende grundlegende Bedeutung in seiner Rechtfertigungslehre gewonnen: „Dies ist ein Hauptspruch wider alle Werk, ohn Glauben getan." Er findet in ihm. sachlich ganz eins mit Paulus, den für die Ethik entscheidenden Sinn der Rechtfertigung allein durch den Glauben: erst und nur der rechtfertigende Glaube an das Evangelium macht ein Werk gut vor Gott, ohne ihn ist das Werk „nichts", „tot". Vgl. vor allem den „Sermon von den guten Werken", 1520.

15,1 Paulus gibt der Mahnung zur Rücksicht neue Gestalt und in ihr neue Begründung,
indem er die Mehrheit zum ersten Male als „die Starken" - er rechnet sich selber zu
ihnen - anredet: Starke sind dazu da, die Gebrechen der Schwachen, ihre Enge und
Unfreiheit zu tragen. Die Lieblosigkeit, die sich solches Tragens weigert, wurzelt in
2 der Selbstsucht, da ein jeder sich selber „gefällt", d.h. hier: zu Gefallen lebt. Diesem
Geiste gilt es den Abschied zu geben und vielmehr dem Nächsten zu Gefallen zu leben,
ihm zugute, zu seiner Erbauung. Hieran hat der Verzicht, den Paulus fordert, sein
3 Ziel und seine Grenze. Vorbild für diese Haltung ist Christus (vgl. Phil. 2: Christus
als Vorbild der Demut). Wie wenig dieser sich zu Gefallen lebte, zeigt Ps. 69, 10 -
Paulus versteht die Stelle als ein Bekenntnis Christi: er hat die Schmähungen, die
Gott galten, auf sich genommen. Die Stelle soll nur die Freiheit Christi von aller
Gebundenheit an sich selbst und sein Interesse belegen. Worin Christus diese Freiheit
bewährt hat, ist für den Zusammenhang unwesentlich und bezeichnet nicht mehr
Christi Vorbild. Die Starken in Rom haben es ja nicht mit Schmähungen zu tun.
Uns fällt auf, daß Paulus nicht an das geschichtliche Bild des Herrn erinnert, sondern
auf ein messianisch gedeutetes Psalmwort verweist. Damit ist nicht gesagt, daß das
Bild des zum Kreuze gehenden Herrn Paulus nicht bekannt und nicht wichtig war;
aber es war ihm wichtig nicht einfach als menschliche Wirklichkeit, sondern als Wirk-
4 lichkeit Christi, des Verheißenen. Solches Aufmerken auf ein Schriftwort - so
fährt Paulus fort - entspricht der Bestimmung der Heiligen Schriften überhaupt: sie
sind dazu da, daß wir aus ihnen lernen. Die Schrift stellt die Geschichte der Heiligen
Gottes vor uns, die das Schwerste auf sich genommen haben. Dadurch hilft sie uns
zur Geduld, richtet uns auf und stärkt unsere Hoffnung, daß wir endlich alles über-
5 winden. Zuletzt ist es gar nicht die Schrift, die Geduld und Trost gibt, sondern Gott
selber, von dem Geduld und Trost kommt, wirkt durch die Schrift. Diesem Gott be-
fiehlt Paulus die Gemeinde, daß er sie vor der Zerrissenheit bewahre und ihr Ein-
6 mütigkeit schenke in dem Geiste, der in Jesus Christus lebte. Dann ist sie wahrhaft
Gemeinde, d.h. eine Schar, die einstimmig, miteinander, das Lob Gottes singt. Wo
durch die Gemeinde ein Riß geht, da leidet auch die gottesdienstliche Gemeinschaft
des Lobes Gottes. Da kann man schließlich keinen gemeinsamen Gottesdienst mehr
halten. Man soll es dem Gottesdienste der Gemeinde anmerken, daß sie ihre Einheit
wiedergefunden hat.

c) An beide Richtungen: Haltet Gemeinschaft! 15,7-13

**7 Darum nehmt einander an, wie auch Christus euch angenommen hat zu Gottes Ehre.
8 Ich meine: Christus ist ein Diener der Beschneidung geworden um der Wahrhaftigkeit Gottes
willen, damit er die den Vätern gegebenen Verheißungen als wahr erweise 9 und die Heiden
Gott preisen sollen für seine Erbarmung, wie geschrieben steht: „Darum will ich dich preisen
unter den Heiden und deinem Namen lobsingen." 10 Und an anderer Stelle: „Freuet euch,
ihr Heiden, mit seinem Volke!" 11 Und anderswo: „Lobet, ihr Heiden alle, den Herrn, und
es sollen ihn loben alle Völker." 12 Und Jesaja schließlich sagt: „Es wird kommen die
Wurzel Isais und der da aufsteht zu herrschen über die Heiden; auf ihn werden die Heiden
hoffen." 13 Der Gott aber der Hoffnung erfülle euch mit aller Freude und Frieden im
Glauben, damit ihr reich seid an der Hoffnung durch die Kraft des Heiligen Geistes.**

V. 9: Ps. 18, 50; V. 10: 5. Mose 32, 43; V. 11: Ps. 117, 1;
V. 12: Jes. 11, 10.

Hat Paulus in den vorigen Abschnitten zu der Mehrheit gesprochen, so wendet er 7
sich jetzt noch einmal an beide Gruppen der Gemeinde. Was 14,1 den Starken nahe-
legte, die Schwachen „anzunehmen", das wird nun beiden Teilen zugerufen. Wieder
wie in V. 3f. ist Christus Vorbild für die rechte Haltung zueinander. Er hat ja die
Glieder der Gemeinde alle „angenommen". Auf seiner gnädigen „Annahme", durch
die er Gott zu Ehren gebracht hat, ruht ihr Christenstand. Sie leben vom Ange-
nommensein - sollten sie da nicht auch im Annehmen leben? Christus stand auch vor 8
einem Gegensatz, wahrlich einem größeren als dem zwischen Fleischessern und Vege-
tariern, nämlich dem von Juden und Heiden, und er hat ihn aufgehoben, indem er sich an beide dienend hingab und sie in seine Gemeinde rief. Paulus kommt also auf den Gegensatz von Juden und Heiden nicht deswegen zu sprechen, weil er mit dem Gegensatz von Schwachen und Starken zusammenfiele - gewiß sind die Schwachen in der judenchristlichen Minderheit zu suchen, aber nicht als Juden stehen sie in diesem Falle den anderen gegenüber -; der Gedanke des Paulus ist vielmehr dieser: wurde jener größte Gegensatz durch Christi Liebe überbrückt, wieviel eher muß es euch möglich sein, in seinem Geiste des Dienens über die Frage des Fleischessens hinweg Gemeinschaft zu halten! Was hat Christus getan? Er hat sich Israel zu treuem Dienst gegeben, ist in die Begrenzung eingegangen, hat sich dem Gesetze untergeben, um Israel zu dienen, hat seine Arbeit auf Israel beschränkt. So hat er die den Vätern gegebenen Verheißungen (9,4f.) erfüllt und dadurch Gottes Wahrhaftigkeit zu Ehren
gebracht. Aber der „Diener der Beschneidung" hat zugleich die Heiden angenom- 9a
men - dabei kam Gottes freies Erbarmen (11,30) zur Geltung, denn Gott hatte sich
hier durch keine Verheißung gebunden. So hat Christus wirklich Gott zu Ehren ge-
bracht, in seiner Treue und in seinem freien Erbarmen. Nun ist als Christi Werk die 9b
eine Gemeinde entstanden, in der Heiden und Juden miteinander Gott loben. Erfüllt 10. 11
ist, was die Schrift geweissagt hat: daß die Heiden sich mit dem Gottesvolke Israel
vereinigen zum Preise Gottes, weil ein Davidsohn König und Heil der Heiden ge-
worden ist. - „Auf ihn werden die Heiden hoffen", heißt es am Schlusse der letzten 12. 13
von Paulus angeführten Schriftstelle. Daß die Hoffnung bleibe und erstarke, daran liegt alles. Darum schließt Paulus den Abschnitt mit dem Segenswunsche: Der Gott, der Hoffnung geben und erfüllen kann, helfe der Gemeinde durch seines Heiligen Geistes Macht zu starker, reicher Hoffnung. Hoffnung aber lebt zuletzt aus dem Glauben, aus der Freude und dem Frieden (14,17), die der Glaube mit sich bringt. So wolle denn der Gott der Hoffnung der Gemeinde auch diese Voraussetzung der lebendigen Hoffnung schenken!

Der Schluß des Briefes
15,14–16,27

1 Persönliche Mitteilungen 15,14-33

14 **Meine Brüder, ich bin persönlich überzeugt davon, daß ihr selber schon voll rechten
Sinnes seid, erfüllt von aller Erkenntnis und durchaus imstande, auch einander zu ermahnen.
15 Ich habe euch aber zum Teil ziemlich kühn geschrieben, nur um euch wieder zu erinnern,
wegen der Gnade, die mir von Gott verliehen ist, 16 daß ich ein heiliger Diener Christi Jesu
für die Heiden sei, der Priesterdienst tut am Evangelium Gottes, damit die Heiden ein wohl-
gefälliges Opfer werden, das geheiligt ist durch den Heiligen Geist. 17 Darf ich mich dabei
rühmen, so in Christus Jesus vor Gott. 18 Denn ich kann mir nicht herausnehmen, etwas
zu erzählen, das nicht Christus durch mich vollbracht hätte zur Bekehrung der Heiden, durch
Wort und Tat, 19 durch die Kraft von Zeichen und Wundern, durch die Kraft des Geistes:
so daß ich von Jerusalem an im weiten Bogen bis Illyrikum die Verkündigung des Evan-
geliums von Christo vollendet habe; 20 dabei suchte ich meine Ehre darin, nicht dort zu
evangelisieren, wo Christus schon bekannt war, um nicht auf fremdem Grund zu bauen,
21 sondern dem Schriftwort zufolge: „Denen nichts von ihm verkündigt war, die werden
(ihn) sehen, und die nichts gehört haben, sollen es vernehmen." 22 Deshalb wurde ich auch
oft gehindert, zu euch zu kommen. 23 Jetzt aber, da ich keinen Raum mehr habe in diesen
Gegenden, wohl aber seit vielen Jahren die Sehnsucht, 24 zu euch zu kommen, sobald ich
nach Spanien reise – denn ich hoffe, auf der Durchreise euch zu sehen und von euch dorthin das
Geleit zu bekommen, nachdem ich euch vorher einigermaßen genossen habe. 25 Jetzt aber
reise ich nach Jerusalem im Dienste der Heiligen. 26 Mazedonien und Achaja haben nämlich
beschlossen, den Armen der Heiligen in Jerusalem eine Zuwendung zu machen. 27 So haben
sie beschlossen, und sie sind es ihnen auch schuldig. Denn wenn die Heiden an deren geistlichem
Besitz Anteil erhalten haben, so müssen sie ihnen dafür mit ihrem materiellen Besitze dienen.
28 Wenn ich das erledigt und ihnen diesen Ertrag sicher übergeben habe, dann werde ich über
euch nach Spanien reisen. 29 Ich weiß aber, daß wenn ich zu euch komme, ich mit der Fülle
des Segens Christi kommen werde. 30 Ich bitte euch aber, Brüder, bei unserem Herrn Jesus
Christus und bei der Liebe des Geistes: helft mir im Kampfe durch Fürbitte für mich bei Gott,
31 daß ich von den Widerspenstigen in Judäa gerettet und meine Dienstleistung für Jerusalem
von den Heiligen gut aufgenommen werde, 32 damit ich durch Gottes Willen fröhlich zu
euch kommen und mich mit euch erquicken kann. 33 Der Gott des Friedens sei mit euch
allen! Amen.**

V. 21: Jes. 52, 15b.

14 Paulus will die sachliche Ausführung jetzt abschließen und zu persönlichen Mitteilungen übergehen. Aber zunächst bewegt ihn im Rückblicke die Empfindung, die römische Gemeinde, die er noch nicht kannte, könnte von dem Briefe, vor allem von seinen vielen Mahnungen seit 12,1 und seiner kräftigen Sprache vielleicht betroffen, gar verletzt sein. So entschuldigt er sich nun in liebenswürdiger Wendung beinahe, daß er den Brief geschrieben hat. Seine Meinung ist durchaus nicht, wie es scheinen könnte, die Leser seien unsichere Anfänger im Christentum. Nein, er traut ihnen alles an Gesinnung und Einsicht zu und damit auch die Fähigkeit, sich schon untereinander

das zu sagen, was er in dem Briefe der Gemeinde gesagt hat. Allerdings - sein Ton 15
ist vielleicht hie und da etwas zu stark. Aber er hat die Gemeinde wirklich nur an ihr
schon längst Bekanntes erinnern wollen. Dazu gibt ihm das Recht doch wohl seine 16
besondere Begnadung zum Heidenapostel: er ist Diener Christi unter den Heiden und
tut heiligen Priesterdienst am Evangelium, um die Heiden Gott als wohlgefälliges
Opfer darzubringen (vgl. Phil. 2, 17) - wohlgefällig werden Menschen aber nur,
wenn der Heilige Geist sie heiligt. Dem dient die Arbeit des Apostels. Das ist seine 17
Würde, Grund zum Stolz für ihn, aber zu einem selbstlosen Stolze: von Christus
hat er sein Amt; Christi, der ihn begnadet, nicht seiner selbst rühmt er sich. V. 18 führt 18
den Gedanken, daß er sich nur in Christus rühmen kann, noch weiter aus. Großes ist
ihm gelungen. Aber er war nur Werkzeug. Christus hat durch ihn Großes vollbracht.
Paulus will in dem gleichen Atem allen Selbstruhm ausschließen und doch durch den
Hinweis auf die Größe dessen, was Christus getan hat, seine apostolische Autorität
weiter begründen. Christus gab ihm die Macht des Wortes und der Tat: „Zeichen
und Wunder" (s. 2. Kor. 12, 12) hat er tun können - Paulus wird an Heilungen, pro-
phetische Vorausschau u. a. denken; Christus gab ihm die überführende Gewalt des
Heiligen Geistes. Und wie weit griff das Werk: den ganzen Osten des Reiches 19
zwischen Jerusalem und Illyrikum (im Nordwesten der Balkanhalbinsel) hat Paulus
evangelisiert! Daß Paulus in Illyrikum evangelisiert hat, davon haben wir sonst
kein Zeugnis. Er könnte an sich von Mazedonien dorthin gekommen sein. Aber er
bezeichnet mit Jerusalem, wo er doch auch keine Heidenmission trieb, und Illyrikum
wohl nur die äußersten Grenzen seines Missionsgebietes. Aber wie kann er sagen,
daß er im hellenistischen Osten mit der Verkündigung des Evangeliums fertig sei?
Er hat doch nur in einigen größeren Städten Gemeinden gegründet, nur eine ganz
geringe Minderheit der Bevölkerung überhaupt erreicht. Heißt das die östliche Welt
evangelisieren? Paulus denkt hier wie überall in Völkern. Die Völker stehen als ganze
vor Gott und seinem Gerichte. Sie sind Ganzheiten. Ist einem Volke, diesem seinem
Endgeschlechte, auch nur in wenigen seiner Glieder das Wort nahegekommen, so sind
damit alle erreicht, das ganze Volk verantwortlich. Mehr hat der Apostel nicht er-
strebt. Darum ist er jetzt fertig im Osten. - Paulus nennt noch einen wichtigen Grund- 20
satz seiner Arbeit, der den Abschnitt über seine Reisepläne vorbereitet. Er hat überall
die Arbeit der Grundlegung tun, dagegen nicht auf einem Fundament, das andere
gelegt hatten, die weitere Arbeit der Erziehung und Pflege der Gemeinde über-
nehmen wollen, so sehr er die Notwendigkeit dieser Arbeit anerkennt, s. 1. Kor. 3, 10:
diese Stelle verbietet es, in unserem Satze eine stille Kritik an dem Verhalten der
Judaisten, die in schon gegründete Gemeinden eindringen, zu finden. Paulus hat 21
überall, entsprechend der Jesaja-Stelle, Neubruch getan. Wo man von Christus über-
haupt noch nichts gehört hatte, da ihn zu verkündigen, war sein „Ehrgeiz". Formell
scheint 1, 13 ff. („ich will auch euch in Rom das Evangelium verkündigen") diesem
Grundsatze zu widersprechen. Aber 1, 13 ff. ist eben nach 15, 23 f. zu verstehen: Paulus
will in der Tat nur durchreisen. Weil Paulus im Osten noch zu tun hatte - es gab 22
bisher immer noch Völker, die von Christus nichts wußten -, konnte er bisher nicht
nach Rom kommen. Jetzt aber ist er mit der Grundlegungsarbeit im Orient fertig 23
und denkt nur daran, im Westen, nämlich in Spanien, zu missionieren. (Der Satzbau 24
hat sich hier verwirrt: der am Anfang von V. 24 zu erwartende Satz „jetzt werde ich

zu euch kommen" fehlt.) Auf der Durchreise will er dann seinen langjährigen Wunsch
sich endlich erfüllen und die römische Gemeinde besuchen. Er möchte sich an ihr erst
erquicken für das neue Werk, wenigstens einigermaßen, so viel die notwendig kurze
Zeit des Besuchs erlaubt, und die Gemeinde soll ihm dann auf der Reise nach
25 Spanien durch einige der Ihren das Geleite geben. Vorerst reist Paulus freilich in
entgegengesetzter Richtung, nach Jerusalem. Es handelt sich um eine Dienstleistung
für die „Heiligen", d.h. die Christen von Jerusalem (sie werden von Paulus, wohl
nach urchristlichem Sprachgebrauche, betont als „die Heiligen" bezeichnet, während
sonst alle Christen den Namen tragen; 1. Kor. 16,1; 2. Kor. 8,4; 9,1.12; Röm. 15,31).
26 Und zwar hat er der Gemeinde in Jerusalem für ihre Armen eine Kollekte der Ge-
meinden in Mazedonien und Achaja zu bringen. Paulus betont den freiwilligen
27 Beschluß der griechischen Gemeinden stark. Aber was die Gemeinden freiwillig taten,
sind sie der Gemeinde zu Jerusalem schuldig, zum Danke für die große geistliche Gabe
des Evangeliums, das sie von Jerusalem aus empfangen haben. Die Korintherbriefe
zeigen, wie sehr Paulus selber für die Kollekte warb, er hatte die Fürsorge für die
jerusalemische Gemeinde ja auf dem sogenannten Apostelkonzil, s. Gal. 2,10, ver-
sprochen. Auch sein Bericht an die Gemeinde zu Rom will nebenher werben. Dabei
ist bezeichnend, daß Paulus nicht geradezu von der Kollekte redet. Die Worte, die er
gebraucht, bezeichnen die wesentlichen Beziehungen, die in der Sammlung nur zum
Ausdruck kommen: „Dienstleistungen", „Teilnahme". Da Paulus sonst stets von der
Kollekte für die „Heiligen" redet, hat man angenommen, daß die „Armen unter
den Heiligen" (V. 26) nur eine verhüllende Redeweise sei (K. Holl). In Wahrheit
gehe es nicht nur um die Bedürftigen, sondern um die ganze Gemeinde, und diese
als ganze trage, wie den Namen „die Heiligen", so auch den Namen „die Armen"
(s. Gal. 2,10), weil sie sich als den in der Schrift geweissagten Kreis der Armen
(Gedrückten), die zugleich die „Heiligen" sind, wußte. Die Kollekte wäre dann eine
Art Steuer, für den Vorort der Christenheit bestimmt, vielleicht Fortsetzung der jüdi-
schen Tempelsteuer. Indessen diese Annahme hat doch nicht genügend Grund in den
Texten. Man wird die Wendung in V. 26 beim Worte nehmen dürfen. Die Spende
für die Armen bedeutete natürlich eine Hilfe für die ganze jerusalemische Gemeinde,
die sonst für ihre Armen - und das war eine große Zahl - selber zu sorgen hatte
(vgl. auch 2. Kor. 8,14, wo Paulus von der Bedürftigkeit der Urgemeinde spricht).
28 Ehe Paulus nach Rom kommt, muß er das Kollektenwerk zu Ende bringen dadurch,
daß er der Urgemeinde „die Frucht versiegelt". Der Wortsinn der bildlichen Wendung
ist nicht ganz deutlich. Vielleicht heißt das Siegeln nur: zum sicheren Abschluß
bringen; Paulus „versiegelt" dann die Kollekte, indem er sie der Gemeinde zu Jeru-
salem in die Hände legt. Für andere Auslegungen (Paulus gibt einen unbedingt
sicheren Beleg für die Echtheit seiner Arbeit in dieser Frucht des Geistes) ist die Wen-
29 dung zu knapp. Nach den Ausführungen über die Kollekte kommt Paulus noch einmal
auf seinen Besuch in Rom bei der Durchreise nach Spanien zu sprechen. Voll Zuver-
sicht und Freude sieht er dem Besuche entgegen: die Fülle des Segens Christi wird
mit ihm kommen - dabei hat Paulus sicherlich wie 1,11-12 an ein wechselseitiges
30.31 Einander-Mitteilen gedacht. Denkt der Apostel mit Zuversicht an seinen Besuch in
Rom, so mit ernster Sorge an die Reise nach Jerusalem. Er fürchtet nicht nur
den wütenden Haß der „Ungehorsamen", d.h. des ungläubigen Judentums wider

den Abtrünnigen, sondern auch die Beziehungen zur Judenchristen-Gemeinde sind
schwierig; wie sie sich zu ihm stellen und wie sie die Gabe aus seiner Hand aufnehmen
wird, ist ihm selber nicht sicher. Wir erfahren durch diese Wendung, daß die Wunde,
die das Apostelkonzil schließen sollte, immer noch offen ist. So ist es dem Apostel ein
dringendes Anliegen, daß die Gemeinde in Rom durch Fürbitte ihm in seinem
Kampfe helfe; eindringlich, unter feierlichem Hinweis auf Jesus Christus und die
Liebe, die der Heilige Geist im Herzen entzündet, ruft er dazu auf. Paulus betet nicht
nur für seine Gemeinden, sondern er erbittet auch ihr Gebet - so erst entsteht wahr-
hafte Gemeinschaft des Gebets. Ist der schwere Gang nach Jerusalem überstanden, 32
dann kann Paulus, so Gott will, frohen Herzens nach Rom kommen und in der Ge-
meinde ausruhen. Im frohen Ausblick auf die Tage der Erquickung ist sein Herz von 33
einem warmen Gebetswunsche für die Gemeinde bewegt.

2. Empfehlung der Überbringerin des Briefes 16,1.2

1 Ich empfehle euch unsere Schwester Phöbe, die Dienerin der Gemeinde in Kenchreä:
2 nehmt sie auf im Herrn, wie es Heiligen ansteht, und steht ihr bei in jeder Sache, in der
sie euch nötig hat. Ist sie doch selber ein Beistand für viele gewesen, auch für mich selbst.

Durch Phöbe sendet Paulus offenbar seinen Brief von Korinth nach Rom. Sie 1
versieht das Amt der Armen- und Krankenpflege in Kenchreä, der östlichen Hafen-
stadt von Korinth. Ob freilich „Diakonos" an unserer Stelle schon eine feste Amts-
bezeichnung ist oder noch unformell nur sagt, daß Phöbe viel für die Gemeinde getan
hat, ist nicht sicher zu sagen. Gilt ersteres, dann ist unsere Stelle der erste Beleg für
das Amt weiblicher Diakonie, der „Diakonisse". Brüderliche Aufnahme und Hilfe, 2
wo sie deren bedarf, verdient Phöbe schon als Schwester, d.h. Mitchristin, besonders
aber, weil sie schon vielen, darunter auch dem Apostel selbst, Beistand geleistet hat.
Inwiefern sie dem Apostel beigestanden hat, erfahren wir nicht. Vielleicht hat sie ihn
beherbergt oder in Krankheit gepflegt.

3. Grüße nach Rom 16,3-16

3 Grüßet Prisa und Aquila, meine Mitarbeiter in Christus Jesus, 4 die für mein Leben
ihren Hals gewagt haben - nicht nur ich habe ihnen zu danken, sondern auch alle Gemeinden
der Heiden; 5 grüßet auch die Gemeinde in ihrem Hause. Grüßet meinen geliebten Epänetus,
welcher der Erstling Asiens für Christus ist. 6 Grüßet Maria, die sich viel für euch gemüht
hat. 7 Grüßet Andronikus und Junias, meine Volksgenossen und Mitgefangenen, die unter
den Aposteln hervorragen und schon vor mir Christen gewesen sind. 8 Grüßet meinen im
Herrn geliebten Ampliatus. 9 Grüßet Urbanus, unseren Mitarbeiter in Christus, und
meinen geliebten Stachus. 10 Grüßet Apelles, den in Christus Bewährten. Grüßet die
Brüder unter den Leuten des Aristobulus. 11 Grüßet Herodion, meinen Volksgenossen.
Grüßet, die im Herrn sind unter den Leuten des Narzissus. 12 Grüßet Tryphäna und Try-
phosa, die sich mühen im Herrn. Grüßet meine geliebte Persis, die sich viel gemüht hat im
Herrn. 13 Grüßet Rufus, den im Herrn Auserwählten, und seine Mutter, die auch mir
eine Mutter ist. 14 Grüßet Asynkritus, Phlegon, Hermes, Patrobas, Hermas und die
anderen Brüder bei ihnen. 15 Grüßet Philologus und Julia, Nereus und seine Schwester
und Olympas und alle Heiligen bei ihnen. 16 Grüßet einander mit dem heiligen Kuß. Es
grüßen euch alle Gemeinden Christi.

3-15 Fast alle seine Briefe schließt Paulus, wie damals und heute üblich, mit Grüßen. Der Gruß gibt ein Zeichen der Gemeinschaft, der Teilnahme an dem Leben des anderen. Paulus pflegt die Sitte mit Betonung: das Grüßen in seinen Briefen bezeugt die Bruderschaft miteinander und stärkt sie dadurch. Kein Gruß ist so ausführlich wie der im Römerbriefe. Das hängt mit dem Zwecke des Briefes zusammen. Paulus kann im Westen nicht arbeiten ohne innere Fühlung mit der römischen Gemeinde und Stützung durch sie. So wirbt er um die Gemeinschaft mit ihr. Er sucht neue Gemeinschaft, indem er die schon vorhandene darstellt. Er vergegenwärtigt sich alle Glieder der Gemeinde, die er schon kennt. Fast alle ehrt er durch kennzeichnende Zusätze. Dabei hebt er teils seine persönliche Liebes-Verbundenheit mit ihnen, teils die Gemeinschaft des Judentums (V. 7. 11), der Arbeit (V. 3. 9), des Leidens (V. 7), teils die Bewährung in Dienst und Arbeit oder die besondere Führung und Stellung (V. 5. 7) hervor. Echte Gemeinschaft nimmt jeden besonders, kennt und nennt und ehrt ihn gerade in dem, was ihm vor anderen eigen ist. So weht ein Hauch warmer Verbundenheit durch die lange Grußliste. Alles aber, die Gemeinschaft, die Arbeit, das Lob, hat das Vorzeichen „in Christus", „im Herrn". Auch das reiche Lob geschieht „im Herrn". Menschen, die „im Herrn" sind, vertragen es, gelobt, gar öffentlich gelobt und ausgezeichnet zu werden.

3-5 Voran steht, gewiß mit Absicht, das judenchristliche Ehepaar Prisca und Aquila. Sie waren bei dem Edikte des Kaisers Claudius gegen die Juden aus Rom geflohen. Paulus traf mit ihnen in Korinth zusammen (Apg. 18, 2). Sie zogen mit ihm nach Ephesus und hielten sich dort noch zur Zeit des 1. Kor. auf (Apg. 18, 18. 26; 1. Kor. 16, 19). Das Ehepaar ist also erst seit kurzem, wohl nach dem Tode des Claudius, 13. Oktober 54, nach Rom zurückgekehrt, vielleicht um auch hier die Arbeit des Apostels zu unterstützen. Prisca und Aquila sind hochverdient um die Gemeinden, nicht nur im allgemeinen durch ihr Zusammenarbeiten mit Paulus, durch die Öffnung ihres Hauses für Zusammenkünfte eines engeren Kreises der Gemeinde, jetzt in Rom wie vorher in Ephesus (1. Kor. 16, 19); sondern im besonderen dadurch, daß sie den Apostel mit eigener Lebensgefahr vor dem Tode gerettet haben; wann und wo, wissen wir nicht (vielleicht in Ephesus Apg. 19, 23 ff.?) - Paulus war oft in Todesgefahr.

6-15 Die weitere Reihenfolge wird zufällig sein. Die Zahl der Bekannten des Paulus in Rom ist nicht gering. Der lebhafte Verkehr im römischen Reiche brachte viele, die Paulus im Osten kennengelernt hatte, in die Welthauptstadt. Der Tod des Claudius machte den Judenchristen, die sein Edikt aus Rom verbannt hatte, die Rückkehr möglich. Vielleicht übrigens kannte Paulus nicht alle, die er grüßte, persönlich, sondern wußte von diesem oder jenem nur durch gemeinsame Freunde. Vielleicht auch gehören manche der Gegrüßten zu dem Hausgesinde oder den Arbeitsgenossen von Aquila und Prisca und sind mit ihnen nach Rom gegangen. - Wir lernen aus der Liste manches über die römische Gemeinde. Griechische, lateinische, jüdische Namen stehen nebeneinander. Fast alle Namen kommen in den Inschriften als Sklavennamen vor, manche wie Ampliatus, Persis, Phlegon sind geradezu typische Sklavennamen. Wir sehen, aus welchen Schichten die Gemeinde großenteils stammte. Unter den Gegrüßten werden einige ausdrücklich als Volksgenossen des Paulus, also als Judenchristen gekennzeichnet (V. 7. 11). Die anderen werden also Heidenchristen sein. Römer, Grie-

chen, Kleinasiaten (V. 5), Juden fanden sich in der Gemeinde zusammen. Unter den 7
Juden Männer wie Andronikus und Junias, die schon vor Paulus, also wohl in
Jerusalem Christen wurden und sich seither in der Verkündigung des Evangeliums
(„Apostel" hier im weiteren Sinne; vgl. die A. zu Gal. 1,5) ausgezeichnet haben,
auch mit Paulus - wir wissen nicht, wann und wo - schon gefangensaßen. Als Klein- 5
asiat tritt Epänetus hervor, der als erster seines Landes den Weg zu Christus fand.

Paulus grüßt einzelne mit Namen und grüßt ganze Gruppen als solche (V. 10 f.,
14 f.), Sklaven mit dem Namen ihres Herrn oder Hausgemeinden, engere Kreise in
der Gemeinde. Aber er kann gar nicht alle besonders grüßen. Und doch soll keiner
ohne Gruß bleiben. So heißt er die Gemeinde, einander mit dem heiligen Kuß zu 16a
grüßen, vielleicht in der Versammlung der Gemeinde zum Herrnmahl, wo der Brief
vorgelesen werden sollte. In dem Zeichen der brüderlichen Gemeinschaft in Christus
- daher der „heilige" Kuß -, mit dem von den ersten Zeiten an die Christen einander
grüßten (1. Thess. 5,26; 1. Kor. 16,20; 2. Kor. 13,12; 1. Petr. 5,14), empfängt dann
dieses Mal jedes Glied der Gemeinde zugleich den Gruß des Apostels.

Aber nicht nur er grüßt, sondern er darf der römischen Gemeinde auch die Grüße 16b
„aller Gemeinden Christi" vermitteln. Viele seiner Gemeinden hat er wohl jüngst
auf seinen Reisen besucht und sich von ihnen Grüße auftragen lassen. Aber auch wo
das nicht geschah, ist er, der Heidenapostel, innerlich ermächtigt zu solchem Gruße. Er
verbindet tatsächlich alle Gemeinden und pflegt bewußt ihren Zusammenhang und
ihre Einheit als Kirche Christi. Daß er die Gemeinde in Rom von den Gemeinden
des Ostens, *seinen* Gemeinden, grüßt, webt ein weiteres Band zwischen ihm und
den Römern.

4. Warnung vor fremden Lehrern 16,17-20

17 **Ich ermahne euch aber, Brüder, habt acht auf die, welche Parteiungen und Anstöße
erregen im Widerspruch zu der Lehre, die ihr empfangen habt, und geht ihnen aus dem Wege!**
18 **Denn solche Leute dienen nicht unserem Herrn Christus, sondern ihrem Bauche, und mit
schönen gesalbten Reden betrügen sie die Herzen der Arglosen.** 19 **Denn euer (Glaubens)-
gehorsam ist bei allen bekannt geworden. So habe ich an euch meine Freude, ich will aber,
daß ihr weise seid zum Guten, doch einfältig gegenüber dem Bösen.** 20 **Der Gott des Frie-
dens aber wird den Satan unter euren Füßen zerscheitern in Kürze! - Die Gnade unseres
Herrn Jesus sei mit euch!**

Überraschend tritt zwischen die Grüße nach Rom und die Grüße aus der Umgebung
des Apostels (V. 21-23) ein starkes eindringliches Mahnwort, inhaltlich und im Tone
neu gegenüber dem ganzen bisherigen Briefe mit seiner Zurückhaltung. Die Ge-
meinde zu Rom ist dem Apostel, während er sie grüßt, lebendig vor das Auge ge-
treten. Er grüßt sie von den Gemeinden des Ostens. Da denkt er an seine Kämpfe
mit den Gegnern, die seine Gemeinden gefährden und verstören (s. Gal., 2. Kor.,
Phil.). Die Erregung und Sorge ergreift ihn. Wie leicht können die gefährlichen
Widersacher auch in die römische Gemeinde einbrechen! Noch hat die Gemeinde nichts 19
mit ihnen zu tun (V. 19). Daher brauchte Paulus bisher in seinem Briefe von ihnen
nicht zu reden. Aber jetzt, am Schlusse, drängt es ihn doch: die Gemeinde muß vor
der möglichen Gefahr zur rechten Zeit gewarnt werden. Sie lasse sich nicht verführen 18
durch die glatten schönen Reden der Agitatoren, denen die Arglosen leicht zum Opfer
fallen. In Wahrheit geht es den Leuten nicht, wie sie vorgeben, um den Dienst Christi,

sondern um ihr eigenes Ich und daher, wie bei allen, die für sich selber leben, zuletzt
um sinnlichen Lebensgenuß („Bauch"; vgl. Phil. 3, 19). Sie sind im Grunde Werk-
17 zeuge des Satans (V. 20). Wo sie mit ihrer Irrlehre erscheinen, da gibt es Spaltung
und Ärgernis in den Gemeinden. Natürlich denkt Paulus nicht etwa an die „Schwa-
chen" von Kap. 14 und 15 zurück, die er so schonend behandelt hat. Es geht offenbar
um seine alten judaistischen Feinde (einige Ausleger denken auch an Gnostiker - die
19 allgemeinen Ausdrücke passen zu beiden). Ausdrücklich betont er, daß die römische
Gemeinde von solcher Irrlehre bisher ganz frei ist: sie ist, wie allbekannt, der reinen
Lehre (V. 17) mit Glaubensgehorsam hingegeben. An ihr kann Paulus sich nur
freuen. Um so mehr liegt ihm daran, daß sie, wenn etwa Verführung droht, ein klares
Urteil über das Richtige behalte und den schlichten, einfältigen Sinn (Mt. 10, 16),
20 an dem die Verlockung zum Bösen und Verkehrten abprallt. Alle Sorge aber darf
zuletzt untergehen in der Gewißheit, daß der Gott des Friedens die Zerspaltung der
Gemeinde durch Irrlehren nicht zulassen, sondern solcher Wirksamkeit des Satans
bald ein Ende machen wird. Ein Segenswunsch schließt den ernsten Abschnitt. (Ob
Paulus ihn, wie das ernste Schlußwort des Gal. 6, 11 ff., mit eigener Hand dem
diktierten Briefe zugefügt hat?)

5. Grüße der Genossen des Paulus 16, 21-23

21 Es grüßt euch Timotheus, mein Mitarbeiter, und Lucius, Jason, Sosipatrus, meine Volksgenossen. 22 Ich, Tertius, der diesen Brief geschrieben hat, grüße euch in dem Herrn. 23 Es grüßt euch Gajus, mein und der ganzen Gemeinde Hauswirt. Es grüßt euch Erastus, der Stadtkämmerer, und der Bruder Quartus. [24 Die Gnade unseres Herrn Jesu Christi sei mit euch allen!]

21 Paulus hat in V. 16 von allen Gemeinden gegrüßt. Nun folgen noch einige Einzel-
grüße von Männern in seiner Nähe, voran von Timotheus, seinem treuen Begleiter
23 und Mitarbeiter. Gajus wird der 1. Kor. 1, 14 genannte sein. Paulus hat bei ihm
sein Quartier. „Der ganzen Gemeinde Hauswirt" nennt er ihn wohl, weil in seinem
Hause die Gemeindeversammlungen stattfinden. Man könnte auch daran denken, daß
er allen durchreisenden Christen Quartier gibt. Neben dem wohlhabenden Manne
22 steht der durch sein städtisches Amt angesehene Erastus. Textius, dem Paulus den
langen Brief diktiert hat, darf selber grüßen - vielleicht hat er Bekannte in der
24 römischen Gemeinde. - V. 24, die Wiederholung von V. 21, gehört nicht zum ursprüng-
lichen Texte des Römerbriefes.

6. Lobpreis Gottes 16, 25-27

25 Dem aber, der euch festmachen kann mit meinem Evangelium und der Verkündigung von Jesus Christus, mit der Offenbarung des Geheimnisses, das ewige Zeiten verschwiegen war, 26 jetzt aber offenbart und durch prophetische Schriften auf Befehl des ewigen Gottes allen Völkern, daß sie zum Glaubensgehorsam kämen, mitgeteilt ist - 27 dem allein weisen Gott, durch Jesus Christus, ihm sei Ehre in alle Ewigkeit! Amen.

25 Paulus endet mit Anbetung Gottes in einem gewichtigen, gedrängten Satze. Er
preist den Gott, der Macht hat, die Gemeinde zu stärken (s. 1, 11) - diese Begründung
des Lobpreises ist zugleich Wunsch und Bitte, Gott wolle seine Macht ausüben. Er
übt sie durch das von Paulus verkündigte Evangelium, die Predigt von Jesus Chri-
stus - durch sie wird die Gemeinde gefestigt. Diese Predigt aber ist nichts Geringeres

als die Enthüllung des Geheimnisses Gottes, seines Heilswillens, seines Reiches.
Unendliche Zeiten vor Christus blieb es verborgen, niemand verkündigte es. Jetzt erst 26
ist es ans Licht getreten und wird nach Gottes Befehl allen Heiden verkündigt, daß
sie im Glauben Gott gehorchen. Die Heidenmission aber geschieht dadurch, daß den
Heiden das Alte Testament, die Bibel mit ihrem prophetischen Worte, gebracht und
die Erfüllung der Weissagung in Christus gezeigt wird (s. 1,2). Gottes Geheimnis 27
ist es, das verkündigt wird. So ist er der allein Weise, „durch Jesus Christus" als
solcher erwiesen (diese Beziehung des Zusatzes „durch Jesus Christus" ist nur ein
Versuch; die Worte an dieser Stelle bleiben sehr schwierig). Alles menschliche Denken
kann nur ein Nachdenken seiner unergründlichen Gedanken sein. Ihm gebührt die
ewige Anbetung.

Wir haben die Doxologie 16,25-27 erklärt zunächst unter der Voraussetzung, daß sie von Paulus stammt. Ihr unpaulinischer Sprachgebrauch - die Gedanken sind paulinisch - und der textkritische Befund legen aber nahe, daß sie ursprünglich zum Römerbriefe nicht hinzugehört hat. Sie ist wahrscheinlich auf folgende Weise entstanden: der Häretiker Marcion hat in seinem Neuen Testament (um 140 nach Christus) den Römerbrief nur bis zum Schlusse von Kap. 14. Die Kap. 15 und 16 fehlen; sie mögen als wertlos oder doch für die Kirche entbehrlich angesehen worden sein. 14,23 war aber als Abschluß bei der Verlesung des Briefes im Gottesdienste unmöglich. Daher schuf man, vielleicht in den Kreisen Marcions, einen liturgisch feierlichen Schluß, der dann später auch in den vollständigen Text des Briefes Aufnahme fand, bald hinter 14,23, bald hinter 16,23 (24), bald an beiden Stellen. - Stammt die Doxologie erst aus dem zweiten Jahrhundert, so sind mit den „prophetischen Schriften" (V. 26) wohl christliche Schriften wie die Briefe des Paulus gemeint.

Manche Ausleger halten Kap. 16 für einen eigenen Brief des Paulus nach Ephesus (bzw. ein Bruchstück desselben), der bei der Sammlung der Paulus-Briefe versehentlich an den Römerbrief angehängt sei. Kap. 16 als Teil des Römerbriefes zu verstehen biete größte Schwierigkeiten. Weisen nicht Prisca und Aquila (s. 1. Kor. 16,19) sowie der „Erstling der Asia" (V. 5) nach Ephesus? Sollte das Ehepaar so schnell wieder nach Rom gezogen sein und dort gleich wieder eine Hausgemeinde gegründet haben? Kann Paulus in Rom so viele persönliche Bekannte gehabt haben, wie die Grußliste nahelegt? Würde der Brief dann nicht viel persönlicher gehalten sein? Ist die erregte Warnung 16,17-20 in dem Briefe an eine dem Apostel noch unbekannte Gemeinde, zu der er sonst so ganz anders redet, nach Inhalt und Ton denkbar? In Wirklichkeit bezeichnet keine dieser Fragen eine unlösbare Schwierigkeit, wie die vorangehende Auslegung in der Hauptsache durch sich selbst zeigt (s. zu V. 3ff. und 17ff.). Die Annahme, Kap. 16 sei ursprünglich nach Ephesus gerichtet, ist also als Ausweg nicht dringend nötig, dazu aber in sich recht unwahrscheinlich. Paulus sollte an eine ihm vertraute Gemeinde einen „Brief" geschrieben haben, der fast nur aus einer langen Grußliste bestand und inhaltlich nichts als die Warnung von V. 17ff. brachte? Die lange Reihe von Grüßen nach Ephesus ist schon aus dem Grunde unglaublich, weil Paulus in Briefen an seine eigenen Gemeinden niemals einzelne grüßt. Dagegen gerade in dem Briefe an die ihm im ganzen noch unbekannte römische Gemeinde hat die Betonung aller vorhandenen persönlichen Beziehungen in Gestalt der Grüße guten Sinn.

Namen- und Sachweiser

Bearbeitet von Gotthold Holzhey

Von der Voraussetzung ausgehend, daß die im Text des Römerbriefes enthaltenen Namen und Begriffe in den zahlreich vorhandenen biblischen Nachschlagewerken, Konkordanzen u. ä. aufgesucht werden können, sind in diesen Namen- und Sachweiser nur solche Stichworte aufgenommen, zu denen in der Erklärung zum Bibeltext besondere Ausführungen vorliegen. Die Zahlen beziehen sich demnach auf die Erklärungen zu den betreffenden Textabschnitten. Um Wiederholungen zu vermeiden und doch die in vielerlei inneren Beziehungen zueinander stehenden Begriffe möglichst vollständig darzubieten, sind entsprechende Hinweise gegeben, wobei der vorwärts oder rückwärts gerichtete Pfeil (→ ←) stets auf das Stichwort verweist, unter dem zu suchen ist. Die bei den einzelnen Erklärungsabschnitten hinzugefügten besonderen „Ausführungen [Exkurse]" sind mit dem Buchstaben A gekennzeichnet, wobei die Überschrift kurz genannt ist.

Verzeichnis der Ausführungen (Exkurse)